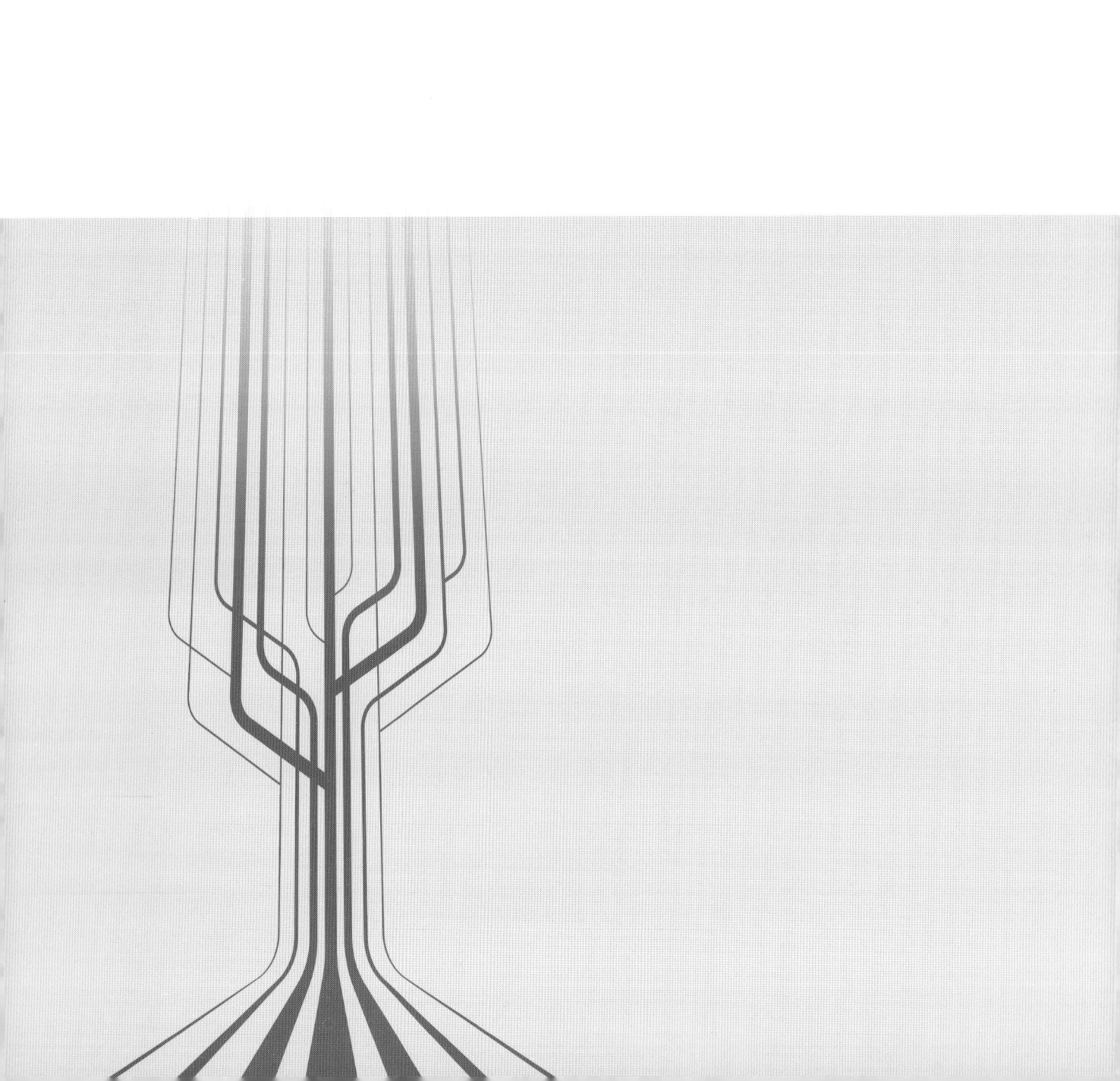

厦门民营经济发展报告

（2016—2017）

厦门市工商业联合会（厦门总商会）
厦门市民营经济工作领导小组办公室

图书在版编目(CIP)数据

厦门民营经济发展报告.2016—2017/厦门市工商业联合会(厦门总商会),厦门市民营经济工作领导小组办公室编. —厦门:厦门大学出版社,2018.12
ISBN 978-7-5615-7140-8

Ⅰ.①厦… Ⅱ.①厦…②厦… Ⅲ.①民营经济—经济发展—研究报告—厦门—2016—2017 Ⅳ.①F279.275.73

中国版本图书馆 CIP 数据核字(2018)第 232756 号

出 版 人	郑文礼
责任编辑	许红兵　吴兴友
封面设计	李嘉彬
技术编辑	朱 楷

出版发行　*厦门大学出版社*

社　　址　厦门市软件园二期望海路 39 号
邮政编码　361008
总 编 办　0592-2182177　0592-2181406(传真)
营销中心　0592-2184458　0592-2181365
网　　址　http://www.xmupress.com
邮　　箱　xmup@xmupress.com
印　　刷　厦门市万美兴印刷设计有限公司

开本　889 mm×1 194 mm　1/16
印张　15
插页　2
字数　440 千字
版次　2018 年 12 月第 1 版
印次　2018 年 12 月第 1 次印刷
定价　88.00 元

本书如有印装质量问题请直接寄承印厂调换

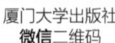
厦门大学出版社
微信二维码

厦门大学出版社
微博二维码

编委会

主　　任　　陈永东

副 主 任　　林志宏　邱加海　叶正辉

委　　员　　谭元生　许宏伟　刘海星　严　旭　曾志超

主　　编　　林志宏　邱加海

副 主 编　　刘海星　曾志超　赵正江

责任编辑　　陈珺珺　叶红莲

编　　辑　　赖丹丹　李　文

序

今年是特殊的一年，恰逢改革开放四十周年，中国民营经济也整整走过了四十个年头，从无到有，由弱到强，在稳增长、促创新、增就业、助民生方面发挥着日益显著的作用，已成为我国社会主义市场经济的重要组成部分。厦门作为经济特区——改革开放的前沿地带，民营经济的发展也经历了起起伏伏。厦门市工商联作为民营企业的代言人，以服务民营企业为宗旨，充分发挥政府与企业间的桥梁纽带作用，始终坚守为民营经济发展"鼓"与"呼"的使命。为了如实记载、反映厦门民营经济的发展状态，市工商联组织编撰了《厦门民营经济发展报告》一书，希求通过调研之务实、数据之翔实、资料之信实，使该报告成为政府、企业及各界人士关注与了解厦门民营经济的一个主要窗口，也为研究厦门民营经济积累大量的信息资料与素材。

厦门这座城市在经历了2016年超强台风"莫兰蒂"正面袭击、2017年金砖厦门会晤的城市展示后，"厦门速度"、"魅力厦门"这样的新词汇背后是厦门城市治理能力与管理水平的大幅提升，整个社会正能量汇聚，为民营经济提供了良好的发展环境。具体而言，2016-2017年的市场环境阻力增大，民营经济发展在诸多指标的增速上都出现了较大的起伏。尽管存在困难，但民营经济仍保持着较高速度的增长，民营企业数量连续五年保持两位数增长，2017年民营经济增加值为2198.75亿元，增长了8.4%，占全市GDP的比重为50.5%。在看到民营经济良好发展局面的同时，我们也应该注意到厦门民营经济实力总体来说仍处于弱势地位，相较于大家谈到的我国民营经济"56789"的说法，厦门市民营经济的固定资产投资以及税收贡献所占比例偏小，这在制约厦门民营经济发展的同时也弱化了民营经济在国民经济中的地位。为此，厦门市政府在保护知识产权、鼓励创新等方面出台了一系列政策，配合"一带一路"倡议、"千亿产业链"战略的实施，极大地鼓舞着民营经济的发展。2017年，厦门市民营企业固定资产投资增速达到了20.4%，是全市固定资产投资增速的一倍，民营高新技术企业的发展成绩尤为突出。

今年11月1日，习近平总书记召开民营企业座谈会，强调毫不动摇地鼓励支持引导非公有制经济发展，支持民营企业发展并走向更加广阔的舞台。近来，习近平总书记从分别在辽宁、广东考察，到给民营企业家回信，三次就民营经济发展做出重要指示，为破解民营经济发展难题"开药方"。可以说，各级政府自上而下全体动员，努力研究解决民营企业、中小企业发展中遇到的问题。我市为促进民营经济发展、激发民营经济活力，出台了《关于促进民营经济健康发展的若干意见》，从"推动民营企业自主创新"（4条）、"扩大民间资本投资"（6条）、"减轻民营企业负担"（2条）、"缓解民营企业融资难"（7条）、"推动民营企业做大做强"（6条），到"优化民企发展环境"（5条）六个方面30条，建立了明晰具体的相关部门责任落实机制。市工商联（总商会）将在此基础上，进一步深化民营经济调研，让政策落地，令民企受惠。也将持续编撰《厦门民营经济发展报告》，发扬其品牌效应，提供更多、更有价值的参考信息，也让更多的人通过报告关注厦门民营经济的发展，为民营经济健康发展添砖加瓦。

编委会

2018年12月

目录

主题报告

厦门民营经济发展报告（2016—2017）/002

分区报告

思明区民营经济发展报告（2016—2017）/014
湖里区民营经济发展报告（2016—2017）/023
海沧区民营经济发展报告（2016—2017）/030
集美区民营经济发展报告（2016—2017）/036
同安区民营经济发展报告（2016—2017）/044
翔安区民营经济发展报告（2016—2017）/050

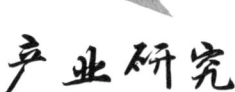
产业研究

关于发展厦门先进制造业的建议 /058
厦门市制造业企业转型升级问题与对策 /064
构建厦门现代养老事业与产业联动发展的新格局 /078
运用大数据创新现代物流行业 /084
厦门民营外贸行业供给侧改革的现状与建议 /090
强化融合进一步做强厦门软件信息产业 /096
关于海沧智能制造业发展的调研与思考 /100

工作研究

厦门市商协会发展报告 /106

关于推进民营企业诚信体系建设的思考 /113
强化法治建设促进民营经济健康发展 /119
厦门市民营企业发展法治环境及其完善 /125
"一带一路"倡议下厦门民营企业"走出去"的对策研究 /131
厦门民营经济融入"一带一路"建设的路径和方向研究 /136
营造最优营商环境促进厦门市民营经济发展 /143
营造一流营商环境提升厦门市国际贸易便利化水平 /152
关于调动民企参与慈善公益事业积极性的调研 /156
关于引导年轻一代非公有制经济人士健康成长的思考 /159

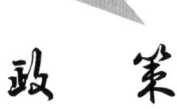

政　策

中华人民共和国中小企业促进法 /166
关于营造企业家健康成长环境弘扬优秀企业家精神更好发挥企业家作用的意见 /172
关于进一步做好民间投资有关工作的通知 /177
关于修订印发《高新技术企业认定管理办法》的通知 /181
关于印发《关于深化人才发展体制机制改革　加快推进人才强市战略的意见》的通知 /185
关于推进企业上市的意见 /194
关于促进民营经济健康发展的若干意见 /197
关于印发工业稳增长促转型五条措施的通知 /201
关于印发推进企业上市意见实施细则的通知 /203
关于印发厦门市先进制造业"十三五"发展规划的通知 /208

大事记

2016 大事记汇总 /226
2017 大事记汇总 /230

后记 /234

主题报告

ZHU TI
BAO GAO

厦门民营经济发展报告
（2016—2017）

厦门市工商联

2016年以来，世界经济呈现较多积极因素，但整体复苏缓慢且不均衡，受贸易保护主义等因素影响，经济增长动力不足，世界经济发展环境依然复杂难解。在此背景下，中国经济进入"十三五"规划的第一年，步入全面建成小康社会、推进供给侧结构性改革的攻坚阶段。民营经济作为中国经济最具活力的部分，截至2017年年底，占GDP的比重超过了60%，已成为推动经济发展、优化产业结构、扩大就业的重要力量。从厦门市来看，经历了2016年超强台风"莫兰蒂"的正面袭击、2017年金砖厦门会晤的城市展示后，城市的治理能力与管理水平大幅提升，整个社会正能量汇聚，为民营经济提供了良好的发展环境，厦门民营经济在这两年也克难攻艰、砥砺奋进，交出了一份亮丽的答卷。

一、厦门民营经济发展的基本情况

（一）规模实力不断增强，拉动厦门经济快速发展

2013年以来，我国从上至下出台了许多促进民营经济发展的政策，带动厦门民营企业数量连续五年保持两位数增长。但从表1和表2数据来看[①]，自2016年起，厦门民营企业数量增长放缓，进入回调阶段。可喜的是，体现民营企业实力的注册资金增速仍维持在30%以上，远高于企业数量的增长速度。具体到企业层面，2016年厦门市境内A股上市的民营企业有21家，占全市上市A股企业的56.76%；有85家民营企业在全国中小企业股份转让系统（"新三板"）挂牌上市，占全市"新三板"企业的93.62%。在A股上市的公司中，三安光电、亿联网络、吉比特、盛屯矿业都是市值超百亿元的公司，其中盛屯矿业在2017年的营收突破百亿大关，净利润增幅达223.67%。此外，2017年中国民营企业500强中有均和（厦门）控股有限公司和禹洲集团两家厦门民营企业入围，厦门百强企业中过半数都是民营企业。这些企业作为厦门民营企业的代表，分布在不同行业，成为拉动厦门经济发展的主要力量。

---

① 本文中表1与表2的数据来源于2016年和2017年厦门市场监督管理局统计汇编，其他表数据来源于厦门市统计局的相关统计资料；文中各章节的其他数据信息等主要从商务局、工商联等各部门发布的有关民营经济的信息中整理而来。

个体工商户方面，2016—2017 年度，个体工商业户数、资金和从业人数都保持了持续增长，注册资金数额的增长尤其突出。如表 1 所示，2016 年年底厦门实有个体工商户为 20 万户，比上年同期增长 15.5%，相较于 2015 年的增长来说有所下降，到了 2017 年，这个增速更下降到 5.3%（从业人数的增幅与之相当）。但户数增速下滑并不意味着个体工商户的实力减弱，从表 2 数据可以看到，个体工商户注册资金数额仍保持高速增长，即便在 2017 年增速有所放缓的情况下，户均资本额相较于 2016 年还是增加了 0.66 万元，仍处于上升空间。另一方面还要看到厦门的个体工商户有 93.24% 集中于第三产业，批发和零售业、住宿和餐饮业的个体工商户更超过了总户数的一半，是活跃厦门市场经济不可忽视的一份力量。

表 1　2015–2017 年厦门个体、民营企业户数变动表

指标 年份	民营企业		个体工商户	
	户数（万户）	增长率（%）	户数（万户）	增长率（%）
2015	17.99	30.4	17.31	18.5
2016	22.43	24.7	20.00	15.5
2017	26.57	18.5	21.05	5.3

表 2　2015–2017 年厦门个体、民营企业注册资金变动表

指标 年份	民营企业		个体工商户	
	注册资金（万元）	增长率（%）	资金数额（万元）	增长率（%）
2015	83846316	53.05	1012279	33.75
2016	116871650	39.39	1348669.83	33.23
2017	157064775	34.39	1713563.00	27.06

厦门市第一产业的发展取决于产业内民营企业的发展，2017 年民营企业贡献了第一产业的全部增加值 23.23 亿元。农民专业合作社是带动第一产业发展的主要经济组织形式，2016 年达到 2024 户，出资总额为 466527.89 万元，同比增长分别为 6.25%、7.0%。2017 年农民专业合作社为 1958 户，数量上略有下降，但货币出资额为 461102 万元，非货币出资额 12212 万元，户均出资总额较上年度有了较大提升。合作社成员中以农民成员为主，通过合作社与非农民、企业单位等合作，整合资源力量，逐步参与到国内外市场竞争当中，强化了自己在市场经济中的地位。

（二）民间投资回温，引领产业结构优化布局

一方面，如表 3 所示，2013 年以来厦门市全社会固定资产投资额一直保持高速增长，民间投资在 2015 年回落后，于 2016 年回温并迅速增长到接近 2014 年的历史最高水平，2017 年民间固定资产投资额为 753.9 亿元，在全市固定资产投资中的比重也达到 31.7%。尽管这个比重相较于国内近五年内民间投资比重超过 60% 的水平来说还很低，但厦门民间投资的增速表现突出，在 2016 年高出全省平均水平 1.1 个百分点，2017 年增速更是超过了全市固定资产投资增速 10.1%，可见，厦门民间投资已回稳向好，民营企业的信心在增强。另一方面，厦门民间投资结构趋于优化。近年来拉动作用较大的民间投资项目主要有厦门光电产业化项目、厦门海西国际商贸物流城和华强文化创意产业园等，这些项目成就了一批优秀

的厦门民营企业，也为厦门产业转型升级、优化布局奠定了坚实的基础。

表3 厦门固定资产投资民间占比情况表

年 份	2013	2014	2015	2016	2017
全社会固定资产投资额（亿元）	1347.5	1572.5	1896.5	2159.3	2381.5
全社会固定资产投资额同比增长（%）	1.2	16.7	20.6	13.9	10.3
民间投资额（亿元）	565.9	776.8	587.9	626.2	753.88
民间投资额同比增长（%）	5.4	37.3	-24.3	6.5	20.4

民间投资对厦门产业结构优化升级的影响突出表现在以下几个方面：

一是民营企业成就了厦门千亿产业链。在厦门现有的五条千亿产业链中，软件和信息服务业2017年实现收入1282.9亿元，增长16.4%。该行业的领军企业几乎都是民营企业，其中四三九九、美图、吉比特、美柚、鑫点击5家入选2017年中国互联网企业100强；南讯软件、科技谷荣获"2017中国大数据企业50强"；意行半导体、芯阳科技入选2017年"中国芯"最具投资价值企业（全国5家）；美亚柏科入选中国软件和信息技术服务综合竞争力百强企业；咪咕动漫作为国内最大的动漫发行平台，参与制定的手机动漫标准，成为我国文化领域的首个国际技术标准。①

二是高端制造业中的民营企业后劲增强。厦门作为全国LED全产业基地之一，2016年以来，陆续有三安集成电路、乾照光电等一批项目建设、投产，其中三安光电、乾照光电、立达信等企业行业龙头地位稳固，在技术及产能方面都处于行业前列。

三是服务业中民营经济撑起半壁江山。厦门民营企业的数量占企业总户数的90%以上，前文提到，绝大多数企业集中在服务业中。仅规上重点服务业中的民营企业2017年就完成营业收入683.87亿元，占规上服务业的42.7%，增长1.2%。此外，民营企业在生物技术推广服务、文化与健康等产业领域增长迅速，家政、餐饮等传统服务业也加快了转型的步伐，小羽家等三家企业跻身全国家政百强。

四是民营企业以产业园区为中心形成集聚效应。在厦门，大量民营企业集聚在火炬园、软件园、创意产业园等众多产业园区内。以厦门软件园为例，其作为软件与信息服务业的重要载体，在2017年实现营业收入近840亿元，同比增长19.8%。园区立足于智慧城市及行业应用、大数据人工智能、数字创意、电子商务和移动互联等五大细分行业领域，已形成特色鲜明的产业集群，拥有3家国家级双创示范基地、14家国家级众创空间、13家省级众创空间和63家市级众创空间。

（三）经济效益增长，加大对地方经济的贡献

厦门民营经济增加值这两年也在调整中保持上升势头。如表4所示，民营经济的增加值2017年为2198.75亿元，增长了8.4%，高于全市GDP的增速，民营经济增加值自2015年以来占全市GDP的比重都大于50%，2017年测算的对全市GDP的贡献率达到了55.6%，民营经济实力不断增强，已成为厦门国民经济发展的主要力量之一。具体到产业上，厦门的第一产业一直由民营企业垄断，全市第一产业的增

---

① https://www.sohu.com/a/233961415_404528

加值均由民营企业贡献，2017年同比增长了2.1%；民营经济第二产业增加值的增速显著，2017年同比增长了10.7%，远高于全市第二产业7.2%的增速，占全市第二产业增加值的61.17%；民营经济2017年第三产业实现增加值1064.73亿元，同比增长6.1%，略低于全市7.9%的增速，但占全市第三产业增加值的比重也有42.39%。

表4　厦门市民营经济增加值产业分布表

指标 产业分类	民营经济增加值（亿元）		全市增加值（亿元）	
	2016年	2017年	2016年	2017年
第一产业	22.75	23.23	22.75	23.23
第二产业	1003.42	1110.79	1694.00	1815.92
第三产业	1003.52	1064.73	2328.11	2512.03
合计	2028.37	2198.75	4043.85	4351.18

实力增强的民营企业对厦门国民经济的贡献日益加大。税收方面，2016年民营企业和个体工商户缴纳各项税收总额为176.28亿元，2017年去除民营参股部分的民营企业税收总额也达到91.77亿元。在年销售收入1亿元以上、纳税总额1000万元以上的龙头企业评定中，首批就有宏发股份等30家民营企业入榜；2016年厦门总商会会员企业中有30家被授予纳税大户称号；2017年厦门百强企业中民营企业过半数，民营企业已成为厦门主要的税收主体来源。就业方面，这两年随着"双创"政策支持力度的持续加大，厦门小微企业迅速增加，2016年全市新登记小微企业84716户，同比增长23.38%，占新登记内资商事主体的87.74%，民营企业和个体工商户（含投资人）的从业人数有213万人，同比增长了22.84%。2017年从业人数达到245.03万人，同比增长15.04%，民营经济从业人数一直处于高速增长状态。社会责任方面，厦门民营企业一直将自身发展与社会发展并重，有组织、有针对性地参与到各种公益活动当中。由民营企业发起设立的慈善基金会越来越多，这些基金会将厦门公益事业带向社会化、组织化、持续化和专业化发展的道路，2017年在中国（厦门）商人节开幕式上有15个"公益慈善品牌项目"获奖。近年来由民营经济代表发起设立的厦门市光彩事业会共发动总商会会员企业捐款430多万元，致力于助学、帮困，推进"民企联村"帮扶活动取得了良好的效果。此外，厦门民营企业响应"乡村振兴战略"，近几年开展"精准扶贫"活动，先后进入诏安、连城等地，根据当地资源优势开展帮扶活动，并总结经验，将"精准扶贫"活动逐步推广到省外地区，扩大厦门民营企业的影响力。

（四）外向发展导向，助力对外贸易成效显著

厦门是我国对外贸易发展较早的地区之一，外向型经济特征明显，厦门市在2017年中国外贸百强城市中位列第五位，较上一年提升2位。近几年，国际贸易形势严峻，厦门对外贸易发展的主要方向转向加快外贸转型、优化贸易结构、增加贸易附加值。在一系列政策的助力下，厦门民营企业的对外贸易展现出良性发展势头。主要表现为：

第一，出口商品结构优化。传统的加工贸易呈现下滑萎缩状态，2017年进口中来料加工总量仅占进口额的4.2%，一般贸易占68.4%，增长37%。

第二，民营经营主体比重增加。2016年实际从事进出口业务的民营企业有9050家，占全市实际从

事进出口业务企业总数的 81.66%，其中，出口值超过 1000 万美元的企业有 2368 家，进口值超过 1000 万美元的企业有 439 家。

第三，新型贸易业态不断涌现且发展迅速。2016 年，嘉晟成为全国首批外贸综合服务试点企业，"一达通"正式落户厦门。2017 年，亿联网络入选中国服务外包成长型企业 100 强，优利得等六家民营企业获评国家文化出口重点企业。民营企业聚集的软件园荣获中国服务外包产业集聚园区。

由于政策性原因，厦门民营企业进入外贸领域时间较晚，经过短短 20 年的成长，业已成为厦门最富生命力的外贸经营实体。这两年持续低迷疲软的世界经济导致"逆全球化"思潮抬头，贸易保护主义势力上升，对外贸易不确定性增强，给厦门外贸企业特别是民营外贸企业带来较大影响。2016 年厦门市全年实现外贸进出口总值 5091.55 亿元，比上年下降 1.5%。如表 5 所示，出口 3094.22 亿元，下降 6.7%；进口 1997.33 亿元，增长 8.0%；贸易顺差为 1096.89 亿元，下降 37.0%。民营企业进出口总值 1992.60 亿元，同比下降 6.2%，其中，出口 1503.0 亿元，下降了 10.7%，进口 489.6 亿元，增长 11.2%。民营外贸企业受到的影响要高于全市整体外贸企业的水平，但民营外贸企业带来的贸易顺差接近于全市水平。2017 年，厦门对外贸易止跌回稳，全年实现外贸进出口总值 5816.04 亿元，比上年增长 14.3%。民营企业进出口总值 2113.09 亿元，增长 6.1%，其中出口 1542.36 亿元，增长 2.6%，进口 570.73 亿元，增长 16.5%，民营外贸企业带来的贸易顺差为 971.63 亿元，高于全市贸易顺差 691.26 亿元。综上所述，虽然民营外贸企业的实力还有待提高，但对厦门对外经济的贡献已不容小觑。

表 5　厦门市 2016–2017 年进出口指标分析表

指标 年份	全市		民营企业	
	进口总值	出口总值	进口总值	出口总值
2016	1997.33	3094.22	489.60	1503.00
2017	2562.39	3253.65	570.73	1542.36

（五）创新创业效应明显，企业优化升级步伐加快

厦门作为国家第二批创新城市试点单位，多年的投入与经营已经取得了丰硕的成果。从民营经济的角度来看主要表现在以下几个方面：

第一，创新创业集聚发展，小微企业活力四射。2016 年，厦门新增 2 个国家级小微企业创业创新示范基地，新培育成长型中小微企业 492 家、专精特新小微企业 55 家，每万人拥有有效发明专利数 18.4 件，为全国平均水平的 2.3 倍；2017 年，火炬高新区入选全国第二批大众创业万众创新示范基地，新增国家中小企业公共服务示范平台 3 家。蓬勃发展的众创空间主要集聚在软件园二期、云创智谷、龙山文创园、湖里高新技术园、集美创业大厦和软件园三期等地。这些众创空间的运营主体 90% 都是民营企业，呈现出专业化、精细化和多元化的发展态势，其中美亚柏科网络安全国家专业化众创空间和金旸高分子新材料国家专业化众创空间入选第二批 33 家国家专业化众创空间示范名单。

第二，高新技术产业优势明显，涌现出一批优秀的民营高新技术企业。2017 年，全市规模以上高新技术产业增加值 976.3 亿元，增长 8.4%，新培育省级科技小巨人领军企业 182 家。在厦门新兴产业专精特新企业十强中有 7 家民营企业，这些企业科技含量高、竞争力强、效益好，其中的美图移动的产值增

长超过了50%。技术方面，金牌厨柜、盈趣科技两家企业项目入选国家智能制造试点示范项目。

第三，互联网、电子商务发展迅速，成为厦门民营经济的一大特色。在众多创业经营领域中，以游戏、大数据应用、电商为主的移动互联网是厦门民营企业主要关注点。在2017年中国互联网协会、工业和信息化信息中心联合发布的"中国互联网企业100强"中入选的7家福建企业中有5家是厦门企业，且全部为民营企业。电子商务业态丰富，既有特步、安踏、匹克等传统行业企业对接互联网形成的一批网络零售企业，也有美团、美柚、三五互联等一批垂直型电商平台、电商专业服务平台。"云创智谷"作为中小企业应用互联网创新创业园区，为园区内企业提供了充足的保障条件。互联网企业与电子商务产业的发展成就了厦门——厦门市在2016年全国"电商百佳城市"中位列第8位。

二、厦门民营经济发展的SWOT分析

（一）优势

首先，产业集聚为民营企业提供了发展空间。以软件和信息服务业为例，厦门软件园是其重要载体，2017年实现的营收占整个产业营收的65%以上。园区内企业有3300多家，在五大细分行业领域形成了特色鲜明的产业集群。产业链群内不但有众多活跃的中小企业，还有实力雄厚的龙头企业与高成长性企业，其中，美亚柏科是全球最大的电子数据取证公司，亿联网络统一通信终端全球第二，美图公司在"全球前十大移动应用开发商排名"中排名第六……2017年厦门评选的78家贡献大、增长快、创新强等三类重点软件和信息技术服务企业中绝大多数为民营企业。厦门市以园区为载体为企业提供基础设施及管理服务，配以全方位的产业扶植政策，促进了技术、人才与企业的有机融合，一批优质企业的汇聚也为行业发展带来了巨大的羊群效应。在这些因素的影响带动下，厦门软件和信息服务业的发展由规模扩张转向质量升级，着力打造新业态，进一步完善产业链。

其次，创新为民营企业注入了新的生机。厦门地处福厦泉国家自主创新示范区内，拥有4家国家级重点实验室，2家国家级工程技术研究中心，847家创新型（试点）企业，创新氛围浓厚，创新驱动力也在不断增强。一批民营创新型企业通过加大科研投入力度，提高创新能力，成为厦门经济的引领者。以三安光电为例，企业承担国家"863"、"973"计划等多项重大课题，拥有国家级博士后科研工作站和国家级企业技术中心，是"国家高技术产业化示范工程"企业。前文提到的新兴产业专精特新企业十强也是厦门科技含量高、创新能力强、经济效益好、竞争优势突出的企业典范。此外，各种创新创业载体的创建及扩大，为民营企业的孵化与成长注入了活力与动力。目前，全市共有200多家众创空间，其中，美亚柏科网络安全国家专业化众创空间依托其上市公司及行业领先地位，为企业内外部的创业者提供了全产业链创业支持与服务，孵化了34个创业项目；金旸高分子新材料国家专业众创空间则采用合伙制模式整合产业链资源，孵化了33个创业团队。截至目前，在这些众创空间内注册的企业超过3000家，培育了12家上市（挂牌）企业，众创空间已成为厦门创新创业基地。

再次，闽南文化精神为民营企业扎稳了脚步。厦门民营企业文化各不相同，但企业家身上都有着低调、务实、拼搏、自信、果敢的特征，这些属性由闽南文化浸染而来，可归纳为重义逐利的经商意识、爱拼敢赢的拼搏精神、兼容并包的和合思想。福建闽南地区自古就有重商情结，追求义利一致，既务实求利，又强调获利反哺。反映到现实中，可以看到民营经济在闽南地区发展迅速，很多地区民营经济占比超过了90%，晋江经验成为全民学习的楷模，即便在厦门面对强大的国资与外资，民营经济也占踞了

半壁江山。商人逐利的本性并没有掩盖其回馈社会的义理追求，闽商在中国慈善榜上的排名一直处于前列。2016—2017年分别有8位和18位闽商入选《胡润慈善榜》，这里就包括了地处厦门的骏豪地产和华夏眼科。探索这些企业成功的密诀就会发现，爱拼敢赢与兼容开放是其在发展过程中的共性，厦门民营经济发展的几个境象印证了这一点：国际金融危机发生前，繁荣的国际市场形势促成了厦门民营外贸企业的迅猛发展，长期内该领域都是厦门民营经济的主要支柱行业；危机发生后，厦门民营经济并没有低迷不前，反倒在短短十年多的时间里，抓住互联网机遇，成就了软件和信息服务业的千亿产业链。在一些小众行业，厦门民营企业也成绩卓然，如占据玛瑙资源进口总量80%，销售份额国内80%、国际60%的玛瑙行业，代表当今中国佛事用品产业发展最高水平的厦门国际佛事用品展等。

（二）劣势

首先，多数民营企业规模小、实力弱，抗风险能力低。从前文数据可知，2017年厦门民营企业户均注册资本不到600万元，当年新设企业中近90%为注册资本（出资额）在500万元以下的小微企业，企业的资产规模小、销售收入少，资本积累有限，资金实力弱，很难抵抗市场风险。即便是已经发展起来的民营企业也难与国企和外资企业抗衡，2017年厦门百强企业的前十名中只有均和（厦门）控股有限公司和厦门中骏集团有限公司是民营企业，营收突破千亿的企业全部为国有企业。在民营企业聚集的服务业里，能列入十强的也只有均和（厦门）控股和禹洲集团两家公司。截至目前，厦门没有一家民营企业入围科技部公布的独角兽企业名单，在民营企业成绩斐然的软件和信息服务业，尚无一家企业可以入围中国软件收入百强企业，超10亿规模的也仅有咪咕动漫、三快在线和四三九九这三家企业。实力弱可以说是民营企业无法获得平等对待的一个主因，实力弱也限制了民营企业在人力资本和技术研发上的投入，一旦市场发生变化或政策发生改变，企业将难以继续发展，更遑论做强、做大。

其次，低成本优势消失挤压了利润空间，造成许多民营企业陷入经营困境。近年来，原材料成本、用工成本、融资成本、用地用能成本等不断攀升，税费虽有下降趋势，但总体负担并未实质性减轻，这些已严重挤压民营企业的利润空间，削弱了企业的市场竞争力。

除单纯价格上涨带来的成本压力外，还有许多其他因素的变化也加剧了企业的成本负担与经营困境：（1）人力资源方面。厦门的高房价与紧缺的教育资源，匹配的是不占优势的薪酬水平，近几年已成为阻碍人才落地的主因；社保、高管退税等人力资源相关政策在执行层面上存在的问题不但没有减轻企业压力，反而在一定程度上加重了企业负担；《劳动法》等法律制度在对员工提供保护的同时存在损害企业权益的情况，最终损及的仍是职员的利益。（2）投融资方面。民营企业在投资上遭遇歧视性待遇，加之急功近利的取向加大了企业在投资、经营上的风险。融资方面，银行对民营企业的"惜贷"、"抽贷"、"压贷"现象依然存在，民营企业的融资条件严苛、抵押担保难度大、成本高，一些政府配套的资金扶持政策不到位，无法解决企业的实际困难。融资环节的各种服务收费积累起来也是企业不可小觑的资金负担。（3）其他方面。目前出台的民营经济发展政策与其他地区相比优势不明显，缺少针对性，且存在落地困难；一些基础设施配套跟不上企业特别是高新技术企业的需要，也会增加企业的用地用能成本；个别政府职能人员的不作为行为或干扰企业经营活动的行为并未杜绝，企业交易成本仍然偏高。

（三）机会

战略层面。对外，厦门作为21世纪海上丝绸之路支点城市，已针对9个海丝"沿线重点国家在基础设施、贸易金融、双向投资、海洋合作、旅游会展、人文交流六个领域制定了行动方案，2017年设立了全国首支由地方政府主导的"海丝"投资基金，引导社会资本支持本地企业境外投资，为"走出去"企业保驾护航，已取得了初步成效。近两年，厦门与"海丝"沿线国家的贸易额与投资额都呈双位数增长，这也带动了民营企业"走出去"的步伐，2017年"走出去"的民营企业有261户，占比高达87.87%。对内，配合"中国制造2025"的提出，厦门在产业布局上持续优化，通过一系列政策规划，明确产业转型升级的发展路径，促进产业区集聚发展，通过积极推动"双千亿"工程做大做强优势产业。厦门在2016、2017年连续两年上榜"推动实施'中国制造2025'、促进工业稳增长和转型升级成效明显的市、直辖市辖区"，在新型工业化产业示范基地布局、智能制造和服务型制造等试点示范方面都可得到国家优先支持。此外，厦门加大力度深化创新驱动发展战略，推动"双创"蓬勃发展。近年来，通过"降成本、优环境"专项活动、知识产权综合管理改革试点、推进"19+20"创新平台项目等一系列举措，厦门在创新方面收获颇丰，获得了国家自主创新示范区、海洋经济创新发展示范市、国家十大知识产权强市创建市等多种荣誉称号。

政策层面。战略若想成功，落地执行是关键，前面提到的三个国家级战略在实施过程中都有可遵循的结合厦门本地情况而制订的行动方案或计划。对于重点扶持的产业领域，诸如人工智能产业、软件和信息服务业等，还有专项政策支持。鉴于当前企业存在的困难，政府专门颁布了"科技创新25条"、"人才新政45条"等提供帮助。针对民营企业面临的困境，早在2014年厦门市政府就出台了《关于促进民营经济健康发展的若干意见》，近两年结合形势变化又进行了修订，各行政部门以及各区、园都有具体的实施细则陆续出台，为民营经济的发展营造了良好的环境基础。以思明区为例，对民营企业的扶持主要表现在：利用产业和科技扶持资金帮助民营企业规模扩张、技术创新；提供奖励资金鼓励民营企业与高校联合；建立重点民营企业借款信用平台和补偿机制，设立小微企业会计人员资金和应急还贷资金等解决民营企业融资难困境；强化政务服务，简化民营企业办事流程，把为民营企业服务落到实处。

市场方面。我国"十三五"规划把"拓展网络经济空间"纳入国家战略规划，意味着基于大数据、云计算、"互联网+"等概念的网络经济将成为我国未来经济社会发展的主流。在未来，以云计算为依托，利用大数据可以带给企业更强的决策力和发现力，为人类创造更多的价值。企业可利用信息技术或平台，将互联网与传统行业相结合，赋予传统产业以开放、平等、互动的新特性，进而改造传统产业的生产方式，促进产业优化升级，创造新的发展业态。换句话来说，企业借助互联网可以实现跨界融合，以开放的姿态融合外部创新成果，提升自身的创新力与生产力，加速企业改变定式思维方式，重塑企业结构。当前人们所看到或体验到的分享经济、平台经济等都是企业跨界的结果，企业的成败不再是大小强弱问题，更多表现的是对市场、技术的敏锐与反应度，可以说，未来谁掌握了互联网，谁就掌握了市场上的主动权，谁就有了生存和发展的空间。厦门在这一方面已做好了充足的准备，近两年由政府牵头进行了许多技术、资金、服务等专业平台建设，出台了《厦门市专利运用行动实施意见（2015-2018年）》，鼓励并开展企业上云服务，在软硬环境上为企业提供了极大的便利。

（四）威胁

国际市场上，2016年，由于发达经济体经济增速明显回落，使得世界经济增长低于普遍预期，国际贸易投资更加低迷，全球债务水平继续升高，金融市场脆弱性增大。2017年，世界经济结束了多年来的下滑趋势，呈现出复苏势头，但向好的基础并不牢固，无法预期未来高速增长的势头。低迷的国际市场环境导致贸易保护主义和去全球化势力的抬头，企业为应对贸易壁垒，经营成本进一步加大。以外向型经济为主要特征的厦门，对美贸易的依存度高于全国平均水平，进出口额中对美占比均居国家和地区的首位。特朗普当选总统后推行贸易保护主义政策，给中美贸易带来巨大变数，不利影响增加，此外，2016-2017年的外汇市场波动剧烈，人民币对美元汇率的变动幅度超过6%，许多企业受影响丢了利润。相较于国际市场上不确定性的加剧，大多数企业的经营都在稳定持续的状态之中，受内外条件限制，无法对国际市场走向做出准确判断或者是无法及时调整企业经营以适应国际市场的变化，这可以看作是2016年厦门民营经济各项指标增速放缓的一个主要原因。

国内市场上，近年来，我国实体经济处于下行通道，市场需求较弱，产能过剩、资金瓶颈、成本压力、创新难题等诸多问题一直困扰着企业。厦门实体经济形势同样严峻，同其他地区相比，有两个现象尤为突出。一是房地产价格畸高。厦门在我国15个副省级城市中GDP排名靠后，但2017年的房价却在全国排名第四，房价工资比更是排名在第二位，过高的房价不但推高企业的经营成本，抑制了人才的流入，更吸纳了大量资金进入房地产业，掏空实体经济。二是实力强大的国企与外资威胁。前文提到的2017年厦门百强企业的前十名，有七家国企、一家外企；建发集团、国贸控股和象屿集团2016年的营收都超过千亿元，在百强企业中稳居前三位；国企在制造业和服务业十强中也占多数。2017年，厦门的十大品牌中国企与外资企业品牌的数量也过半。差距过大的强弱对比决定了民营企业在厦门市场中的劣势地位。此外，网络经济的快速发展也带来了许多隐忧。目前我国网络经济的发展主要是利用平台建设整合中低端制造业和服务业资源，实现规模收益。从当前来看，这种平台经济对于高附加值创新领域或者说对于实体经济创新发展的作用并不直观，若平台经济的发展最终没有将资本的流向转往高端创新需求领域，势必造成劣币驱逐良币的结果，影响企业乃至产业的优化升级。

三、厦门发展民营经济的建议

（一）积极落实民营企业的平等国民待遇

党的十八大报告提出要保证各种所有制经济依法平等使用生产要素，公平参与市场竞争，同等受到法律保护。结合当前厦门民营企业的情况，在落实民营企业平等地位方面还应从以下几个方面加以具化：

第一，政府应继续优化法治环境，依法保护民营企业和企业家的合法财产权不受侵犯，合法经营不受干扰，以此强化民营企业的平等地位，提振民营企业家的信心。

第二，政府应在服从宏观调控的基础上，强化微观服务，为企业提供快捷高效的全方位、多层次服务。政府要急企业之所急，帮企业之所需，在简化办事程序的基础上，还应公开政务，实行首问负责、限时办结，在实际工作中落实民营企业的平等待遇。

第三，政府应完善相关的政策措施，破除各种壁垒，让民营企业获得实质上的平等对待。政府应大力清理民间资本准入的不合理限制，持续推进行政审批制度改革，允许民营企业进入所有法律法规没有明令禁止的行业领域，打破国有资本在某些行业的垄断地位，完善要素自由流动机制，使民营企业能够平等参与要素市场竞争，消除竞争起点上的不公平。政府应继续拓宽金融体系，推动多元化金融生态系统的构建，形成能够与不同企业相匹配的金融格局，让资本市场能够真正惠及民营企业，特别是中小企业。此外，政府在财税体制、监管模式等方面也要加大改革力度，加快形成有利于民营经济发展的公共服务体系。

第四，平等对待民营企业，在当下还应体现在对本土企业的重视上。政府应加大对本土企业的扶持力度，在不降低标准的前提下，适当给予本土企业一定的优先权，夯实本土企业在实体经济中的支撑地位。

（二）持续增强民营企业抗风险能力

一方面，民营经济的健康发展需要稳定、公平、透明、可预期的营商环境，需要政府在市场准入机制、产权制度、融资、税负等多个方面加大改革力度，减少企业负担，让民营经济在公平公正的竞争环境中锻炼成长。另一方面，民营企业自身也要勤修内功，通过完善自身来增强抗风险能力。具体来说，有以下几点：

一是要弘扬企业家精神，完善企业文化。2017年中央以专门文件聚焦企业家精神，从"爱国敬业、遵纪守法、艰苦奋斗"、"创新发展、专注品质、追求卓越"、"履行责任、敢于担当、服务社会"等方面对企业家精神进行了梳理，民营企业应在此基础上提炼自己的企业文化，增强民族文化的自信和自觉力，努力营造鼓励创新、宽容失败的创新文化氛围，弘扬创新精神与工匠精神，紧抓主业、深究品质，逐步从规模扩张向高质量发展转变。

二是要优化组织架构，实现管理现代化。复杂的市场环境要求民营企业加快制度设计与机制创新，通过提高组织变革效率以满足市场变化的需求。民营企业应尽快建立起现代企业制度，以规范化的管理降低决策风险；应自上而下进行组织变革，以达到组织形态、规模以及绩效方面的有效管理，减小企业运营风险；应横向联合，集群发展，抱团形成优势，以对抗市场风险；应理性设计企业传承计划，规避企业新老交替过程中的各类风险。

三是要培育、储备人才以备企业未来发展之用。民营企业要构建金字塔型人才储备系统及制度体系，既要发挥高端人才在创新方面的引领作用，也要认识到中低层次人才对创新乃至企业的支撑作用，通过落实人才优惠政策、完善薪酬激励制度与人才培训规划，为企业做足引人、育人、留人、成就人的功课。

（三）努力提升民营企业经济实力

民营经济实力的提升很大程度上取决于民营企业获取利润的能力，这要求企业在提高收益的同时，更要降低成本，以谋求最大投入产出效率。从目前来看应重点关注的节点有：

一是以创新驱动收入增长。全社会都应把创新放在战略层面来思考，认识创新是引领发展的第一动力。政府方面，应加快科技服务平台、资源共享平台、创业服务平台、科技企业孵化平台等创新载体的建设；大力推进产学研结合，创新运行模式以完善科技研发、引进、培育与转化机制；加大知识产权保护力度，提高侵权成本，加速知识产权市场化进程。企业方面，应明确发展定位，培育创新思维与创新意愿；加强合作，建立或与其他企业、部门联合创立创新机构或研发部门，广泛利用各方资源，共享创新成果；设立专项创新基金，加大研发力度，以技术创新带动产品创新及模式创新，推动企业转型升级。

二是多方位降成本，增大企业利润空间。降低税费方面，政府应推行积极财政政策，对现行各项扶持、优惠政策进行梳理，规划重点发展和扶持产业目录，有针对性地灵活运用不同的财政政策，加大减免力度，可以考虑借用绩效管理的方式对政策执行进行评估，提高政策实施效力。降低资金成本方面，可以从拓宽融资渠道与提高民营企业资信水平两个方向来降低融资费率。政府要鼓励符合条件的民营企业参与或申办银行等金融机构，小额贷款公司、要素交易市场等都是较为合适的融资渠道；政府应健全市、区两级政策性融资担保体系，或者考虑由协会牵头，组织民营企业以团体的方式与金融机构对接，针对会员单位订制战略授信额度，在降低金融机构风险的同时，也让小微企业有款可用。降低土地成本方面，政府应加大土地供给，简化用地审批手续，可以考虑借用级差价格来解决企业土地使用过程中的效率问题。降低人工成本方面，政府应通过高层次人才个税奖励比例、灵活的参保方式等为企业减负；

在加大保障性住房和公共租赁住房建设的基础上还应放开民营企业参与廉租房建设，推动各区在人才集聚区周边建设人才公寓，帮助企业完善产业园区周边的教育、商业等配套设施，缓解高房价对企业及人才的影响。

（四）主动出击缓解民营企业面临的外部压力

面对外部环境带来的机会与威胁，政府与民营企业应该主动出击，化被动为主动，增强自身实力，扩大国际影响力。

政府方面，一是要搭建文化展示交流平台，展示厦门与交流地区的优秀文化，促进双方的深层次了解，扩大民间交流的频率。二是要搭建贸易交流信息平台，做好信息沟通桥梁的纽带作用。对内，应打通政府、行业与民营企业间的信息沟通；对外，应做好厦门民营企业的推介工作与合作地区的商情介绍，使企业不打无准备之战。三是尝试建立对外贸易地区与企业的信息档案库或技术贸易壁垒数据库，收集厦门企业在"走出去"过程中遇到的共性问题及经验积累，为民营企业走出去提供咨询服务。四是要建立、完善针对外界环境突发事件的预警、应急反应机制，协助民营企业预作判断，快速反应以降低经营风险。五是要推动双边、多边贸易谈判或投资贸易洽谈，为"走出去"企业在当地创造良好的经营环境。六是加大金融、保险、外汇、知识产权等方面对民营企业的支持力度，为民营企业"走出去"提供动力。

行业方面，一是要发挥龙头企业的带动作用，以龙头企业凝聚行业内中小企业形成抱团之势，加强民营企业"走出去"的实力；二是要完善产业链条，增强产业集聚，以产业优势带动民营企业"走出去"；三是行业协会应以服务企业为宗旨，主动承担起对本行业及贸易地区的信息数据收集与监测工作；四是行业协会应从本行业全局出发，加强行业自律，规范行业内企业的竞争秩序，提升行业整体竞争力水平；五是行业协会要协助或代表民营企业应对各种贸易壁垒或争端。

企业方面，一是要重视当地经济社会发展情况，民营企业向外发展时的首要任务就是研究国际惯例及当地法律、经济、社会等环境的发展水平，制定符合企业与当地需要的管理机制，推进与当地发展水平相适当的产品或项目；二是要建立风险预警与管控机制，加大在风险防范方面的投入，增强风控意识，建立、健全内部控制体系，论证各种可能出现的风险及规避途径；三是重视当地工会、宗教、行业协会等方面的影响作用，要注意地域差异给企业带来的影响，妥善处理各方关系，认真履行所在地区应尽的社会义务，为地域间的发展与交流做出贡献。

课题指导：陈永东
课题成员：王立凤　刘海星　曾志超
　　　　　赵正江　陈珺珺
课题执笔：王立凤
完成时间：2018 年 11 月

FEN QU
BAO GAO

思明区民营经济发展报告
（2016—2017）

思明区工商联

作为国民经济的重要组成部分，思明区民营经济实力不断增强，在厦门市经济社会各方面都发挥着不可或缺的作用，为思明区乃至厦门市积极适应经济发展新常态，深入推进供给侧结构性改革，实施创新驱动发展战略，不断扩大有效投资，加快产业转型升级，培育新兴消费热点，提高经济质量效益，有效地推动全市经济社会平稳健康发展做出了贡献。

一、发展现状

（一）民营经济总量持续增长

思明区民营经济作为国民经济发展的有生力量，私营企业和个体工商户都保持着增长态势。截至2017年，思明区登记注册的私营企业有76432户，雇工人数317295人，注册资本2619亿元。其中：独资企业1012户，雇工人数4979人，出资额3.52亿元；合伙企业888户，雇工人数12754人，注册资本361.55亿元；有限责任公司74457户，雇工人数299046人，注册资本2253.93亿元。个体工商户有46730户，从业人员102187人，资金数额31.01亿元。详见表1。

表1 思明区登记注册的私营企业、个体工商户基本情况

截至年份	私营企业		个体工商户	
	户数（户）	注册资本（万元）	户数（户）	资金数额（万元）
2015	60538	16549023	40765	181162
2016	68978	20325016	45098	239222
2017	76432	26190001	46730	310116

资料来源：厦门市市场监督管理局

由表2可以看出，思明区经济总量虽不如晋江市和福州市鼓楼区，但增长速度并不低；思明区财政总收入与晋江市接近，但增速却远远超出后者；至于地方级财政收入，三个地区相比，思明区从总量和

增速来看，都是领先的。

表2　福建省主要城区（市）经济指标对比

单位：亿元，%

城区	地区生产总值				财政总收入				地方级财政收入			
	2016年		2017年 1-6月		2016年		2017年 1-6月		2016年		2017年 1-6月	
	总量	增速	总量	增速	总量	增速	总量	增速	总量	增速	总量	增速
思明区	1161.4	8.4	555.8	7.2	210.1	6.9	126.2	10.1	122.0	5.3	71.8	9.5
晋江市	1744.2	7.8	792.6	8.5	201.0	0.4	104.5	7.4	120.7	3.0	62.3	4.7
鼓楼区	1260.0	9.0	542.1	9.7	—	—	—	—	65.6	7.5	35.8	9.1

（二）产业结构逐渐优化

总体上，思明区民营经济产业结构向合理化、高级化发展。从行业结构来看，民营经济实体集中的行业主要为交通运输、仓储和邮政业、租赁和商务服务业、制造业，以往民营经济占绝对优势地位的批发和零售业比重优势不再显著。

思明区民营经济的行业发展与城市发展战略相契合，制造业调整速度加快，建筑业、交通运输、仓储和邮政业、信息传输、计算机服务和软件业、租赁和商务服务业、科学研究、技术服务等行业都有稳定且较高的增长速度，基础产业、基础设施和社会事业领域相对薄弱。

（三）科技创新能力有所加强

在厦门市着力增强自主创新能力、建设创新型城市的发展方向下，思明区也在加快创新型城区建设步伐，产学研协同创新能力不断提升，国家知识产权强区建设持续深化。加大创新政策扶持力度，科技经费投入持续增加。构筑创新孵化平台，建设"思明区创客空间发展中心"，联手国内"BAT"（腾讯、百度、阿里）三大互联网巨头，打造一批较具影响力的"众创空间"。

（四）对外贸易稳步增长

厦门作为以外向型经济为特征的城市，认真落实国家"一带一路"倡议，对外开放步伐不断加快，生成一批互联互通、经贸合作项目。厦门成功举办G20财政和央行副手会议、世界城市日论坛、两岸企业家峰会等重要会议，投洽会、南洋文化节、国际海洋周、国际时尚周等活动影响力进一步增强。思明区根据区位特点，加快打造营商环境，主动融入自贸试验区建设和"一带一路"建设，发挥两岸交流合作优势，着力发展总部经济、金融服务、电子商务、旅游集散和高新技术等行业，投资领域进一步拓展。

二、发展机遇

建设海峡西岸经济区、"一带一路"倡议以及金砖会晤都给厦门经济发展带来了新的契机，是提升厦门国际化水平的重大机遇，不仅能提高厦门城市品牌度等软实力，也有助于全市经济社会效益等硬实力的提升。思明区作为厦门市中心城区，在招商引资、吸纳人才方面具有优势。

（一）空间布局

思明区作为厦门"老城区"，在空间布局上具有独特性。区政府在"十三五"期间将按照统筹协调、合理分工、突出特色、完善功能的原则，落实多规合一，强化功能分区，将空间规划和产业规划有机结合起来，提高空间使用效益，促进区域协调发展。

1."两带两区"

商贸文化经济带——以经济推动"商、旅、文"结合，引导龙山等片区改造提升，为商贸经济融入文化内涵。旅游会展经济带——以环岛路为主线，串联鼓浪屿、沙坡尾、万石山、南普陀、曾厝垵、观音山等旅游景点，以厦门国际会展中心及环岛路沿线高端酒店为载体，开展国际会议、会展旅游业务，经济带总长约 20 公里。两岸金融中心区（思明片区）——主要包括观音山片区、会展北片区、软件园及开元工业园片区等，功能定位为以"互联网＋"为引擎，以创新金融、总部经济为核心功能导向的高端商务 CBD，通过片区间协同配套，努力形成功能复合、各有侧重、互相促进、融合发展的产业格局，总面积约 8.6 平方公里。鹭江道中心商务区——以鹭江道为核心，从厦禾路延伸到厦大，主要涵盖鹭江、中华、厦港三大片区，功能定位为以总部经济、现代商贸和专业服务为重点的成熟商务 CBD，总面积约 2.5 平方公里。

2. 地铁经济

把握轨道交通建设和岛内外一体化发展的有利契机，针对地铁作为大运量、快捷、高效的新型交通工具对未来城市商业空间、居住空间、公共服务布局的影响，提前谋划、稳步推进地铁经济发展。依托客流大量聚集的地区因地制宜推动地上地下空间的立体化开发。结合站点等级与周边现有商业设施，合理配套商业网点的数量、功能与规模，车站内鼓励布置快速消费的商业设施（便利型业态）、地下商业街等，引导大众性消费需求，与地面商业实行差异化经营，形成地上商业设施与地下商业设施相衔接、商务服务与生活服务相结合、高端购物与特色购物相补充的地铁商圈。发挥地铁建设的带动作用，加快地铁上方片区改造与综合整治，建设高端商务中心、城市综合体等，带动城区功能转型。

3. 飞地经济

加快建设厦门泉州（安溪）经济合作区思明园，坚持"低碳、智慧、宜居、宜业"，重点培育信息科技、电子设备、商贸物流、休闲旅游等产业，同时鼓励引进食品、鞋服、厨卫等有发展基础的传统优势产业，提高有限资源的使用效率和效益，盘活存量土地资源。通过与周边地区产业空间资源的协作，联合打造上中下游产业联系紧密、相互配套、竞争力强的产业集群。

4. 楼宇经济和总部经济

充分发挥区位优势和环境基础，坚持"发展总部"与"引进总部"并重，以楼宇载体建设拓展发展空间，进一步强化总部经济集聚高端资源的功能，形成强大的服务辐射能力，引领区域产业转型升级，努力打造总部经济示范区。推动"闽商回归"，加大对省内及周边海西地区品牌响、实力强的总部企业的引进力度，引进更多优质企业设立综合性总部、区域总部以及营销中心、结算中心、投资中心、研发中心、采购中心等职能型总部。

5. 旅游经济

打造国内重要旅游集散地，拓展旅游业产业链，大力发展商务旅游、会展旅游、休闲旅游，提升观光旅游，拓展高端旅游，形成多元化产品互为支撑的新型旅游业态。加强旅游区域合作，加大与土楼、武夷山、妈祖文化等海峡两岸知名品牌联动，参与构筑海峡西岸黄金海岸旅游带，扩大旅游市场辐射力。强化两岸旅游交流合作，促进闽台旅游联合促销与市场互动，提升"海峡旅游"品牌，打造两岸旅游共同市场。

（二）创新平台

通过科技研发平台、创业孵化平台、成果转化平台、科技中介服务平台等各类创新平台建设实现创新资源的有效整合。推动"北京大学厦门创新研究院"、"大数据产业技术创新联盟"等创新引擎、创新联盟建设。发挥思明区网上知识产权交易平台，"6·18"、"12·8"等平台作用，推动科技成果对接，促进技术交易项目落地。鼓励发展众创、众包、众扶、众筹空间，发挥行业领军企业、创业投资机构、社会组织等社会力量的主力军作用，积极推动创新、创业、创投、创客联动。特别是通过创客空间、创新工场等模式，构建一批低成本、便利化、全要素、开放式的众创空间，推动思明区创客空间发展中心打造成为国内一流的创业平台。健全完善创新中介服务体系，提升平台投融资、培训、人才管理和产品营销服务能力。一系列创新平台的建立与发展为思明区经济的发展注入了新的活力。

三、改善营商环境

推进供给侧结构性改革，必须破除要素市场化配置障碍，降低制度性交易成本。思明区持续深化"放管服"改革，加快转变政府职能，减少微观管理、直接干预，注重加强宏观调控、市场监管和公共服务，许多工作取得了良好的成效。

（一）贯彻落实促进民营经济发展政策

为贯彻落实厦门市《关于促进民营经济健康发展的若干意见》，思明区出台了相关政策，提出各种举措，营造良好的发展环境，推进全区民营经济发展。

2016年6月，思明区出台《促进总部经济集聚发展意见》，定义总部企业和制造、研发、营销、结算中心，设定一定的资质条件，按不同标准，分别给予总部企业和高层次管理人才奖励。

2016年10月，为加快本区服装业接轨国际时尚，思明区提出搭建平台、引领潮流、拓展市场和创建品牌的策略，辅以配套措施，帮助服装业民营企业健康发展。

2016年11月，思明区提出加强项目管理、跟踪项目进度、推进"多规合一"三举措，加快推进项目建设。提出强化品牌提升、强化动能培育、强化产业融合、强化平台建设四举措，推动文化创意产业发展。提出聚集优质资源、简化办事程序、推进专员服务、跟进重点项目四举措，促进外贸发展。思明区还提出三举措推动商贸发展，具体做法包括：一是拓展电子商务，如美团、天虹电商开发；二是推动社会消费，如滨北二手车市场、若干餐饮聚集区配套；三是做强外贸出口，如扶持三安光电、蒙发利等企业进行技术改造。

2016年12月，思明区三举措推动民宿业发展：一是借力政策谋求发展，对口碑良好的民宿以奖代补；二是加强配套优化环境，整修道路和停车场；三是多方宣传扩大影响，推出"民宿+景区"、"民宿+文化"、"民宿+体育"以及"互联网+民宿"等专项宣传推介活动。

2017年2月，思明区出台《扶持专业服务业平台发展暂行办法》，帮助中小微企业降低发展成本，促进专业服务业集聚发展，优化区域营商环境。

2017年10月，根据厦门市《关于促进民营经济健康发展的若干意见》和市财政局《补充规定》，思明区财政局兑现年度民营经济扶持政策。一是对新增的规模以上民营工业企业、限额以上民营批发和零售企业，以企业上年度缴纳的地方级税收收入为基数，2016年12月31日前每年增量部分的50%奖励给企业用以扩大再生产。二是民营企业税收利润分配给个人的，转为增资或在本市再投资用于扩大再生产部分，其已缴纳的个人所得税由财政部门全额扶持。三是对自2014年7月1日起新创办的小微企业，3年内产生的地方级税收收入全额奖励给企业。

2017年12月，思明区出台《产业引导基金管理办法》，坚持项目选择市场化、资金使用公共化、提供服务专业化、资金退出安全化，突出政策性、引导性、市场性。提出主要扶持领域：创新金融、现代商贸、软件信息、旅游、会展、文化创意、体育、高端专业服务、养老和大健康等。引导基金以"子基金"和"直接投资"等模式投资运作。操作程序包括：公开征集、尽职调查、专家评审、投资决策、媒体公示和资金拨付等。

（二）进一步降低民营企业负担

2016年1月，思明区依据《厦门市小微企业创业创新基地城市示范实施方案》和《厦门市财政局经信局关于中小企业发展专项资金使用管理办法》，出台《小微企业服务补贴券管理办法》，对为小微企业提供热心、专业的财税服务、法律服务、质量服务和知识产权服务的，具备服务实力和能力的中介服务机构予以补贴。

2016年3月，思明区落实《厦门市关于进一步减轻企业负担的通知》，内容包括：一是降低企业社会保险缴费费率1个百分点；二是降低制度性交易成本，主要是清理前置审批项目和中介服务项目；三是降低企业人工成本，主要是提供相当于应缴失业保险费50%的"稳岗补贴"；四是降低企业用电成本，分档次以奖金的形式对合乎条件的单位予以补贴；五是给予企业技术研发费用1%的折扣奖励；六是建立常态化减税降费工作机制。

2017年2月，思明区四举措持续推进便民办税：一是国地融合、深化合作，如提供"税银信用贷"；二是科学办税、提高效率，如推广预约办税；三是整合资源、用心服务，如开展多场纳税人学堂；四是多元合作、创响品牌，如税收志愿者服务。

2017年8月，思明区进一步加强民营经济从业者职业技能培训，针对专项职业技能、计算机高新技术、职业资格等予以培训，用结业补贴、岗位补贴、生活补贴、就业补贴、资格证补贴等给予帮助。同时，出台就业困难人员帮扶办法，谋求建立就业援助长效机制。

（三）努力改善和优化民营企业营商环境

2015年12月，思明区根据国内外经济发展形势和区域内企业服务需求，设立"政企通"互动平台，创新政府服务企业模式，推动政府服务企业工作专业化、社会化和网络化。

2016年9月，思明区出台政策，实施清单管理，促进民营经济规范发展，具体措施包括：一是建立"两个责任"正面清单；二是实行"1+X"监督检查机制；三是架起"带电高压线"规范公职人员行为；四是建章立制堵塞管理漏洞。

2016年12月，思明区全面推进简政放权工作，主要内容有：一是梳理调整部门清单；二是强化行政审批监管；三是推进街道职能转变；四是规范行政审批中介服务。

2017年，思明区完善工作制度，采取有效措施，提升政务公开标准化、规范化水平。突出深化改革促公开，突出经济发展促公开，突出民生改善促公开，突出政府建设促公开，突出政务参与加强解读回应，突出公开实效加强能力建设。

（四）创新举措助力民营企业快速发展

2016年12月，思明区四举措助力工业企业破解发展难题：一是开发建设飞地工业园，如安溪思明园；二是建立规模以上企业用工台账，如泰普生物；三是加大生产型工业企业参展展位补贴，开展"税法直通车"进企业；四是落实科技研发贷款贴息。

2017年1月，思明区三举措助力产业发展提升经济质效：一是完善产业链群，引进1109个商贸业项目、472个软件信息项目；二是健全服务体系，新增"千人计划"人才1人、"双百计划"人才8人；三是优化营商环境，推行"五证合一"登记制度改革，在16个部门建立"双随机"抽查机制。

2017年1月，思明区四举措谋划空间资源利用：一是推进项目建设，如万象城、明珠广场、宝龙中心；二是发展特色园区，如万科苑、华夏·云顶创客；三是开发存量地块，如观音山、原开元工业园区；四是推进土地征收工作，为"地铁经济"做准备。

2017年3月，思明区积极推动民营经济发展增速，具体采取的措施：一是强化政策激励，安排扶持资金6.76亿元，贷款贴息500万元；二是强化科技支撑，安排1000万元支持联合攻关，建立6个合作联盟、50个研发中心和实验室，成立高新科技企业300余家；三是强化金融支持，引导金融机构扩大"税e融"等；四是强化政务服务，推出"一人一窗一机"办税服务。

2017年4月，思明区构筑四大商圈加速现代服务业发展：一是总部楼宇商圈，主要是观音山、鹭江道；二是旅游会展商圈，主要是沙坡尾、环岛路、黄厝渔村；三是时尚创意商圈，主要是龙山文创园；四是地铁商圈，包括站口商圈和地下超市等。

2017年4月，思明区倡议发挥品牌引领作用推动供需结构升级活动，提出打响"思明品牌"攻坚战，强调以人为本、安全为先、诚信守法、创新驱动、以质取胜的理念，坚持市场决定、企业主体、政府推动、社会参与的原则，力争净化市场环境，完善机制建设，强化政策保障，强化组织落实。

2017年8月，思明区建立健全制造业分析推进工作机制，由企业高管、技术总监、高校教授、行业协会骨干参与，以宏观决策、项目策划、招商引资、技术开发、政策研究为任务，注重政策激励、项目推进、强化组织、督察落实，推动制造业健康快速发展。

四、存在问题

近年来，可以说思明区民营经济取得了长足发展。但对比先进城市（地区），思明区民营经济发展仍有较大差距，存在一些短期难以有效解决的问题。

（一）民间投资总量相对不足，行业分布不尽合理

思明区民间投资增长较快，投资主体结构已转为民间投资为主，但总量偏小、行业分布不合理的问题依然存在（见表3）。市场相对狭小，不仅使固定投资难以实现规模经济，而且在专业配套方面，往往"远水难解近渴"，迫使许多企业寻求向外发展空间。

表3 思明区与省外主要中心城区数据对比

单位：亿元，%

城区	地区生产总值				固定资产投资				财政总收入			
	2016年		2017年1-6月		2016年		2017年1-6月		2016年		2017年1-6月	
	总量	增速	总量	增速	总量	增速	总量	增速	总量	增速	总量	增速
厦门思明区	1161.4	8.4	555.8	7.2	274.3	16.1	165.0	11.7	210.1	6.9	126.3	10.1
深圳福田区	3561.4	8.6	1775.0	8.4	300.1	27.5	180.7	25.8	1152.7	3.8	883.9	6.8
广州越秀区	2909.3	7.5	1568.0	6.9	337.7	-15.0	123.4	-28.7	374.3	7.7	200.9	8.7
杭州西湖区	1001.6	10.3	453.4	7.6	405.9	19.9	211.1	20.1	221.4	19.5	147.3	12.2

（二）企业规模较小，资源要素约束较严

由于条件所限，民营企业创业初始，多数是家族企业或个人合伙企业，起步较低，资金有限，主要从事一些技术含量低、投入少、规模小、见效快的行业（见表4）。因自身力量的局限和市场准入的限制，发展受到约束，规模难以扩大，加上这些行业进入容易，从而导致市场竞争激烈，赢利水平呈下降趋势，影响企业实力的增强。

表4 几个城市主要中心城区主导产业占比情况

单位：亿元，%

城区	2016年GDP	批发零售业增加值	占比	金融保险业增加值	占比
厦门思明区	1161.4	152.14	13.1	264.80	22.8
深圳福田区	3561.4	665.99	18.7	1175.28	33
广州越秀区	2909.3	561.50	19.3	866.98	29.8

由上可见，无论是从地区生产总值、批发零售业增加值、金融保险业增加值，还是从占比情况来看，假定其他环境因素不变，相比定位相近的深圳福田区和广州越秀区来说，厦门思明区仍旧有较大的发展空间或追赶余地。

除融资外，在用工用地和跨区跨界资源协调方面，思明区民营企业也痛感约束严格，施展不易。相对较高的商事成本和生活成本，使得企业急需的人才难以生根落户，一定程度上制约了民营企业转型升级和创新发展。

（三）家族管理模式盛行，缺乏现代管理制度

在民营企业中，依然存在着家族式管理和任人唯亲的用人机制，一般重要职位由家族成员担任，实行集权化领导、专制式决策。另外，一些企业制度不健全，在管理方面比较薄弱，加上在特定的环境和背景下，一些企业的创业人和管理者素质不高，使企业缺少远瞻性、创新性，这在一定程度上制约了民营企业的健康发展。

此外，企业传承问题对民营企业发展的影响开始凸显。在家族企业中，创二代作为财产权利的合法继承人，具有合法的身份地位，但这不意味着他们具有被企业认可的个人权威和能力权威。由于民营企业往往由家族和企业两个重叠的系统构成，而这两个系统各有自己的标准和成员身份准则，所以，在接班人选择上，民营企业往往会遇到"亲缘"替代公司治理制度安排，导致代际传承过程中因为家族治理负效应引发的企业"地震"。主要存在问题有：一是传承人与接班人因文化背景差异对企业的认知不同，民营企业代际之间对企业管理的分歧较大，下一代接班意愿不强，相对而言下一代更愿意创业；二是职业经理人、资本等市场体系不完善影响企业延续发展。

（四）经营环境压力加剧，企业转型升级难度加大

随着我国经济增长速度放缓，很多行业企业都进入转型升级发展阶段，思明区民营企业虽然逐渐增加科技研发方面的投资，但还有很多企业重心仍在传统行业。随着科技快速发展、用工成本攀升、资源环境约束趋紧和互联网的发展，传统制造加工、劳动密集的产业已不具优势。大趋势下，思明区民营企业急需从传统产业转向新一代信息技术、高端装备制造、新材料、新能源、节能环保等新兴产业和现代物流、电子商务、科技服务等现代服务业。

五、对策建议

推动民营经济发展是一项长期工作，涉及部门多、政策性强、覆盖面广，需要政府相关职能部门和社会各界紧密联系、密切合作，形成推进合力。下一步，思明区要充分发挥好各种因素，全力推进全区民营经济加快发展、转型升级。

概括地说，需重点做好以下几方面工作：

（一）强化政策研究，聚焦方向推动发展

积极适应经济发展新常态，组建专家课题组，研究现状和问题，加强发展方向、行业类型、宏观战略引导。加快对接融入"一带一路"建设、"互联网+"战略，引导民营经济发挥地域优势，参与现代经济体系创新发展，参与全国、省、市重大项目建设。引导民营企业实施商标品牌战略，鼓励和支持"走出去"，扩大交流合作，提升核心竞争力。引导民营企业强化科技支撑，对高新技术产业领域加强政策引导，促进成长性强、带动力大的民营科技型企业聚集发展，推动民营经济调结构、转方式、提层次。

（二）推广和完善服务平台，聚结政策推动发展

建设服务平台，整合全区各类资源，为民营企业提供完整、公平、透明的"一站式"服务。继续完善民营企业信用信息平台，汇集注册登记、行政许可、税收缴纳、社保缴费等信息，推进企业信用信息共享，促进信用体系建设。创新"互联网+政务服务"方法，通过微信、微博等新媒体服务手段，加强扶持政策的宣传普及，扩大知晓度和受益面，切实为民营企业提供全方位、多层次、立体化优质服务。

（三）优化市场环境，聚力服务推动发展

按照多服务、少干预，多帮忙、不设障的要求，积极改进对民营企业的管理与服务，形成政府宏观调控、部门全力支持、企业自主发展的格局。积极推行"非禁即入"的负面清单管理模式，破除行业壁垒和"民企歧视"，落实民营企业同等待遇，提高服务措施便利化程度，打通扶持政策"最后一公里"。加大政府购买服务力度，为小微企业免费提供管理指导、技能培训、市场开拓、标准咨询、检验检测认证等服务，为民营企业发展减负、提速、增效。

（四）加大政策培训，聚蓄后劲推动发展

加大对政府部门服务人员、民营企业家和大学生创业人员的培训力度，通过走出去、请进来、创业大讲堂、联合高校举办专题培训班、组织高峰论坛、创业导师巡回宣讲等方式，为企业家和创业者提供实用有效的培训与管理咨询解决方案，不断提升民营企业创新素质，增强发展后劲。

（五）规范行业自律，聚拢商团推动发展

强化行业协会（商会）服务和自律职能，鼓励、支持民营企业建立自律自治的行业协会（商会），充分发挥其在加强行业规范、反映企业诉求、维护企业权益、应对贸易纠纷、制定行业标准等方面的作用。支持行业协会（商会）积极参与行业政策、规划的制定和行业发展研究工作，实现企业间资源和信息共享，切实促进民营企业投资兴业、抱团发展。

（六）加强民营企业党组织建设，聚精会神谋发展

鼓励在民营企业中建立党组织，帮助已经建立的党组织积极开展工作，帮助企业决策层学习了解党和国家的路线方针政策、重大决策部署，使企业决策符合政府产业政策。利用群众喜闻乐见的形式，把民营企业中的群团组织团结起来，提升员工对企业的认可度，将党组织优势转化为企业发展优势，促进非公有制经济健康发展和非公有制经济人士健康成长。

总之，提升民营经济发展环境没有止境，服务民营经济的各项工作没有最好只有更好。思明区要努力打造法制体系更完善、行政效率更高、贸易投资环境更便利、服务管理更规范的一流营商环境，助推全区民营经济发展再上新台阶。

课题指导：林全宗
课题成员：林全宗　许天津　徐永良
　　　　　李昇谦　洪薇　季薇
课题执笔：李昇谦
完成时间：2018年10月

湖里区民营经济发展报告
（2016—2017）

湖里区工商联

近年来，湖里区抓住新旧动能转换这一重大机遇，深化落实"2+4+N"发展战略，把民营经济作为经济发展的重要组成部分，积极打造一流营商环境，促进经济高质量发展。

一、民营经济发展的基本情况

（一）民营经济稳定增长，实力增强

数量规模上，民营企业占据湖里区商事主体的半壁江山，并呈现稳定增长势头。根据湖里区市场监督管理局公布的数据，2016、2017年湖里区私营企业占内资企业的比重都超过了60%，对应的注册资本比重则超过了75%，民营企业的资本实力雄厚。2017年，湖里区的民营企业数为102630户，与2016年相比增长了22.36%，注册资金增长了33.87%，两个指标的增速都明显高于区内内资企业的增幅。个体工商户数2017年比2016年增长9.3%，注册资金增长25.21%，实力大幅提升。详见表1。

表1 湖里区2016-2017年商事主体情况表

指标	2016年		2017年	
	企业数（户）	注册资金总额（亿元）	企业数（户）	注册资金总额（亿元）
内资企业	131201	7117.26	154114	9170.19
私营企业	83874	5399.60	102630	7228.31
个体工商户	44950	27.37	49130	34.27

注：数据来源于湖里区市场监督管理局

效益规模上，"四上"（规模以上工业、规模以上服务业、限额以上批发零售住宿餐饮业、有资质的建筑业企业）民营企业效益显著提升，民营经济呈现良性发展态势。表2数据显示，在"四上"及房地产开发经营业中，湖里区的私营企业数占比已经近半，2017年利润总额达到66.06亿元，尽管占全区比重只有22.06%，但与2016年相比增长了108.52%，资产负债率也由64%下降到61.73%。与之相对的是全

区"四上"及房地产开发经营业总体的利润增长率只有31.99%，资产负债率2017年较之2016年有上升趋势，由此可见，湖里区民营企业的经营条件趋好，经营绩效快速提升，民营经济稳中求进，优化发展。

表2　湖里区"四上"及房地产开发经营业的企业情况表

指标	2016年				2017年			
	企业数（户）	资产（亿元）	负债（亿元）	利润总额（亿元）	企业数（户）	资产（亿元）	负债（亿元）	利润总额（亿元）
私营企业	607	664.3	425.2	31.68	617	712.4	439.74	66.06
全区总计	1233	5629	3404	290.12	1276	5947.43	3652	299.4

注：数据来源于湖里区统计局

（二）民营经济结构不断优化，成为湖里区经济发展的主要助力

湖里区早期提出"优二进三"战略，指出做强先进制造业和现代服务业。随着"2+4+N"战略的提出，湖里区产业发展导向益发清晰，把高端制造、商贸物流、新兴金融、创意创新四大产业作为主导产业，这一点可以从市场监督管理局公布的辖区内内资企业分布及新增内资企业分布情况得以了解。2017年辖区内新增内资企业中私营企业户占比为63.03%；近两年的数据显示，企业数与注册资金排名较前的行业主要是批发和零售业、租赁和商务服务业、信息传输和计算机服务软件业、建筑业等，①基本与湖里区产业发展战略同步。民营经济结构也与区发展战略契合，从区统计局给出的"四上"企业信息也可以看到（见表3），从企业数量来看，批发和零售业、建筑业的"四上"私营企业最多，但从资产获利能力来看，制造业和服务业的私营企业实力较强。近年来，以美图之家、骑记科技、亿联网络、博游旅游等企业为代表，湖里区在软件信息、休闲旅游等行业上涌现出一大批具有代表性的民营企业，已成为行业内的领跑者。

表3　湖里区"四上"及房地产开发经营业中私营企业行业分布情况表

	2016年			2017年		
	企业数（户）	资产（亿元）	利润总额（亿元）	企业数（户）	资产（亿元）	利润总额（亿元）
私营企业	607	664.3	31.68	617	712.4	66.06
制造业	79	61.08	11.98	87	116.92	21.58
建筑业	156	84.4	2.97	168	114.77	3.91
批发和零售业	245	331.4	3.21	220	271.01	3.46
住宿和餐饮业	26	7.59	-0.67	28	7.36	-0.44
服务业	83	60.22	6.67	99	85.68	35.03
房地产开发经营业	18	119.7	7.54	15	116.66	2.53

注：数据来源于湖里区统计局

---

① 此处信息引自湖里区市场监督管理局2016年与2017年两年的经济运行情况汇报材料。

(三)民营经济改善民生,回报社会力度加大

首先,民营经济是湖里区创业就业的主要载体。在湖里区,不算个体工商户,单私营企业就占到内资企业的66.59%,民营企业特别是广大中小微企业是吸纳劳动力就业的主力。从"四上"企业来看(见表4), 私营企业比例很小,但从业人员数增长迅速,2017年达到92966人,"四上"企业的从业人员比重从2016年的27.47%上升到33.42%,就业人数增长率达到25.45%,远高于全区"四上"企业的3.1%。其次,民营经济的税收贡献突显。从区内"四上"企业来看,其中私营企业的税收比重并不高,2017年只占全区的20.78%,但从增速上来看,可以看到2017年"四上"私营企业的税收增速达到了43.56%,而同期全区"四上"企业税收相比2016年却是下降了11.52%,"四上"私营企业税收贡献增速显著,在一定程度上反映了民营经济的税收贡献值。再次,民营企业积极履行社会责任,参与社会管理。湖里区民营企业一直是区内扶贫、救灾、助学等慈善活动的主力。近年来由商会牵头实施"民企联村"精准扶贫行动,深入龙岩、莆田等地以就业帮扶、捐赠帮扶等形式开展产业帮扶、商贸帮扶,带领当地农民走向富裕之路。

表4 湖里区"四上"及房地产开发经营业的企业纳税及从业人员情况表

指标	2016年		2017年	
	税金(亿元)	从业人员平均人数(人)	税金(亿元)	从业人员平均人数(人)
私营企业	18.87	74108	27.09	92966
全区总计	158.03	269798	130.34	278154

注:数据来源于湖里区统计局

二、民营经济发展的特色

(一)创新是湖里区民营经济发展的核心动力

湖里区民营企业创新形式多样,涵盖了产品、技术创新到服务创新、商业模式等非技术创新的各种创新形式,亿联科技是湖里区高新技术企业的代表,拥有国家级音频、电磁兼容等实验室,其SIP话机市场占有率全球第一。高新技术产业是湖里区的主要支柱产业,以趣游(厦门)、宜加网络、飞鱼科技、盛华创智、合立道等为代表的一大批民营高新技术企业,在软件信息、游戏动漫、创意设计等诸多领域形成领先优势,成为支撑湖里区高新技术产业的主要力量。创新型的企业、行业需要培育适合创新的土壤。湖里区拥有的两大国家级重大片区,以及五通金融商务区、湖里创新园、湖里创意产业园、两岸集成电路产业园、云创智谷等多个产业园区,致力于孵化、引进优质企业,强调产学研一体化,营造良好的营商环境,已成为诸多民营企业成长的摇篮,是民营企业发展的主要基地。可以说,充满活力的创新型民营企业以及以创新为驱动的产业园区是彰显"创新湖里"的耀眼名片。

(二)以街区为界,民营经济呈现行业集聚发展特色

在《湖里区"十三五"规划纲要》中,区政府已对湖里区未来五年各街区的发展定位做出规划,总部经济作为本区域的发展目标,2016年87家湖里区总部企业中,恒安、银鹭、中绿、三六一等民营企业的比例过半。在其他行业区级域分布上,民营企业布局既有各街区经济发展演变的痕迹,也可以看到

未来经济发展的方向。具体来说：

殿前街道。原有的商贸服务业、汽车销售维修业以及物流行业都集聚了大量的民营企业，特别是以泷澄建设、鑫泰建筑、凯第建筑等建筑公司，日观建材、三航混凝土等建材公司，坤城、旺荣等房地产公司为代表的建筑建材房地产行业在湖里区起到了税源经济支柱作用。云创智谷是福建自贸试验区厦门片区内的首个智慧园区，园区以"移动互联·创业创新"为定位，成为厦门创新创业最活跃的园区之一。

禾山街道。辖区内有五缘湾片区、湖里创新园和枋湖商贸圈等，形成了以总部经济、高新技术、区域性生活商业中心等为导向的经济发展模式。湖里创新园是禾山街道高新技术产业的主场地，趣游（厦门）、飞鱼科技等民营企业的崛起，使得厦门成为国内动漫游戏产业最具发展潜力的地区之一，飞鱼科技被评为2016年中国十大游戏研发商。

金山街道。辖区内的产业集中在金融商务、总部经济、休闲旅游等产业上。以湖里万达为中心，打造万达商圈，恒安国际广场、璞尚酒店、正阳直升机旅游服务基地等民营企业主导的一批项目的建设展现了金山街道休闲旅游产业特色。

湖里街道。辖区重点发展的是邮轮经济、航运物流、文化创意、商贸服务等产业。湖里创意产业园成为文化创意产业的主要集聚地，已引进400余家文创企业入驻。

江头街道。"十三五"规划旨在打造SM、蔡塘、后埔生产商圈，发展总部经济、高端商贸、文化创意等产业。商贸业方面，这里聚集着国美、永乐思文、苏宁等国内三大家电连锁巨头；文化创意产业方面，既有以惠和石文化园和乌石浦油画产业基地为核心的文化旅游休闲产业，也有以吉比特、竹林传奇、新游网络等民营企业为龙头的文创产业。

（三）民营企业互助合作，行业协会助推作用明显

在实体经济持续低迷的大环境下，湖里区民营经济整体能够呈现出良好局面，与各行业协会的努力是分不开的。以湖里区商会为代表，建设行业公会、物流行业公会、电子行业协会等行业协会都在各自领域发挥着作用。此外，湖里区还有投融资行业协会、双百人才商会、云创商会等功能较为特殊的综合性商会。其中，投融资行业协会旨在促进金融与非金融企业投融资业务的信息沟通、创新研讨和业务合作，通过搭建与政府部分合作的投融资平台，帮助企业拓宽融资渠道，壮大地方金融机构与中小企业。双百人才商会的服务对象是湖里区的创业人才，通过线上线下联动等方式，构建"双百"人才交流平台，促进企业合作共赢、抱团发展，架起人才、企业与政府之间沟通的桥梁。云创商会则是针对云创智谷园区内的企业，以"互联网＋园区商会"方式，构建的一个联谊商情、互助交流、共谋发展的平台，目前已成为厦门民营企业文化创新示范基地。由此可见，湖里区的各行业协会组织已从行业、专业、人才、平台建设等各方面入手为民营经济保驾护航。

三、民营经济发展中存在的问题

（一）民营企业以小微企业为主，传统行业居多，生存艰难[①]

从前文表1和表2的数据中可以看到，2017年民营企业占内资企业的数量比重超过60%，而在"四

---

① 本小节数据信息取自湖里区市场监督管理局《2017年1—12月份经济运行情况汇报》。

上"企业中民营企业所占的比重只有49.22%。湖里区市场监督管理局2017年公布的新增内资企业户中，私营企业与个体工商户占比达到99.47%，单从企业户来看，注册资本小于50万元的企业比重也有7.75%，可以说，小微企业是湖里区民营经济的主要经济构成。此外，2017年新增的内资企业主要从事的行业集中在批发、零售业和租赁、商务服务业，与已有的民营企业集聚的行业相同，以传统行业为主。民营企业的这种现况在固定资产投资增速放缓、传统商贸业绩下滑的当前厦门经济形势下，困难重重，生存压力增大，直接表现就是2017年新增投资规模小于50万及50万~100万的小微企业数量及投资规模下降。

（二）民营企业营商环境仍有改进空间

反映较多的主要有以下几个方面：政府各职能部门方面，与企业的交流方式仍以政府窗口为主，单一的流程化办事或管理模式，在解决工作人员服务效率的同时，也会存在对新生事物或复杂问题不敏感，政企双方信息不对称的情况。政策执行方面，政策出台的速度与力度与企业的需要存在差距，个别已出台的政策与原有法规尚有衔接问题，造成新政策落地困难，影响了政策的贯彻实施。此外，一些以为企业减负、公平竞争为目的的政策也存在需要完善的空间。例如，一些企业反映营改增后企业的纳税工作变得更为烦琐，无形中增加了企业的负担；对企业引进、扶持力度加大的同时，也存在着外来和尚好念经的情况，对本地企业倾斜力度不大，甚至个别部门只罚不奖，难以形成对企业的激励力。

（三）民营企业经营成本居高不下，限制了企业的发展后劲

企业生存的根本目的在于获取效益，有效控制成本是获取利润的根本途径之一。目前湖里区民营企业却因为成本问题极大地限制了企业的发展。土地方面，湖里区的企业基本上没有自己的生产基地，即便可以拿到土地，也存在着取得土地使用权的用时过长，土地的价格及土地使用税偏高，导致土地使用成本居高不下。资金方面，民营企业特别是中小企业融资难问题并没有得到有效缓解，融资渠道与融资成本仍是困扰湖里区民营企业发展的主要问题。人才方面，一方面是用工成本提高，导致企业成本增加；另一方面是厦门的高房价、有限的教育资源等瓶颈因素影响带来的招工难、留人难现象。税负方面，尽管国家层面通过各种方式降低企业的税率，但许多民营企业并没有真正减轻负担。以营改增为例，一般认为营改增的受益者是大企业，以小微企业为主体的民营企业并没有享受到营改增减税的好处，个别企业甚至存在增税的情况。综上所述，当前许多民营企业面临的就是要素成本高、负担重、利润率低的困况，这已经成为目前发展湖里区民营经营亟待解决的现实问题。

（四）民营企业创新环境有待进一步优化

湖里区民营企业这两年的创新成绩突出，有自身的原因，也得益于政府鼓励创新提供的各项政策及服务上的支持。尽管如此，创新所赖以生存的环境仍有改进空间：要素成本高、企业负担重仍是制约民营企业创新的主要阻碍。目前湖里区鼓励创新的政策多为针对某一项目的一次性行为，手段也以奖励、补贴等方式为主，相较于企业创新的投入来说，杯水车薪，激励效应有限。此外，企业的创新还要经历产品化过程或成果的扩散过程，这一环节尚没有针对性的政策帮扶企业，可以说，创新在湖里区有培育的土壤，但还缺少促进创新成长壮大的空间。

（五）互联网对湖里区民营经济的冲击不容忽视

互联网对湖里区民营企业的负面影响主要体现在四个方面。一是信息共享打破了企业的市场边界，许多小微企业依仗地缘优势带来的利润空间被削薄，未来难以为继。二是许多企业处于传统行业，同质

化竞争激烈，短期内简单植入网络技术对企业而言只是单方面的资源投入，并不能看到明显的收益回报。三是网络经济不同于传统经济，需要企业转换思维模式，采用全新的竞争策略，而现有企业经营过程中的惯性思维与惯性行为尚无法完全适应网络经济的需要，使得企业在决策上失去先机，在市场上处于被动地位。四是高速发展的网络销售竞争激烈，以名鞋库为代表的网络零售业由早期做大市场规模转向追求利润，开始进入调整期。

四、加快民营经济发展的对策

（一）在行业内扶持代表性企业，完善与中小企业互动发展机制

湖里区良好的区位优势与软硬件资源条件是发展总部经济的实力保障，未来应继续引进或生成一批优质民营总部项目，通过发展总部经济加快产业集聚，带动相关产业的发展。湖里区应围绕"2+4+N"发展战略，在优先发展行业，特别是已呈现集群发展模式的行业中筛选一批龙头企业，扶持其做大做强做优，同时发挥龙头企业在协作引领、产品辐射、技术示范等方面的核心作用，带动中小企业向规模化、集群化、专业化方向发展，利用龙头企业与中小企业间的互动发展机制，打造完整的产品上下游产业链，增加产业竞争力。湖里区还应依托现有的产业园区关注催生独角兽企业的新经济领域，结合独角兽企业成长的特征，从众多高成长性企业中筛选一批具有潜力的发展对象，给予重点关注与支持，协助解决独角兽企业成长过程中的突出问题，帮助企业快速成长为独角兽企业。在关注优势代表性民营企业的同时，也要注意其他民营企业个体，特别要重视本土企业对经济的贡献。政府应在政策上对本土企业做适当倾斜，激发本土企业家创新创业热情，发挥本土企业的主体作用，彰显其在湖里区经济发展中的地位。

（二）持续优化营商环境，提高政府效能

政府应坚持"民本位"理念，本着为企业服务的思想，积极作为、自觉服务，把企业的需求及满意程度作为衡量政府服务的标准，为企业提供精准服务。为此，政府要严格依法平等保护各类产权企业在资质许可、政府采购、标准制定等方面的公平待遇，避免利用行政权力排除和限制竞争的行为，发挥各类主体在市场资源配置中的积极作用。政府可尝试设计一套评估民营企业营商环境的指标体系用以评价各部门的服务流程与质量，以问题为导向，对审批环节和业务流程做减法，实现部门间的横向业务协同。政府还应该重视"短板"的存在，特别是新旧政策衔接、跨部门及人员沟通过程中极易出现的手续烦琐、效率低下、政令不通等问题，采取有力措施加以解决。好的营商环境一定是企业满意的环境，因此，可以在政企之间搭建沟通交流平台，以培训、茶话、沙龙、网络信息平台等多样化的形式，拉近政府各部门与企业、市场之间的距离，瞄准企业所需、所急，提供及时精准服务，同时也可以使企业更清楚政策导向，实现政企良性互动。

（三）精准发力，切实解决民营企业实际困难

目前湖里区民营企业经营中的各类要素成本过高已是不争的事实，要想解决这一难题应多措并举、多管齐下，逐一攻克难关。具体来说：企业用地方面，应把着眼点放到缩减企业从申请收购到交付，到建设的整个土地买卖流程中的部门和时间，通过提高土地使用效率来降低企业成本。融资方面，要充分发挥自贸区和两岸金融中心的功能，多方面金融创新，打破民营企业特别是小微企业融资的瓶颈，可以尝试建立区内民营企业的信用评价体系，满足融资的安全性要求。人才方面，应加快出台新的人才引进

政策，通过住房补贴、生活补贴、教育资源供给等方式吸引人才入驻湖里区；政府、行业协会与企业应分工协作，构建长效人才培训机制，以人才的成长空间留人；同时还应全面提升居民社会保障和福利待遇，营造宽松、包容的文化氛围，加快外来人才融入的速度。税务方面，税务部门应设置专员为企业提供咨询或引导服务，帮助企业理顺税务流程与纳税申报；可以探讨利用企业的纳税贡献部分解决企业的资金或贷款问题；条件成熟时，应以低税模式替代现行的减税政策以支持民营企业的发展。

（四）创新是网络经济的要求，也是民营经济繁荣发展的永恒主题

创新需要大量的资源投入，更离不开创新思维与创新氛围的培育。湖里区应立足现有的产业园区，在园区内完善金融服务、专利保护、中介组织、研究机构等创新创业配套服务设施，使园区内与园区间人才链、资金链、产业链、创新创业链等紧密结合、优化配置、相互支撑，形成多元化有机生态系统以适应创新发展的需要。此外，湖里区还应着力打造优质创新创业平台，发展平台经济。政府应重视并培育平台型企业，利用此类企业的资源整合能力，催生创业生态体系，降低创业企业风险；要支持企业进行研发平台、资源共享平台、孵化基地等各类平台建设，可以通过减免、奖补等方式鼓励企业以经营方式向社会提供此类服务。最后，政府也要建立高水平创新服务平台，用来整合区域内公共服务资源，实现跨区域服务对接，通过提升公共服务质量水平，吸引更多人或企业进驻湖里区从事创新创业活动。

课题指导：王华安
课题成员：王华安　胡金藤　王立凤
课题执笔：王立凤
完成时间：2018年10月

海沧区民营经济发展报告
（2016—2017）

海沧区工商联

民营经济是我国经济社会的重要组成部分，它在繁荣城乡经济、优化经济结构、增加财政收入、安排劳动就业、富裕城乡群众等方面发挥着极其重要的作用，已成为我国经济发展最具活力的增长点和重要的支撑力量。特别是中小企业占了中国经济大半壁的江山，贡献了国家50%以上的税收，60%以上的GDP，70%以上的技术创新，80%以上的城镇劳动就业，90%以上的企业数量。

为了全面了解海沧区民营企业的状况，区工商联（商会）就海沧区传统制造业、电子商务发展、生物医药、特色产业布局、第三产业发展等方面进行了专题调研。

一、民营经济发展现状

近两年来，海沧区民营经济迅速发展，2016年年底统计的海沧区民营企业户数达到596户，2017年达到620户，2016年营业收入1103.14亿，2017年营业收入1240.6亿，营业收入增长12.46%。个体工商户2016年达到13126户，注册金额达到7.24亿，2017年达到16779户，注册金额达到15.46亿，个体工商户数量增长29%，注册金额翻了一番。同时，海沧区上市企业数量也不断增多，上市公司和拟上市公司成为推动海沧区济发展最活跃的群体之一，截至目前海沧区共有境内上市企业9家（厦门钨业、法拉电子、金达威、瑞尔特、吉宏股份、安井食品、大博医疗、艾德生物、盈趣科技），境外上市企业2家（长塑实业、象兴物流），已向证监会提交IPO申请材料并正式受理1家（松霖科技），处于辅导备案期2家，全国中小企业股份转让系统（"新三板"）挂牌企业13家。

（一）传统制造业稳步发展

近年来，海沧区培育了一大批优秀的企业，如金龙、捷太格特、松霖卫浴、法拉电子、通达科技等。同时，以智能化和信息化为导向，大力推广"机器换人"，建设智能车间，加强核心技术研发，提高产业研发能力，自主知识产权的培育和自有品牌的建立取得显著突破，带动电子信息、汽车及零配件、健康食品、智能家居等传统制造业企业向高端制造业企业转型升级。

（二）生物医药产业重点发展

生物医药作为海沧区重点发展的产业，已基本形成了以医疗器械及诊断试剂、保健食品及化妆品、化学药品、生物药品等四个链群为主的生物医药产业体系。2017年，厦门生物医药港生物与新医药企业达301家，实现产值135.84亿元，税收约7.6亿元（其中规模以上企业42家，实现产值127.33亿元）。截至2017年7月底，已有71家企业完成药品和器械等注册申报或正在进行注册申报，已获批文号929个（园区外650个，园区内279个），其中11家药品企业获文号287个，61家器械类企业获文号642个（206个Ⅲ类医疗器械，255个Ⅱ类医疗器械，181个Ⅰ类医疗器械）；海沧区园区外的医疗器械类企业（含诊断试剂）有22家，已获得注册文号合计364个，包含131个Ⅲ类医疗器械，117个Ⅱ类医疗器械，116个Ⅰ类医疗器械；园区入驻企业已完成药品及器械等注册申报或正在进行注册申报的有42家，其中：医疗器械类企业（含诊断试剂）有39家，已获得注册文号合计278个，包含75个Ⅲ类医疗器械，138个Ⅱ类医疗器械，65个Ⅰ类医疗器械。

（三）新兴产业异军突起

新引进集成电路产业按照"全市一盘棋，差异化布局、错位发展"的总体思路，定位为国家集成电路产业发展布局中的重要承载区、具有海沧特色的集成电路产业集聚区，重点发展设计、先进封装测试（载板）及支持产品导向的特色工艺、MEMS、功率器件。截至目前共落户制造类项目5个，项目总投资340亿元，主要项目有士兰微电子（士兰化合物半导体和士兰集科微电子）、通富微电子、芯舟科技、金柏科技等。集成电路设计方面，已引进设计类企业13家，使用面积1.2万平方米，占园区2.8万平方米的43%，主要有绿芯半导体（固态存储芯片及系统的研发）、开元通信（微波通讯）、码灵半导体（二维码芯片）、鑫忆讯科技（存储芯片设计）、晟视图芯（360度全景、AR/VR）、英诺迅（射频和微波芯片设计）、集微网（集成电路资讯、PR及相关咨询服务）等。

目前有规模以上新材料企业11家，2017年产值约164亿元，占全区工业产值比重的15%。力争2020年新材料产业实现产值近150亿元。新材料产业主要围绕厦钨、厦顺铝箔等几家龙头企业为发展方向，着重发展新能源汽车等相关领域，打造包括钨钼制品产业链、铝箔加工产业链、薄膜产业链等。其中厦钨钨钼制品产业链基本形成，并具有国际领先地位，长塑是全球最大的BOPA双向拉伸尼龙薄膜生产商。

（四）玛瑙特色产业转型在即

国内玛瑙加工业基本形成"北有阜新，南有东孚"的格局，海沧东孚作为我国玛瑙饰品生产基地，经过20多年的发展，已经具有一定的规模，目前生产厂商超过200家，并涌现出了有一定规模的企业，如磊鑫玛瑙、石语珠宝饰品、大富铭玛瑙、和玉缘等。据统计，海沧每年进口玛瑙原材料约900个标箱，总重量达25000吨，年交易额近10亿元。玛瑙一条街正规划成较大型购物广场，集乐购于一体，提升品位。在生产工艺方面，引进较先进的生产设备，如半自动化雕刻机，并引进了雕刻人才，能根据原材料的形状、色彩、纹路进行创意设计、雕刻，形成了姿态各异、品相高雅的玛瑙收藏艺术品。现在产品追求材质本色以及天然花纹，追求个性化，玛瑙印章（或雕龙，或画凤等）、玛瑙茶具（盘、壶、杯）、玛瑙拼图、玛瑙财神及佛雕像、玛瑙手把件、玛瑙艺术摆件、玛瑙装饰品、旅游景点用品等新产品应运而生，商品单价跃至数千甚至数十万元。如今，东孚玛瑙产品被不断赋予文化内涵，已逐渐跻身高端艺术品之列，昂首进军高端市场。

（五）现代服务业快速发展

近年来，海沧区基本形成了以航运物流为核心，金融、酒店、旅游、文创为一体的现代服务体系。

物流业迅速发展，海沧港已开通 54 条国际航线，世界五大航运和码头商中有丹麦马士基、法国达飞、中国中远以及中国香港和记黄埔落户海沧港，同时中欧班列开通也推动物流业快速发展，目前全区物流企业已有 150 多家。商贸业蓬勃发展，汽车 4S 店发展态势良好，商业街区渐成规模，专业市场稳健增长。旅游业人气渐升，厦门是全国最受欢迎的旅游热点城市之一，海沧已初步形成日月谷温泉养生旅游，青礁慈济宫、石室禅院、石峰岩寺等宗教文化游和东方高尔夫、天竺山公园、大屏山公园等生态休闲健康游等多种形式的度假游格局，节假日期间各景区内人头攒动。酒店业迅猛发展，除了日月谷、鼓浪湾，近两年又增加了温德姆、希尔顿、华邑、万豪四家五星级酒店，极大地提高了本区商务活动的接待能力。

（六）电子商务产业快速发展

电子商务的发展一直是海沧区的商贸流通的一个主抓方向，通过近几年的布局和政策性引导，现阶段已基本形成海沧电商园、中达电商园、腾邦欣欣产业园 3 个专业园区和海沧自贸园区跨境电商集聚区的"3+1"园区发展格局，总运营面积约 20 万平方米，总入驻企业 200 余家。重点以网络零售为主，其中大迦实业、比领、比肩、展颂、新见福等一批电商企业已纳入我区"商贸业"统计；园区和平台运营、产业配套服务为辅，其中海西医药交易中心、科易网、欣欣信息、中达电子、海沧电商信息产业公司等纳入海沧区"其他营利性服务业"统计。阿里巴巴 LBS 服务中心、中天创客、比象众创空间等优质服务商入驻，为海沧传统企业借助"互联网 +"转型、电商项目孵化提供优质服务。

二、民营企业发展中存在的问题

尽管海沧区民营经济发展较快，取得了一些不错的成绩，但也要清醒地看到，与先进地区相比，海沧区民营企业面临的困难和问题依然突出。

（一）产业拓展空间不足，制约企业发展

一是海沧区对本土的民营企业用地审批较为严格，造成民营企业用地困难，制约了企业发展，如象屿物流，在香港上市，其在本区的发展受到土地制约，难于扩张。二是对于民营企业生产用地均为集体土地性质（集体划拨与乡镇企业用地确权两种类型），其在寻求自身发展与招商合作中受到约束，不能翻改建，允许倒塌，不许翻新。现厂房基本处于廉价出租给一些小加工、小工作坊状态，无法继续发挥原有的土地效益作用。据初步统计，上述类型的企业为 13 家左右，总用地面积约为 20 万平方米，总厂房建筑面积约为 30 万平方米。三是空置厂房和空置用地没有得到有效利用，目前海沧区已批未建工业项目用地有 14 宗，占地面积 45.54 公顷，其中建议收回的有沙塘涂料、和谐光电等 4 宗用地，促开工的有金达威、狄耐克、思必诺等 14 宗用地项目；海沧区现有空置厂房面积约 47.4 万平方米，其中，南部片区空置厂房约 25.3 万平方米（中沧工业园空置厂房剩余 21045 平方米，中天旭日厂房 3000 平方米，贝姆勒厂房 5000 平方米），北部新阳片区空置厂房约 12.5 万平方米（柯达 6900 平方米），北部东孚片区空置厂房约 9.7 万平方米。

（二）政策扶持力度有限，真正落实不尽如人意

近年来，市区出台的关于产业扶持政策较多，但是真正能够享受政策支持的企业太少，例如市区出台的《关于促进民营经济健康发展的若干意见》（市出台了"44 条"，区出台了"15 条"），虽然已经实施了 4 年，但是据了解，全市民营企业受惠甚少，海沧区也是极少民营企业能够享受到扶持。主要原因有

四方面：一是执行政策的智能部门存在层层敷衍、暗设梗阻的现象；二是政策宣传力度不够，造成民营企业对政策不知情；三是政策落实中缺乏牵头推动的部门，涉及改革深层次的因素导致部门被动性倾向明显，不主动研究、不主动作为，造成有好的政策落不到实处；四是一些政策不实用，如有些政策虽受民营企业欢迎和关注，但附带限制性条款使民营企业无法享受，有些政策对企业而言受惠力度小，减负降压有限，有的手续还颇麻烦，企业不愿花精力也不感兴趣去兑现享受。

（三）国际经济形势突变，对民营企业产生较大影响

2008年国际金融危机之后，国有、外资大型机械制造业受冲击，导致下游的相关配套民营企业受影响，很多企业至今还未恢复，例如造船业、金龙客车取消大订单，业务量骤减，造成下游机械制造民营企业严重受损。近期的中美贸易摩擦对部分商品增加关税（500亿美元），已对部分外向型企业造成冲击，带来成本增加、订单下降等问题，企业面临减产歇业、调整重组的挑战。电子通信、电气机械、木材加工、化学产品等行业企业受影响相对较大。例如：长塑实业第二批影响薄膜出口加征10%关税，企业全年出口额9600万，出口数量4000吨左右，增加客户成本约960万；瑞尔特卫浴，根据美国加税清单，陶瓷和塑料制品均在其中，企业直接出口美国人民币1838万元，间接出口人民币将达7000万元，两项合计近9000万元人民币，占企业全年收入的10%，高关税后出口必然受阻。随着中美贸易摩擦进一步加剧，外向型企业将受到更大影响（如2000亿美元关税）。

（四）龙头骨干企业缺乏，带头效应不明显

龙头企业是产业发展的"先锋队"和"主力军"，在发展过程中具有带动各行业协同发展以及转型升级的重要作用。目前，海沧区机械、电子、生物医药有一定体量，但是规模仍不够大，虽然上市企业不断增多，品牌有一定的知名度，行业应用也有相当水平，但是产业组织协同发展能力偏弱，龙头企业主导带动作用不强，没能出现龙头企业带动整个行业发展，从而形成产业链的良好局面。如在海沧区卫浴行业中，威迪亚、瑞尔特、松霖等我区的几家龙头企业都各自为政，没能带动发展形成产业链。

（五）民营企业融资困难

长期以来民营企业融资难问题一直困扰并阻碍着企业发展，有资料显示：民企融资中，企业自我融资占90.5%，银行贷款仅为4.9%，非金融性2.6%，其他渠道2.9%。经济进入新常态下，民营企业融资受到多种因素的制约，融资压力加大。一是民营企业大多处于起步阶段，可抵押担保资产较少，在银行授信额度和贷款申请上受限较多；二是民营企业融资渠道狭窄，大多只能通过资产、房产按揭的方式，从银行贷款或者自行筹借来提供运营所需的资金，而民间借贷的利息较高，民营企业融资成本上升；三是银行与民营企业信息不对称，受固有观念的影响，银行授信侧重于国有企业及部分优质、重点骨干企业，而相当一部分中小企业不能满足银行放贷条件，融资渠道不畅问题一直难以解决。

（六）高端、专业人才相对缺乏

民营企业要发展，人才是关键，除了引进难，人才难找外，房价高、子女上学难、交通不便利、生活配套不足等问题也制约着海沧区人才的发展，尤其是企业中高层技术人员。例如在海沧区东孚工业区内，新企业入驻、老企业转型，片区内工作、生活的人员已不仅仅是传统的外来务工人员，更多高层次、专业技术及管理人员加入东孚企业的团队，但是工业区内生活配套没跟上，人民群众日益增长的美好生活的需求得不到满足，企业生产和员工生活服务之间的矛盾也亟须解决。

三、助推民营企业发展的几点建议

随着改革不断深入，改革红利逐渐释放，各地民营经济将进入竞相发展阶段，海沧区民营经济发展面临的市场竞争将更加激烈。针对调研中发现的问题，我们认为，问题和差距就是潜力所在和希望所在，解决问题的过程就是开拓前行的过程。当前和今后一个时期，我们必须紧紧抓住战略机遇，乘势而上，综合施策，不断缩小与先进地区的差距。为此提出以下几点建议：

（一）大力培植民营龙头骨干企业

运用资本运作与科学管理相结合，集中力量扶持一批民营龙头骨干企业充分发挥示范带头作用，壮大规模、提高素质，引导民营企业尤其是有一定实力的企业，以资本为纽带，通过联合、兼并、收购、合资、合作等方式，实施低成本扩张，尽快形成一批市场竞争能力强、辐射带动作用大的民营企业集团。政府职能部门应当充分利用好现有的卫浴板块资源，强强联手，整合威迪亚、松霖、瑞尔特等企业的优势，强力打造海沧区先进卫浴制造业品牌。应当充分利用生物医药专家席的智慧，把脉海沧区生物医药板块，制定目标，协同发展。

（二）按照产业布局加大国内外先进企业招商力度

瞄准国际国内先进企业，有重点地开展点对点招商对接，力争引进若干家有国际国内影响力的龙头企业。加强与先进地区的商协会沟通联系，组织产业专题推介活动，大量引进企业落户，形成产业集群。尤其是在集成电路、新材料方面，可以通过政府职能部门的引导，让海沧区民营资产参与资本融合，或者作为协作单位，共促发展。

（三）加强产业空间规划

加强城乡规划、土地利用规划、国民经济与社会发展规划"三规合一"的统筹功能，落实空间规划，强化生态控制，积极推进规划、国土政策创新，提高土地集约、节约利用水平，加强城市更新和产业更新的保障能力。对曾经为海沧区发展做出过贡献的本土民营企业的原有用地，应本着实事求是的原则，尽可能引用集体土地规划政策，盘活激活用地，再造企业，让老树重发新枝。对于大量空置的厂房，可应用土地政策进行并转，以解决海沧区土地资源不足的问题。

（四）进一步营造多元诚信的融资环境

一是建立完善融资体系，大力发展中小型金融机构，鼓励建立小额贷款公司等一些与民营企业相适应的融资机构。海沧区虽有两家小贷公司，但是由于都是国企控股，其运作模式大多以国企为主，无法解决民营企业实际困难。二是加大直接融资力度。鼓励民营企业通过股权交易所挂牌融资，筛选和扶持更多符合条件的中小企业在中小板和创业板上市融资；鼓励企业通过发行企业债券、中小企业集合票据等模式，拓宽直接融资渠道。三是搭建政银企对接合作平台。通过不定期举办银企座谈会、恳谈会、联席会等方式，组织各银行机构负责人与民营企业开展点对点式对接合作，缓解银行和企业信息不对称的问题。加大贷款贴息，采取补助资金和风险投资等形式，帮助企业争取创新基金，重点支持技术创新和科技成果转化，提高创新动力。

（五）引导推动民营企业加快管理创新和技术创新

积极推动民营企业进行股份制改造，通过参股控股、吸引外资、企业间相互持股等多种方式，加快投资主体多元化，逐步建立起较为完善的法人治理结构，实现从传统的家族式经营向科学的现代企业制度转变，引导更多样的企业进行智能改造。加大新产品研制开发力度，加快产品升级换代步伐，培育发展新材料、新能源、环保等高新技术新兴产业。鼓励支持企业加强与高校、科研单位的交流与合作，形成多层次、多形式的技术研发体系，开发拥有自主知识产权的系列产品。帮助传统企业把握机会进行转型，协助创二代交接，延续企业发展。

（六）加快高水平人才队伍建设

一是加强高层次人才引进与培育。大力支持引进国内外高层次、紧缺急需的优秀人才与团队，对有关人员及直系家属开通岛内落户绿色通道。二是鼓励校企合作开展智能制造"订单教育"。支持高等院校、职业学校等与企业、中介组织联合建立相关教育研究院，打造多层次、宽领域的人才实训基地，培养一批复合型人才。三是加强生活配套设施建设。吸引商业小区和商圈进入工业园区；改善交通状况，促进工业园区与周边生活区、外来人员密集区、商业街区之间的互通；制定偏远地区企业或就业优惠政策；主导建立片区内共享平台，如通勤车共享等。

课题指导：曾世秦
课题成员：庄旭初　黄树贵　林　峰
课题执笔：林　峰
完成时间：2018年9月

集美区民营经济发展报告
（2016—2017）

集美区工商联

一、民营经济发展现状

民营经济是市场经济的重要组成部分，是繁荣经济、增加就业的主渠道。近年来，集美区紧紧围绕"人文集美"发展战略，把发展民营经济作为提升经济水平、优化经济结构的重要着力点，切实加强对民营经济的领导，从优化营商环境、促改扶优扶强入手，推动民营经济发展，全区民营经济呈现出规模壮大、领域拓宽、大户崛起、实力增强、贡献突出的发展趋势。主要表现在以下几个方面：

（一）经济总量明显增加

近年来，集美区坚持以科学发展为指导，以民营经济发展为主题，以做大经济总量为核心，以产业培植转型为重点，以资源开发利用为主线，狠抓实体经济创新发展，全区民营经济尤其是工业和现代服务业发展取得较大突破，经济总量明显增加。截至2017年年底，全区共有企业63769家，其中外资企业1009家，注册资金达38亿美元；内资企业(747)、私营企业(27937)和农民专业合作社(276)共28960家（注册资本达1493.72亿元）；个体户33800家，注册资本31.85亿元。2017年全区规模以上工业总产值939.74亿元，同比增长11.27%；民营企业规模以上工业增加值完成241亿元，增长10%；批发零售贸易业商品销售额224.81亿元，同比增长23.54%。全区财政总收入112.3亿元，增长5.3%，其中，区级财政收入31.2亿元，增长4%。

（二）企业效益显著提高

2017年1-12月，全区规模以上高新技术产业增加值166.88亿元，占全区规上工业增加值70.9%，较上年同期提高10.3个百分点；增速9.9%，比上年同期提高5.7个百分点。全区规模以上工业企业利润总额预计67.8亿元，同比增长23.7%，每百元主营业务收入中三项费用较上年同期下降0.45元，降成本举措见成效。

2017年继续深化与台湾生产力中心合作，推动建霖工业、立林科技、美科安防等10余家民营企业降低成本约2700万元，民营工业企业转型升级成效凸显。市级总部企业增至6家，杏林湾商务营运中心入驻企业483家，入驻率86.3%。商贸物流发展态势强劲。国贸美岁天地建成试运营，尚柏奥特莱斯签约落地。13家4S店完成汽车销售28.1亿元，增长24.8%。集美物流园、前场铁路大型货场等载体集聚物流企业 400 余家。嘉晟供应链、海翼工业物流中心等 4 个物流项目一期试投产，中马（普洛斯）冷链物流等 3 个项目开工。

（三）招商引资成果丰硕

2017 年完成国内招商 342.94 亿元，超额完成全年年度计划，区统计局数据显示，实际利用外资完成 2.21 亿美元，同比增长 327%；合同利用外资（主要是台资外资）完成 3.17 亿美元，同比增长 63.9%。国内招商以规模以上企业为主，其中，新设立注册资本 5000 万元以上项目 61 个。

二、民营经济发展存在的困难和问题

从总体上看，近几年，虽然区委区政府高度重视民营经济的发展，出台了一系列有利于民营经济发展的文件，制定了多项发展措施，使民营经济得到迅猛发展，但也应当看到集美区民营经济在发展过程中，仍然存在一些不可忽视的问题。

（一）发展水平不高，总量少、规模小

一是发展速度与先进地区比较慢，总量规模偏小，缺乏产值百亿至数百亿的类似台资企业正新集团公司、宝姿国际服饰公司等大型企业和龙头企业支撑。二是质量效益不高，不如晋江、泉州那样拥有较多的龙头企业和名牌产品。相当一部分小微企业的设备、工艺不先进，产品单一，科技含量不高，市场竞争实力不强，企业状况不稳定。

（二）产业结构不够合理，缺乏主导产业

集美区民营企业虽然涉足了特区政策以及民企放开经营的大部分领域和行业，但仍然相对集中在贴牌加工业、批发零售、餐饮服务业、交通物流运输业等传统产业领域和科技含量相对较低、缺乏核心竞争力的工业企业，企业的产业关联度低，产品配套环节差，产业链条短，吸附民资的能力弱。

（三）融资难融资贵

许多民营企业普遍反映融资难、融资贵。直接融资渠道窄，对于民营小微企业贷款"小、急、频"的特点，商业银行的经营管理机制还是"嫌贫爱富"，审查流程严格，担心民营小微企业和初创企业抗风险能力弱、可抵押资产少、信用记录不足等；一些新兴产业，如动漫、电商、信息服务业，其资产主要是无形资产，而厦门尚未建立无形资产评估、抵押、交易平台，无形资产尚不能抵押融资；高新技术企业前期投入研发资金大、周期长，急需政府部门、金融部门针对性地创新融资办法。

（四）引进人才难，留住人才更难

厦门的房价高，产业集聚度不高，产业链相对短，总部数量也不多，人才引进政策适用面偏窄，软件信息、工业设计、品牌运营、市场开拓、高层管理等方面的人才引进难，留下来更难；一些大型工程反映厂区不能建设职工宿舍，企业周边的房租价格高，用工量大的企业（如东金科技、TDK、宏发电声、立林科技等）往往因为无法解决员工住宿问题而招不到技术工人。由于体制的原因，一些民营职业技术学院、民营医院在人才引进方面也存在非常大的困难，特别是学科带头人的引进。

（五）企业用地、厂房等方面存在困难

民营企业普遍反映企业总部办公大楼用地申请举步维艰；电商、物流业对仓储用地需求大，但集美没有适合物流大场地发展的聚集园区；杏林湾商务营运中心、软件园入园企业类型杂乱，园区不能满足企业个性化需要，配套功能不全等。

三、推进集美区民营经济项目发展的工作探索

近年来，面对复杂多变的经济形势，集美区民营企业紧紧围绕区委区政府的中心工作部署和要求，把民营经济项目建设作为推动民营经济发展的重要抓手，从企业引进、项目投产和管理等各个环节入手，全面分析项目建设、企业发展的瓶颈问题，抓根源、开处方，初步探索出精准服务企业和推进项目建设的新路子，为推动民营经济发展奠定了坚实的基础。

（一）建立领导挂钩联系重点企业和重大项目的工作机制，变领导"挂帅"为亲自"出征"

集美区把强化组织领导放在了精准服务企业、推进项目建设的首位，结合贯彻落实中央八项规定和项目建设活动年的开展，全面推行一线工作法，实行区级领导挂钩联系重点企业和重大项目的工作制度。一个项目明确一名区委常委为责任领导、一名区政府领导为挂钩领导、一个主体单位为责任单位，并抽调相关职能部门人员组成"一企一策"工作班子，实行一线协调、驻点服务、现场办公，认真做好企业发展、项目推动过程中涉及的立项、规划、报批、评审及征地、供水、供电等各项协调服务工作，帮助企业解决相关困难和问题，为企业发展、项目建设的加快推进提供坚强的组织保障。

（二）建立"多规合一"项目联审联批和全程代办工作机制，变"被动服务"为"主动服务"

在项目审批过程中，集美区不断创新服务方式，建立项目建设并联审批制度，相关部门进入政务服务中心对有关项目进行联合会审，分类集中办理相关手续，实行"一站式"办公、"一条龙"服务。在集美政务服务中心实行"一个窗口受理""一张表单报审"的规范审批行为，简化办事程序，改善和优化营商服务环境，提高审批效率。同时，应企业需求推行项目审批全程代办工作机制，对项目审批所需办理事项进一步分解、细化，由区商务服务中心主动与企业对接，上门办理相关手续，限定时间办理完成，努力为项目建设提供优质、高效的服务，确保项目建设顺利推进，提高了行政效能，营造了良好的发展环境。

（三）建立项目督查和目标责任考核机制

区委把目标责任考核作为推动企业发展、项目建设的关键环节，成立了由区委区政府领导为组长、副组长的区级重点企业发展和重大项目建设检查督导工作领导组，在区委办下设督查科室，负责重大项目建设的日常管理和考核工作。采取定期检查和不定期抽查的方式，对项目建设的各个环节进行有效监督，定期对项目推进情况、存在的有关问题进行通报。通过严格考核和严肃问责，部分服务审批部门中以前存在的"吃、拿、卡、要"等不良现象得到根本改观，服务意识得到显著增强，办事效率有效提升，投资企业对发展环境的满意度也得到了提高。

四、集美（杏林）台商投资区的区域特色

1989年5月，国务院批准设立了福州、海沧、杏林台商投资区，1992年12月，又批准设立了集美台商投资区。2003年10月，厦门区划调整，杏林台商投资区并入集美区，集美区成为全国独一无二在一个行政区中拥有两个台商投资区的特例。这是历史的机遇，也是集美区的荣耀。

集美、杏林台商投资区经过20多年的开发建设已初具规模，特别是2003年以来，集美、杏林两区资源整合，优势互补，发展空间进一步扩大，呈现出了经济实力增强、支柱产业突显、发展潜力更大等特点。20多年来，区委区政府充分利用区位优势和上级赋予的优惠政策，发挥台商投资区先行先试作用，坚持以规划为龙头，以基础设施建设为重点，不断加大对台经贸、文化交流，致力建设环保型高新产业区，投资区内软、硬环境日臻完善，使一批又一批的台商、外商慕名前来安家置业。

（一）园区面积

集美、杏林台商投资区总面积为38.08平方公里，其中，集美台商投资区8.84平方公里（包括集美北部工业园区和后溪工业组团），杏林台商投资区29.24平方公里(含灌口机械工业集中区、汽车城等)。

（二）主要经济指标

2016年，集美、杏林台商投资区累计实现规模以上工业产值836.71亿元，财税收入106.63亿元，合同利用外资19348万美元，实际利用外资5184万美元，外贸进口307.28亿元，外贸进出口总额374.22亿元。其中实际利用台资2232万美元，台资企业产值493亿元。

（三）主导产业情况

目前，集美、杏林台商投资区主要以机械制造、软件信息等为主导产业，同时发展卫浴五金、纺织服装、工艺制品、轻工食品、商贸物流等传统产业，积极推进新材料、新能源等新兴产业。2016年，台商投资区主导产业累计实现规模以上工业增加值212.01亿元，财税收入90.17亿元，外贸进口总额60.58亿元，外贸出口总额313.63亿元。

（四）招商引资，产业升级

台商投资区加强招商队伍建设，突出定向招商，创新招商形式，先后引进人工智能"独角兽"公司云知声软件信息、灵玲马戏城、老院子等演艺文化以及正新轮胎、路达卫浴、高铁客车修造、思尔特机器人、大金龙客车、"阿波龙"等一批境内外大型企业和行业龙头项目，并实现了项目落地建设。集美台商投资区主动融入厦门城市经济圈，引进钨业稀土永磁电机、新能源电池、稀有金属材料等一批特色新能源产业，有利于产业链延伸、产业集群形成、能够为地方财政带来直接效益的大项目、好项目，特别是信息电子产业、机电设备、汽车配件、金属制品加工、新型建材项目。虹鹭钨钼、春宝钨钢、新凯碳纤维复合材料、华懋高强度纤维、菲尔镀膜材料等一大批高新技术企业项目日益做大做强。"十二五"期间集美区共新办外资项目130个（含增资68个），累计利用外资3.93亿美元。台商投资区致力调整优化产业结构，到"十二五"末三次产业结构比由期初的0.79∶61.22∶37.99调整为0.46∶51.19∶48.35，第三产业比重大幅提高10.36个百分点。投资区经济持续稳定增长，综合实力大幅提升。地区生产总值年均增长11.1%，人均突破1.1万美元；规模以上工业总产值年均增长3.4%；累计完成全社会固定资产投资1463亿元，超出规划目标213亿元。财政总收入年均增长18.7%；区级财政收入年均增长27.5%；社

会消费品零售总额年均增长 16%

（五）涉台产业，对接合作

投资区紧紧抓住两岸和平发展历史机遇，加强两岸合作，实现产业对接。编选了一批符合国家产业政策导向、符合台企发展方向、符合台商投资区发展战略的优质项目，吸引台企前来投资布点。"十二五"期间盯紧台湾新一轮产业发展动向，加强新兴产业领域优势互补及合作对接。先后赴台开展经贸交流活动达十余次，主动与十多个台湾工商团体交流，接待众多台湾经贸团组来台商投资区考察，推介对接项目。此外，集美台商投资区还深化与台湾生产力中心合作，邀请台湾产业发展专家对产业转型企业进行诊断辅导，15家企业完成全面诊断，14家进入深度辅导，助力企业导入精益生产模式。集美（杏林）台商投资区入选国家园区循环化改造示范试点，是全省唯一入选园区，获中央财政补助近亿元。进一步拓展了台商投资创业的发展空间。

五、民营经济转型发展的成功经验与典型

在近年来传统制造业面临挑战的大环境下，集美区积极扶持实体经济，主动靠前服务，以创新为驱动力加快转型升级，积极推进工业化信息化"两化"融合，强化人才要素支撑，并实施了一系列有效的政策措施，确保经济"稳中增效"。这里展示两家民营科技企业创新转型的典型经验，从一个侧面展示集美区民营企业创新发展成果。

（一）立林科技：制定国际标准，提升品牌价值

最近，由厦门立林科技有限公司主持制定的楼宇对讲系统国际标准已经进入"收官"阶段，很快将在国际上发布。业内认为，这对进一步提升我国楼宇对讲系统技术质量水平，增强中国在相关国际标准化工作中的话语权等方面，都具有非常重要的意义。

从一家小公司成长为国际标准制定者，立林科技在企业成长过程中不断突破自我，而立林的成长，也是集美诸多民营制造企业谋求"转型升级"的一个缩影。

"立林一路从行业标准、国内标准制定者变成国际标准制定者，积极抢占技术制高点，参与国际标准的制定，提升品牌的国际影响力。"厦门立林科技有限公司首席质量官钟建华向记者介绍，面对互联网和人工智能的浪潮，公司前几年就开始了战略转型，规划了包括智能家居系统、智能门禁系统、智慧养老系统、保障房系统产品等新的研发方向，从楼宇对讲系统制造商转型成为智慧社区、智慧家庭解决方案供应商。

近年来，集美区相继出台了鼓励企业实施标准化及品牌发展战略、加快转型升级、奖励企业上市的利好政策，不少政策的惠企力度为全市最大，立林科技也享受到一系列政策奖励扶持。

2017年，集美区在原来一系列工业扶持政策的基础上制定出台了"升级版"的《集美区工业转型升级奖励办法》，对工业企业开拓市场、技术改造、智能制造等给予扶持奖励。

人才是推动发展的原动力。在立林科技，研发人员就有300人以上，为了加快企业发展，集美区积极搭建平台，帮助企业"引智"、找"外援"。比如，借助华侨大学等周边高校的力量，企业加快了科研转化，并且在企业内部成立了"立林大学"，为员工提供技术、管理、营销培训。

（二）悠度研学：从"做产品"延伸到"做服务"

走进位于集美北部工业区的集美区工商联副会长企业——厦门悠度休闲用品股份有限公司厂区，映入眼帘的是一片城市中的"户外营地"：成片的绿地，高大的攀岩墙，潺潺的流水……这家位于集美的企业是淘宝野餐包、野餐垫的"爆款"生产者，通过电商平台和发达的物流，来自全国各地的消费者用上了物美价优的"厦门造"户外产品。面对激烈的市场竞争，"悠度"主动创新求变，瞄准了户外研学教育市场的"蓝海"，从"做产品"延伸到"做服务"。

"公司本来就从事户外用品的研发、生产，与户外研学项目的开发有天然的契合。"厦门悠度休闲用品股份有限公司副董事长毛文勤说，之所以转向研学教育市场，首先得益于国家层面积极倡导研学实践的"大背景"；其次，在"悠度"所在的集美区，有集美学村、双龙潭生态运动景区等丰富的研学资源，发展研学教育可谓天时地利人和。

事实上，在集美区，前几年就专门从台湾引进资源，成立了一个专门帮助制造业企业转型升级的辅导机构——台湾生产力中心，正是通过台湾生产力中心，悠度的管理层到台湾实地考察"取经"，从台湾火爆的工业旅游模式得到灵感，发展出"户外装备产品+营地教育服务"双轮驱动的生态产业发展格局。

"为了更好地发展研学教育，我们专门成立了一家做户外营地教育产品的新公司，还从台湾引进研学导师，设计面向中学生、小学生等不同群体的专业课程，建立自己的营地。"毛文勤介绍，从2017年至今，研学营地已经先后举办了60多场活动。

从原本的户外用品生产商升级为研学教育服务商，"悠度"的经验只是集美区引导企业"走出去、引进来"的案例之一。目前，集美区还联合台湾生产力中心设立了服务机构"卓越创新中心"，先后多次组织集美企业到台湾行业标杆企业参观、学习，并举办精益生产、高阶管理、中阶管理等培训课程，为企业转型注入新活力。

六、推进集美区民营经济创新发展的建议

（一）梳理完善现有政策体系，提高政策的针对性和实效性

已有政策要落地见效。要充分整合现有产业政策资源，深化重要政策的宣传解读，加大各项扶持政策兑现力度，让更多企业把现有政策用足用好，享受政策红利。行业政策要梳理规范。对目前尚未出台行业扶持政策的产业链群，政府有关责任部门要加快研究，精准补齐政策短板。对已出台的政策，要根据产业链群发展阶段和薄弱环节及时调整完善，确保政策符合集美实际，符合产业需求。特别针对当前中美贸易摩擦的非常时期，要及时走访相关企业，评估可能产生的不利影响，抓好帮扶服务，及时帮助企业研究应对措施。个案政策要及时研究。对新引进的大企业大项目，政府各部门及各镇街要高度重视，强化跟踪，提供保姆式服务，协调解决从储备、签约、审批，到开工、建设、投产全过程的问题，真正做到私人定制。

（二）吸引一批优秀基金落户杏林湾基金聚集区，提升金融服务实体经济水平

一是要搭建完善的基金体系，不断做大做强区产业引导基金。在区产业引导基金已形成"直接投资+引导子基金"的模式下，推动搭建完备的基金体系，包括天使投资引导基金、创新创业投资与科技成果产业化基金、产业子基金、重大产业项目投资基金、上市公司并购基金和城市发展基金，实现从天使期、初创期到成长期、成熟期各阶段产业项目全方位覆盖，为撬动更多的优质项目落户集美提供资金需

求奠定基础。截至2018年6月，区产业引导基金理事会已累计批复参股子基金22支，参股子基金总规模70.34亿元，区产业引导基金合计承诺出资11.7亿元，发挥了财政资金杠杆近6倍效应。

二是要积极推动基金发挥资本招商功能。在不断做大做强区产业引导基金的基础上，区产业引导基金运营机构即区产业投资公司通过积极对接国内有实力的基金机构，并提供更加优质的服务，建立了良好的合作关系，进而引导参股子基金投向本地项目，同时借助基金资源吸引了更多的优质项目落户集美区。截至2018年6月底，已推动被投企业落户集区项目16个，整体估值25.82亿元。同时，积极推介引进151家股权投资类企业入驻集美区，累计注册资本113.97亿元。并通过资本及高校创新创业园吸引包括东娱传媒、铝邦网等78个优质企业或创新创业项目入驻集美区，累计注册资本3.85亿元。

三是要解决中小微企业融资难、融资贵问题。（1）要深化政银企对接，支持企业上市，引导金融机构实行差别化信贷政策，创新金融产品和服务模式，建立起"政府+银行"的联动机制，形成"政策+金融"的支持模式。（2）建议设立小微企业风险投资基金、小额贷款保证保险基金，完善提升投资担保公司。对小微企业中经专家评定具备较好的发展潜力，具有独创性、颠覆性，技术门槛较高且处于初创期、早中期的小微企业提供资金支持，以股权投资、担保融资等方式支持先进制造业、现代服务业、战略性新兴产业领域的小微企业发展。（3）鼓励社会力量创办专业化科技中介服务机构，拓展科技担保、投贷联动等新业务，解决中小微企业融资难、融资贵问题。

（三）优化政策环境，创新服务理念

集美区委区政府结合实际，立足创新，出台了《集美区实施标准化及品牌发展战略奖励》《鼓励软件和信息业发展奖励》《扶持企业技术改造》《企业转型升级全面诊断和深度辅导补助》等政策措施，大力度鼓励支持实体经济健康发展。立林科技、悠度股份、沃克集团等数十家民营科技企业成为创新转型发展的典范；发改、国土、规划、环保、财政、税务、商务、金融等相关服务部门进一步创新服务理念，创新工作思路，简化办事程序，优化办事流程，缩短办事时限，重点解决好为实体企业服务"最先一公里"和"最后一公里"问题。通过多种渠道搭建政企沟通平台、企业交流合作平台、服务维权平台，创新服务体系和服务模式，创新宣传载体和教育方式，为实体经济健康发展营造良好的外部环境。通过创新，保证实体经济发展在健康的轨道上运行。

（四）构建完善的人才服务体系

一要完善人才政策体系，深入实施"双百计划"、"聚贤集美"等人才政策，深化实施"金蓝领培养工程"，加大技能型人才培养力度，鼓励企业与辖区内高校、职校合作，建立一批高技能人才培养基地。

二是加大高端领军人才和紧缺人才引进力度。大力引进海内外高层次创新团队和领军人才。①建立引进人才绿色通道，建立健全人才信息库和人才服务机构，为本区总部经济发展提供人才支撑。参照昆山、青岛等地做法，对引进且聘用的优秀人才年薪在15万元以上的，区财政按其上一年度所缴工薪个人所得税地方留成部分的80%给予为期三年的奖励；对引进的高级管理和研发人员，且所在企业年纳税500万元以上的，个人年缴纳所得税额的地方留成部分按100%给予为期3年的补贴，用于购房、购车补助。②重视人才激励，设立"工匠奖"，推动企业注重培育"工匠精神"，政府奖励企业建立"高级技工工作室"。通过企业高级技工领军人物或项目带头人，带出更多的技工、高级技工。③推动建立"创新设计孵化室"。着力提升高职院校制造业专业建设水平，加强"双师型"教师队伍建设，推动智能制造关键的设计人才与精工师傅的培育。在科技创业园区设立创新设计孵化室，给民营中小微企业更多的选择空间。

三是加大公租房、人才房建设、使用力度。实施人才安居保障工程，为引进和留住的人才提供住房、子女就学、税费减免优惠等方面的保姆式的服务，让更多的科技型创新性企业人才能够"引得进、留得住、扎下根"。在政府集中建设的公共租赁住房中安排部分房源，用于集美各个片区学位预留，定向解决高级管理技术人才住房问题；对总部企业聘用的管理人员及家属办理居留许可等事项提供便利，对符合条件的人员及其家属优先办理入户手续。

（五）加强知识产权保护

保护知识产权就是保护和激励创新。实现创新发展，离不开一个尊重知识保护产权的环境，必须建立起完整的知识产权法律保护体系。要努力强化知识产权创造、保护、运用，力争安妮知识产权管理中心与国家知识产权局的数据库中心落户集美软件园；力促成立知识产区法庭，加大知识产权执法力度，提高违法成本，鼓励企业间正常的交流合作，保护所有企业合法的知识产权。

课题指导：李实全
课题成员：郑伟强　王进法　毛文勤　陈旭黎　习　玲
课题执笔：王进法
完成时间：2018年10月

同安区民营经济发展报告
（2016—2017）

同安区工商联

 党的十九大报告中提出要求："全面实施市场准入负面清单制度，清理废除妨碍统一市场和公平竞争的各种规定和做法，支持民营企业发展，激发各类市场主体活力。"党中央对非公经济发展的重视，使非公经济发展迎来了又一个春天。目前我国经济已由高速增长阶段转向高质量发展阶段，正处在转变发展方式、优化经济结构、转换增长动力的攻关期。如何促进和引导我区非公经济高质量发展，已是当前亟待探究的课题。

一、同安区非公经济发展主要状况

改革开放以来，同安区经济的产业结构发生了明显的变化，由原来传统农业县的"一二三"产业结构，改变为以工业为主的"二三一"产业结构。非公有制经济的快速发展，不仅深刻地影响了同安的经济总量，而且有力地推动地方财政、居民收入、城市化进程、科教文卫等社会领域朝着更加文明和谐的方向发展。截至2017年12月底，同安区已有工业企业3327家，全年实现产值876.59亿元，其中非公有制企业的数量占全区企业数量的90%以上。同时，非公企业品牌级效应日益显现，创出了一大批知名品牌，如荣获中国驰名商标的"高时石材""银祥""盛洲"；荣获福建名牌产品的"凯欣达+PRO-CUSHION+图形牌跑步机"；荣获福建省著名商标的"Longstyle 朗斯柏""同泉TQ""东万晟""安贝儿及图""中锐""CWT创万通"Freego及图""SLD""亦坤""厦楼""好周到"；荣获厦门市著名商标的"保沣实业BAOFENG及图""宙隆+ZHOU LONG""软羊羊""同安凤梨穗""天岩山""同泉TQ""厦楼"；荣获厦门市优质品牌的"雅豪""珀挺""文忠"等。2017年度，同安区委区政府表彰的纳税特大户中，非公有制企业纳税1000万元以上的达82家，纳税500万~1000万元的达57家，纳税300万~500万元的达105家，纳税100万~300万元的达96家。可以说，非公有制经济已成为同安区经济的重要组成部分。因此如何引导非公经济高质量发展至关重要。

二、同安区支持非公经济发展的重要举措

自2016年以来，同安区紧密围绕"三转促发展、三加强惠民生"的发展思路提升一流的营商环境，制定更为优惠的政策，精准扶持非公企业发展，增强企业自主创新能力，推动高新技术产业化，促进非

公经济发展提速增效，以此来奋力推进"富美同安"的赶超发展。

（一）定点走访，长期贯彻执行《同安区领导挂钩联系重点企业制度》

区领导牵头联合财政局、经信局、商务局、规划局等多个职能部门深入重点企业及社会组织走访调研，现场办公协调解决企业经营难题。

（二）广开言路，常态化开展政企对接

同安区不定期组织发改局、经信局、商务局、市场监督管理局、行政审批服务中心等9个涉企职能部门与企业开展面对面座谈，深入倾听重点企业建议，集中探讨同安区营商环境优化的重点方向、高效服务企业的工作机制等议题，为打造一流的营商环境做了全方位、多角度的谋划。

（三）急企业所急，联合金融部门切实缓解企业融资难问题

为缓解同安区企业银行贷款到期还款资金周转压力，提振企业信心，打击民间非法集资和高利贷行为，维护金融秩序，促进同安区金融与经济平稳健康发展，同安区制定了《厦门市同安区企业应急还贷资金管理办法（暂行）》，设立同安区企业应急还贷资金项目，为企业提供贷款转贷资金支持；建立线上及线下"政银企"长效对接平台，促进区各金融机构对符合产业政策和供给侧结构性改革的有效信贷需求做到"应贷尽贷"，增加有效贷款，为企业发展提供资金支持。

（四）精准扶持，出台各种系列惠企政策

同安区政府陆续出台《厦门市同安区科学技术创新与研发资金使用管理办法》《同安区经信局商务局财政局工商联关于企业发展扶持措施具体实施方案》《关于加快同安区原"飞地"企业转移工作的实施办法》等惠企政策，对认定的高新技术企业、创新型企业、各级重点实验室、工程技术研究中心、企业技术中心、知识产权示范企业等进行"加码"扶持奖励，达到精准扶持的效果。比如，同安区对企业设立且新认定批准的重点实验室、工程技术研究中心、企业技术中心、科技孵化器给予一次性奖励，国家级的奖励200万元，省市级的奖励100万元；对新认定的国家级高新技术企业及技术先进型服务企业，给予一次性奖励25万元；对新认定的国家级创新型试点企业、创新型企业，分别给予一次性奖励30万元、50万元。目前，同安全区已有高新技术企业172家，重点实验室3家，工程技术研究中心11家，企业技术中心23家。

同安区坚持以创新发展为引领，逐步推动经济实力增强：地区生产总值年均增速高于全市平均水平，到2020年与全市同步实现比2010年翻一番；坚持创新驱动，实现高新技术产业增加值占规上工业增加值的比重达到40%左右；强化投资拉动，全社会固定资产投资年均增长15%以上。突出项目带动，全面建成"一环两横四纵"交通体系，初步建成同安新城、同翔高新技术产业基地两个重大片区。优化产业发展结构；坚持"链、群"齐抓、"质、量"并重、"优、新"兼顾，推进三次产业深度融合，全面提升产业核心竞争力。规上工业产值年均增长14%，第三产业增加值占GDP比重达到45%以上。实施新一轮产业发展计划，整合提升产业发展平台，构筑"3+1"四大百亿产业集群。

2015年1月，以同安区为主体创建区域的厦门出口健身器材质量安全示范区正式晋升为国家级示范区，这是目前全国唯一的国家级出口健身器材质量安全示范区。

三、影响同安非公经济高质量发展的主要问题

改革开放以来，同安区的非公有制经济可以说是蓬勃壮大，特别是近几年更是高速发展，然而制约非公经济发展的一些问题依然存在。主要有以下几点：

（一）融资困难，普遍存在资金短缺难题

银行实行股份制改革后，逐步加大对大项目、大企业的扶持，对中小企业选择退出市场及严格的授权授信管理，贷款审批权限上收，申贷程序复杂，致使中小企业贷款门槛偏高，再加上企业自身资金不足，因此企业资金周转不灵，严重影响了企业的经营与发展，同时加剧了企业之间三角债的矛盾，使多家企业一起陷入了不可自拔的债务漩涡中，如果一家企业倒闭就会形成"多米诺"骨牌效应。目前虽然政府尽力帮助协调融资，银行也根据现状推出了一系列面向小微企业的贷款产品，但仍不能满足非公企业发展的需求，严重制约非公企业的快速发展。另外，部分企业由于其集体建设用地未转为国有用地，无法办理土地产权，也是融资受阻的原因之一。

（二）用地难问题仍然相对突出

由于民营企业发展迅速，急需增资扩产等问题，部分非公企业多次申请用地但均未落实，有的企业拟向周边增资扩建也常受条件限制。政府虽然尽量落实有关政策措施，但未能从根本上解决非公企业用地难题。小微企业普遍面临"一地难求"的窘境，一方面随着我国工业化和城镇化进程的加快，土地资源不足的问题日益突出；另一方面，随着国家土地调控政策的实施，企业用地门槛越来越高。

（三）出口企业受全球经济环境的影响经受严峻的考验

由于全球经济发展不平衡和各国经济要素的不平衡，国外企业经营风险正通过贸易链条逐步向我国外贸出口企业转嫁。拖欠、破产、拒收成为出口损失的前三大原因。由于经济形势不好，国外买家长时间拖欠货款的情况频频发生；更糟糕的是，一些出口货物到达对方港口后遭到拒收，直接滞留码头，引发巨额滞留费用，这些费用有时甚至高于货物本身价值。

（四）企业成本居高不下制约着非公经济的发展

近年来，资源不足的瓶颈日益显现，严重影响非公有制经济的发展。首先，能源供应不足，柴油、汽油及液化气供应短缺，且价格一路攀升，严重影响了企业正常的生产和经营，紧跟着化工原料、金属原料的价格也一路猛涨，面对原、辅料涨价所带来的成本增加，企业根本没有能力消化。企业既不能提高产品售价来消化新增的成本，也不能通过延长劳动时间、增加劳动强度这种压榨式的方法来消化新增的成本，因此，不少企业已陷入经营难以维持的困境。

（五）企业自身存在的问题仍然比较突出

企业自身存在的问题主要有：品牌意识不强，产品科技含量低。在我区非公经济中，除极少数企业具有品牌、技术、市场优势外，大多数企业仍停留在粗加工层次，技术更新的少，转型升级的积极性不高，生产的产品在市场的影响力和竞争力都相对较弱。一些商业零售企业规模较小，经营活动中常常受到大企业的排挤和制约，缺乏竞争力。有些生产型企业受质次价低商品的冲击，逐渐失去销售市场，加之产品成本高，利润空间小，无法在市场竞争中占据优势，使一些原本有一定基础的企业经济效益滑坡，

企业发展举步维艰。另外企业经营者队伍整体素质不高，尤其是高科技人才和科学管理人才短缺，加上企业培养出的素质较高的管理人员频繁"跳槽"，企业难留人才，造成企业发展缺乏后劲。

四、促进同安区非公经济高质量发展的建议

（一）帮助打造金融支撑，解决企业发展资金瓶颈

一是建议成立民间小额信贷组织，进一步规范引导民间借贷行为，缓解小企业贷款难问题。二是建议成立域外金融机构服务中心，面向全国招引域外金融机构。三是设立区级政策性融资担保机构，建立可持续"政银企"合作模式，进一步提升小微企业的融资增信能力，切实缓解企业"融资难、融资贵"问题，有效降低企业融资等交易成本。四是充分发挥金融工作办公室的作用，定期组织优势企业与域内、外金融机构对接，搭建企业与金融机构交流与合作的平台，引导和服务地区金融业的发展。五是借助"信用厦门"和"信用同安"平台，成立信用评价委员会，实行定期和不定期联谊会制度，对申请担保贷款的企业进行综合评定，为金融部门提供企业守信程度"黑红名单"。

（二）切实理顺部分企业集体土地转为国有用地问题

一是根据实际调查情况，将拥有集体土地使用证、房屋所有权证两证齐全的部分企业作为试点单位先行办理，在自愿补齐出让差价的基础上，向市、省政府申报，将集体建设用地转为国有用地。二是按照相关规定，协助已办理集体土地使用证但没有办理房屋所有权证的企业及没有办理两证但具有红线图的企业先办理好土地使用证和房屋所有权证，再按有关规定向市、省政府申报，让这些企业逐步将集体建设用地转为国有用地。

（三）优先解决优质非公企业用地的燃眉之急

一是积极探索外地土地征用的先进做法和典型经验，用足用活土地的经营权和使用权，每年的农转用指标及对回收的闲置用地的处理，应优先考虑解决本地优质非公企业的用地问题。对本地有发展前途的中小非公企业的用地问题，要列入建设规划、土地利用总体规划和土地利用的年度计划，作为优先解决对象。二是盘活工业园区内的闲置厂房。摸清同安工业集中区及轻工食品园区内通用厂房使用情况，将急需用地的本地中小非公企业根据行业性质进行整合规划，鼓励其入驻现有的闲置厂房。三是科学规划，指导部分非公企业充分利用现有周边的闲置用地。在规划、土地使用等许可前提下，允许部分有条件的非公企业就近向周边适宜用地扩建。

（四）引导非公企业采取多种方式规避国际贸易风险

一是积极引导相关企业，把注意力转向争取管理利润，向管理要效益、要利润，通过培训、技改来提高自身的素质，引导企业走强身健体的道路，增强实力去搏击国际市场的狂风恶浪。二是帮助一些有条件的企业采取一些经济手段，例如运期结记、易货贸易或采用欧元结算等方式而规避汇率的风险，努力拓展生存空间。

（五）把握转型重点，推动非公企业创新发展

一是加强对中小企业转型发展的扶持力度。统筹协调用好财政扶持中小企业发展专项资金，支持中小企业采用新技术、新工艺、新设备、新材料进行技术改造；拓宽投资融资机制，完善非公企业信用担

保体系，鼓励支持小额贷款、村镇银行等民间金融组织加快发展；集中建设一批公共技术服务平台，为其发展奠定坚实的技术基础。二是充分发挥大中企业的示范带动作用。引导大中企业围绕支柱优势特色产业延伸产业链，延长产品链，带动中小配套企业集约发展，形成地域化集聚、专业化分工、社会化协作的民营中小企业集群。三是鼓励有经济实力和科技研发能力的民营企业进入战略新兴产业。要鼓励和引导民营企业围绕现有主业寻找发展突破点，充分发挥其在竞争性领域的机制优势，发展具有市场潜力和比较优势的战略性新兴产业，确保先发优势。

（六）提高核心竞争力，引导企业实行品牌战略

一是引导非公企业认清形势，正确对待宏观调控，变调控为机遇，在调整中抓住机遇，切实发挥自身优势，找准中央精神和自身实际的结合点，把握节奏，加快发展，树立科学发展观，不断把企业做强做大。二是引导非公企业科学规划发展方向，选准、选好项目，避免盲目投资，规避财务风险。三是引导非公企业强化管理意识，加强企业管理，增加研发投入，加大新产品、新技术开发力度，在打造品牌方面下功夫做文章，培育和壮大一批品牌产品和驰名商标，退出低端市场竞争，缓解产能过剩矛盾。政府也要加大奖励力度，促进非公企业树立品牌意识，力创品牌产品和驰著名商标。

（七）优化发展环境，拓宽企业发展空间

一是在硬件环境方面，要通过多元化融资，在基础设施建设等方面加大资金投入力度，解决非公企业发展的瓶颈制约。二是在软环境方面，要从工作机制入手，重点抓行政审批中心、企业投诉中心、中小企业信用担保中心、法律援助中心和项目咨询服务中心等"五个中心"的建设，为企业提供全方位的优质服务，为推动经济又好又快发展搭建良好平台。三是坚持把建设资源节约型、环境友好型社会放在工业化、现代化发展战略的突出位置，把节能减排工作落到实处，指导企业走出一条可持续发展道路。

（八）实施"四项对接"，助推非公企业健康发展

一是要重视银企对接，破解企业资金制约。政府牵线、银企联姻，定期组织企业家和银行部门负责人开展对接活动，破解企业发展资金制约难题。二是政企对接，提高行政服务水平。各级政府要定期组织各职能部门与企业家开展交流对接活动，共同商讨企业发展之策，解决影响企业发展的各种问题，为企业营造良好的发展环境。三是企业对接，促进企业共同发展。建立企业发展研究论坛，定期组织企业家开展经验交流和产业对接活动，营造竞相发展、互促互进的良好氛围。四是校企对接，提高企业家素质。与部分重点院校建立合作关系，定期邀请大专院校专家教授到企业所在地讲学，为企业发展把脉会诊，并分期分批输送企业家到大专院校进修学习，提高企业家素质。

（九）开展优惠政策调研，推进健全激励机制

一是加大宣传和督查有关民营经济政策的落实。据调查，对市、区出台的有关政策没听说过或不熟悉的中小企业平均约占所调查企业的40%以上。为此，必须拓宽非公企业了解政策的渠道，将出台的政策及实施部门、运作流程及时全面地公布，具体细化到让企业知道该找哪些相关部门或机构帮助办理，使企业更好地掌握政策、应用政策。二是要制定配套的实施细则。在制定过程中，要广泛听取非公经济代表人士的声音，征求工商联等社会团体的意见和建议，咨询有关专家学者，做到科学决策、民主决策，提高政策的可操作性。三是加强督促检查。彻底清查相关政策的执行和落实情况，清理制约民间资本准入的政策文件，取消各项不合理的附加条件和限制性要求，确保政策落实的时效性。

(十）切实加强对非公经济从业人员的培训

一是不仅要重视培训企业的骨干，更要重视对企业中层领导及工人的培训；不仅要重视业务、技术、信息的全面援助，更要重视引导中小企业加强国内、国际合作，促进企业提升档次。二是继续实施创业者系列培训计划，有针对性地分期分批对非公企业家开展法律法规、产业政策、经营管理、营销管理、打造品牌、科技研发等方面的培训，争取在若干年内对非公企业家培训一遍。三是围绕产业发展培育非公企业管理人才和技术熟练工人。非公企业管理人才和技术熟练工人是产业发展的必备条件，要把培育本土人才和留住外地人才结合起来，让本地非公企业在家乡创业中得到利益。四是邀请省内、市内有关专家学者和外地成功企业家开展经营管理培训，提高企业管理者素质。

综上，同安区非公有制经济正面临国家经济结构调整、深化供给侧改革的特殊时期，只有全方位、高效率地促进其科学、健康、持久发展，才能更好地立足于"一带一路"建设和厦门"五大发展示范市"发展定位，服务于"富美同安"建设。

课题指导：陈福祥　刘育红
课题成员：彭明赞　郑招治　柯雅莲
课题执笔：柯雅莲
完成时间：2018年9月

翔安区民营经济发展报告
（2016—2017）

翔安区工商联

一、翔安区民营企业基本状况

截至2017年12月底，翔安区民营企业（含翔安区火炬园区）共有10500家，注册资金6514亿元，从业人员10万人。按照《中小企业标准暂行规定》的划分标准，除银鹭集团、如意集团、友达光电等极少数龙头企业外，全区的企业95%以上都属于中小企业。

翔安区中小企业共有1.2万家，占全区企业总数的95%。在营业收入中，中小企业提供的就业岗位10万人，占全区企业从业人员的70%。民营企业有5个"中国名牌"，有5件"中国驰名商标"，有20个"福建省名牌产品"，有54件"福建省著名商标"，有82件"厦门市著名商标"，有38个"厦门市优质品牌"。这说明翔安区的中小企业已成为国民经济的重要组成部分，是民营经济的主体，成为缓解就业压力和转移农村劳动力的主要渠道，是地方财政收入的主要来源。

单就（2016—2017）一年的民营经济发展情况来看，翔安区民营企业的户数、注册资本、从业人员均有明显的增长，截至2017年12月，翔安区民营企业增加1955户，注册资本增加99.13亿万元，从业人员增加1.5万人，到工商局申请名称预核准的企业就达2527户，这说明翔安区正进入兴起投资开发热时期，翔安区的企业吸引力在不断增强。据统计，目前翔安区民营企业中，注册资金在500万元人民币以上的就有2900户，100万元人民币以上的就有4280户。在翔安区的经济发展中，引进外资和易地改造大型国有企业已成必然趋势，而为大型外资企业服务的民营企业已呈良好的发展势头。

二、民营经济发展瓶颈和困难

翔安区是厦门市最年轻的新区，经济规模小，实力弱，企业管理和科技含量跟不上，严重制约和影响着全区的经济发展，主要存在这八大困惑和困难：

（一）企业总体规模偏小，挂靠企业数量多，产业层次较低

中小型企业占据民营企业总数的95%，普遍存在实力不强、规模较小的问题，大部分企业仍集中于传统产业，难以形成规模优势。如产品加工业，多数企业小而散，缺乏规模优势和竞争力，政府在鼓励企业进行强强联合方面的宣传力度不够，鼓励措施不够有力，难以形成政府搭台、企业唱戏、强强联合、

优势互补、规模扩大、效益提高的新格局，尤其是产品层次不高，在市场上缺乏竞争力，容易被市场淘汰。这就说明，翔安民营企业的发展，产业化经营模式不成熟，产销环节连接不紧密，产业链尚未充分延伸，精深加工转化率较低。

（二）产品科技含量低，附加值低，发展后劲不足

目前，翔安区几乎没有一家民营企业成立新产品研发部，产品的更新换代缓慢。全区大多数企业是本土企业，创新能力较差，除银鹭集团、如意集团、柯依达工贸有限公司等少数龙头企业外，大部分民营企业的生产技术和设备相对落后，产品科技含量和档次较低，导致行业内企业产品竞争更加激烈，市场的竞争力非常有限。

（三）企业类型单一，以家族企业为主，管理相对落后

在管理模式方面，翔安区民营企业大致有两种模式：一种是以个体户起家，逐渐积累发展起来，或直接由家庭成员投资兴办的家庭式企业；另一种是朋友、亲戚等参股合资开办的合伙式企业。在家族式管理模式中，由于凡事一个人说了算，缺乏有效的监督、反馈和制约机制，使得决策的正确性、准确性和科学性大打折扣。这种模式仅局限于家族内部，范围狭窄，又对进入企业管理层的外来经理人员采取排斥的态度，优秀人才纷纷离去，使得发展目标、市场分析、产品定位、资源规划等方面上下沟通受阻，基本上无力开展产品、工艺、设备的技术创新。关健点，多数民营企业家出身于农民，小农意识、小富则安等传统观念严重制约企业的长足发展。

（四）资金"瓶颈"制约，企业融资困难

造成这种现象的主要原因有三个方面：（1）政府部门对民营企业的偏见。几十年的计划经济、公有制经济在人们心中根深蒂固，政府部门受传统思想影响，对民营企业保持了一定的戒备心理，使得国家的宏观经济政策以及相关法律一直以国有大中型企业为中心，中小民营企业得不到国家政策上的支持以及法律上的保障，这种偏见影响各大银行向中小民营企业投放贷款。（2）中小民营企业实力弱小。相对于国有大中型企业来说，民营企业的规模普遍较小，技术力量薄弱，资金有限，而且由于很多企业产权不明晰，各大商业银行认为向民营企业贷款风险很大，因此，对民营企业的贷款审核异常苛刻。（3）民营企业信用缺乏。民营企业自身的信用问题，也影响到他们从银行获得贷款。个别民营企业家以及高层管理者，还没有充分认识到信用的重要性，淡化了视信问题，导致民营企业与银行之间的信用危机。银行向中小民营企业贷款，需花大量的人力和财力去考察其商业信用，这无疑影响了银行的贷款积极性，金融机构"惜贷、恐贷、拒贷"，导致中小企业融资难，普通存在资金短缺现象。从2012年以来，如榕兴、德阳鞋业、舫昌佛具、力鹏航运几大民营企业相继爆发债务危机。

（五）配套改革不齐全，优惠措施不明显，企业发展用地受限

市委市政府（2014）出台《关于促进民营经济健康发展的若干建议》，利好的政策出台，但配套政策还没有完全到位，导致优惠措施还没有真正落到实处，民营企业在创业、生产经营过程中很难参照执行。反映特别突出的是土地控制问题直接影响了翔安区民营企业的快速发展。企业用地难，这是个老大难问题：一是受国家基本农田保护政策影响，用地指标严格控制；二是企业现有的用地大多数属于集体性质用地，没有流转为国有性质用地，而集体性质的用地不能用来作为抵押物向银行贷款，这样既影响了企业的扩大再生产，又影响了企业的发展空间。根据翔安区当前的区域规划，除火炬工业园区、巷北工业区、银鹭工业园外，基本上没有其他企业用地。由于工业区的种种限制，翔安区数量最多的本土民营企

业被拒之门外，这就难以扩大企业的发展规模。有部分企业也开始向区外迁移，近一年多来，已有十多家生产型企业迁到外地办厂办公司。

（六）企业招工难，人才引进难，用工贵

翔安是新区，受多种条件制约，如交通、文化娱乐设施、待遇、居住、环境等因素影响，企业招工难，人才引进难。尤其是翔安劳动密集型企业较多，因此缺乏高管和专业技工的问题更突出，尤其是引进职业经理人更难。调查显示，80%以上企业都面临"用工荒"的困境。每周一至五尽管政府有关部门召开用工招聘会已成常态化，但还有相当多的企业因招不到员工，导致企业开工严重不足，生产的发展受到很大的影响。主要原因还是微型企业产品附加值较低、价格低、利润薄，无法提供较高的工资及福利待遇，人员容易被大企业挖走，人才"招不来，留不住"，要想留住人才，必须提高待遇，进而增加企业成本。近两年来，由于劳动力成本上涨2~3倍，沿海地区达3倍以上，致使劳动力成本持续增加和翔安区快速发展，致使缺工现象比前些年更为严峻。

（七）企业组织形式不合理，产品科技含量低，附加值也低

目前翔安区还有100多家挂靠集体企业或股份合作制企业，由于产权不清，企业存在着这样或那样的思想顾虑，一些中小企业发展到一定程度就不愿再做大，企业的发展受到人为限制，也导致产品的科技含量和档次较低，市场竞争力非常有限。目前全区企业中，获全国驰名商标的仅有银鹭集团和舫昌佛具等5家，省级著名商标54家，大都是清一色集中在翔安传统的支柱产业贡香制造业中。除银鹭集团如意集团，柯依达工贸有限公司等少数企业外，95%的本土民营企业大多不能适应现代市场经济需求，不少企业生产设备落后，相当部分还是国有企业、集体企业或外资企业淘汰的破旧设备。但调查显示，大多数企业明确表示拟在增加科技含量方面加大投入。

（八）相配套的社会服务机构尚欠缺，经济秩序急需优化管理

翔安区作为新设立的行政区域，政府相关经济管理部门已基本到位，并能真正运作起来，但许多相配套的中介机构、社会团体、事业单位还没有建立起来，如翔安区目前就没有律师事务所、会计师事务所、审计师事务所、评估事务所、认证机构等。因此，建立经济相配套的部门，对于促进区域经济发展、规范经济秩序将起到事半功倍的效果。翔安区本土企业占据半壁以上江山，企业的法律意识相对薄弱，除银鹭、兴盛面粉等企业外，多数民营企业在申请专利、使用专利、申请注册商标、创建驰名商标方面意识不强，多数企业没有设立法律事务室，在日常经济交往中，合同管理意识不强，经济合同条款的审查还不严格，往往要等到吃亏时还唤起法律意识。因此，建立相配套的专门服务机构，时不我待。

三、加快翔安区民营经济发展的思考

新形势下，翔安区如何把准改革发展方向，突破发展瓶颈，摆脱路径依赖，实现产业结构的转型升级，事关发展求变民生大计。为此，本文提出如下思考：

（一）优化民营企业的政策环境，全方位为企业发展提供配套部门保障

翔安区中小企业对全区税收贡献率50%以上，就业人员占全区就业总数的70%以上，在促进经济增长、增加就业、改善民生、激发民间活力、推动科技创新和维护社会和谐稳定等方面具有不可替代的作用。因此，要从战略高度统一思想，认真贯彻执行好十九大报告的精神实质，进一步优化全区民营企业

的经济发展政策环境。同时，相配套的中介机构、社会团体、事业单位要真正建立起来，如律师事务所、会计师事务所、审计师事务所、评估师事务所、认证机构等配套部门要齐全，已经配备的或正要配备的，要进一步规范提升，以优化民营企业经济发展管理为理念。

（二）帮助企业解决用地难问题

首先，政府应在国家有关用地法规、政策允许的范围内，出台更优惠政策。一方面要盘活存量土地，拓宽用地渠道。对工业园区的闲置土地，与业主协商，动员其将土地转让给具备优势条件的企业上马，或收回闲置土地，重新招商建设。尤其是对倒闭的企业公司，要及时拍卖收回的企业用地和厂房。另一方面要努力为中小企业牵针引线，将区内闲置的厂房和场地出租给中小企业发展生产。关键点，集体土地要流转为国有用地。要争取上级国土部门和市委市政府的支持，尽快出台集体土地流转政策，早日解决全区集体用地遗留问题，进一步缓解企业用地难问题。在这基础上，借鉴深圳等地的做法，政府在政策上把关，用地上扶持，鼓励民营资本特别是高科技企业抱团自建园区，将园区规划、投资、设计、招商、运营等方面交给民营资本操作，打造适合企业需求的产业生态环境。

（三）多管齐下，切实解决企业融资难问题

一是银行业金融机构要改变观念，把支持中小企业发展作为重中之重，设立专门机构服务中小企业，改变考核评价体系，创新产品和服务，开发出针对性强的金融产品。同时要较大幅度地降低对中小企业的利率，不附加收取其他费用，不强加金融理财产品。二是企业融资过程中涉及的有关部门和单位，如土地、房管、工商等部门，要强化对中小企业的服务意识，重新梳理和调整办理抵押登记的制度和办法，设立公开的办事窗口，取消或减少相关收费。三是各级政府要加大对中小企业融资的支持力度，包括设立风险补偿金，加大对中小企业贷款损失的补偿力度，加大贴息和贴担保费力度。对不同的行业和企业，制定出不同的贴息贴费办法，采取多种措施，鼓励银行支持地方中小企业发展，牵头清理企业融资过程中涉及的各项收费。四是积极拓宽中小企业直接融资的渠道。五是成立政策性小额贷款公司，解决企业临时性资金周转的困难。

（四）继续加大招工力度，帮助企业解决用工难、用工贵问题

帮助企业缓解用工难的问题。一是要组织用工需求大的会员企业参加市、区召开的专场招聘会，引导企业积极参与"企业招聘周""校企对接""村企对接"等。二是坚持每周举办招聘会，帮助企业解决用工需求。三是采取"走出去，引进来"的方式赴外地招工，吸引外地的劳动力来翔安就业。四是建立人才激励机制，对来翔安区中小企业工作的高管和高级技师，给予适当的奖励，在家庭安置、子女就学上给予优惠待遇。子女上学方面，翔安区教育局要提供引进人才有选择重点学校就读的机会。住房方面，近年来房价大幅涨高，企业为了留住人才，已付出高昂的成本，建议：（1）根据园区的集中度，在合适的地段由政府出资集中建设产业工人宿舍，然后租赁给企业，由第三方物业公司统一管理；（2）提供人才住房用地，有条件的企业可根据自身实际情况自建人才房，自主管理；（3）由政府牵头，做好规划，允许部分农村土地建造工业专用租赁房，由政府、企业、农户三方协议确定租赁价格，以促进产城融合。

（五）引导企业提升自身研发能力，创造更具竞争力的产品

首先要增强创新意识。实施市场创新，一是要克服家族式管理模式的弊端，提高自身的管理水平。而要改变家族式的管理弊端，必须强化内功，从外地引进职业经理人才，这是提升企业管理水平的根本保障，政府要根据"双创人才"认定标准，强化创业资金扶持，并做好安置工作。二是要由分散个体经

营为主的低端服务业向技术含量高的高端服务业发展，通过调整产品结构，推进产业升级，力争形成一批拥有自主知识产权、知名品牌和市场竞争力较强的优势企业和产业由盲目追求利润粗放型投资向规范、集约型投资方式转变。三是要引导企业实施商标品牌战略，加大科技投入，这是提高产品附加值的重要一环。所谓科技含量，就是要争创更多的省级、全国著名商标和品牌产品。促进科技成果转化，提升市场上核心竞争力。

其次，翔安区缺乏农产品精深加工与延伸业务，如翔安区胡萝卜是全国闻名的"人参"基地，但几年下来，却局限于粗放型的加工，而精深加工的产品却由省外或国外商人承接经营，在老百姓的餐桌上、航空食品供应上，没有看到翔安红萝卜的脱水食品品牌。建议翔安区农产品除红萝卜外，还有花生、土豆、地瓜、海蛎等，要研发出当地特色新产品，树立翔安区独特的新品牌，一经认定，就要抢占全国一流商标品牌，促进产品的市场竞争力。再比如说，"同安封肉"和"同安肉粽"发源于翔安区，但品牌却被同安挖走了，说明翔安品牌策略要迎头赶上，急起直追。

应该清楚地看到，随着翔安区机场和航空城建成，刘五店集装箱码头投入营运，食品加工产业已成优势产业，它将翔安的第一产业和后续衍生的现代休闲观光农业等第三产业有机联结起来，发展潜力较大。银鹭集团是罐装饮料制造业的龙头，年产值约上50亿元，如意集团是农产品加工业的龙头，年产值约50亿元，兴盛食品是面制品加工业的龙头，年产值15亿元。可借力这些龙头企业，进一步带动其他行业崛起，如古源吉富为龙头的印刷包装产业的发展壮大，以及如轻纱产业、五金机械产业、电力电工产业、建材产业等。只要找准商机，就能使濒临倒闭的企业重获新生。政府在政策上要扶持战略性新兴产业，改造提升传统优势产业，促使翔安区民营企业连片开发，滚动发展，形成具有市场上竞争力的独特产品。

值得一提的是，两年后，翔安机场将投入使用，航空上需要大量的消费食品，而翔安农副产品，开辟另一条龙头食品加工产业已经不是夸张的说法，带动区域劳动力出路又是天赐良机。形势逼人，商机无限，不能再沉默了！

（六）整合产业链，向高端的产业集群发展

传统产业集群"低端锁定"和战略性新兴产业集群"高端不足"，是翔安区产业集群发展过程中面临的最突出问题，我们真诚地建议，必须弘扬"晋江经验"。在"晋江经验"提出16年后，晋江县城经济实力持续居"全省第一"和"全国十强"，成为全国县城经济发展的标杆。2002年，时任福建省省长习近平七下晋江调研，总结鲜活经验，提出以"六个始终坚持"和正确处理"五个关系"为核心内涵的"晋江经验"。实践证明，"晋江经验"已成创造"晋江奇迹"的金钥匙，实现转型升级的助推器，更是引领改革发展的导航仪。"晋江经验"的成功秘诀就在于以实体经济为根本，做实做强实业链各个环节，提升产业配套效率，着实打造知名品牌；以改革创新为动力，坚持试点开路，创意引路，简政放权，招贤引才，搭建更加开放公平的发展平台，激发企业创造的竞争力和市场活力……"晋江经验"正是我们在改革开放40周年的新起点，是我们扬帆再起航的宝贵精神财富。借鉴"晋江经验"，翔安区中小企业必须聚焦在一起，合作创新，实现企业间的资源共享、优势互补和风险共担。也就是说，拿出敢为人先的勇气和智慧，走集团化的道路为提出四点对策思考。

（1）加强上游产业链的本地化，以提升上游企业的合作层次与紧密度，更好地应对多变的市场需求。鼓励以商引商和租赁经营，引导重点配套项目，加强对企业入驻、改造和投产事项全过程的引导、服务和监督，让资产以最快的速度转化现实生产力；

（2）以创新引领传统产业转型升级，推动传统产业向现代化产业集群转型。利用我市软件和信息技

术产业的优势，强化生产制造基础数据收集，形成对产品实现过程的可追溯有效监控。同时，引导企业以互联网为媒介，推动制造业、食品加工业、轻工纺织业等一批我区传统优势产业网络化、智能化、绿色化和服务化，实现高标准的工业化。

（3）高端产业集群形成规模后，区政府要进一步实施质量强区及商标品牌战略，鼓励民营企业加强质量管理，开展商标品牌认定及管理体系认证，增强企业核心竞争力；实施创新驱动发展战略，积极创建小微企业创业创新基地示范城市，打造经济增长的引擎。

（4）按照厦门市的发展规划，翔安区被定位为岛内平级的市级中心，到2020年，要把翔安区发展成为产城融合的创业家园，生态文明的典范城区；到2030年，发展成为两岸合作的实践基地，海峡西岸的交通枢纽；到2050年，发展成为厦门东部的市级中心，闽南地区的服务核心。因此，这30年，翔安区将会一跃成为厦门未来城市和经济发展的主战场。翔安区民营企业要抓住这一大好发展机遇，首战前10年的黄金规划，加快对翔安区实体经济发展做出总体规划，启动高端产业集群试点，做到行业之间有序协作，以产品和信誉为纽带，共同打造有竞争力的产业集群。关键点：要抓住翔安机场建成和刘五店深水港码头集装箱投入营运的有利条件，努力把翔安建成闽南地区重要的门户枢纽和集疏运中心，让翔安民营企业在产城融合的创业园里大显身手，书写出无愧于时代和人民的改革新答卷。

（七）把提高政府办事效率放在扶持企业发展"重中之重"，营造良好环境

一是落实企业的各种税收优惠和财政补贴政策，帮助中小企业减轻要素成本上涨的压力。如：推进增值税转型，扩大中小企业增值税抵扣范围；对创新创业型中小企业采取加速折旧、放宽费用列支标准、设备投资抵免、再投资退税等多种税收优惠形式；对技术开发的中小企业进行财政补贴；继续调整出口退税政策；清理行政审批费用和治理滥收费等。这就需要进一步简化审批手续，提高办事效率，规范收费行为，营造高效廉洁的政务环境，确实减轻企业负担。

二是建立区领导和民营企业家的交流对话机制，每月召开一次座谈会，听取民营企业家的反映和建议，及时了解企业所急、所需、所难、所苦，及时制定出针对性强的扶持政策，进一步加强政企沟通，进一步完善中小企业帮扶工作机制。

三是"请进来"、"走出去"。所谓"请进来"，就是每两年举行一次研讨会，请成功的企业家到翔安区做研讨报告，或做投资风险报告，或做企业转型升级报告。这个任务可交由民营企业行业协会负责，区委区政府要简放权限，让他们有所适从。所谓"走出去"，就是每两年组织一次成功企业家和正在转型升级的中小企业业主到浙江、广东、江苏及泉州、晋江等省内外民营经济较发达的地区实地考察，不要怕花钱，只要是合理化开支，产生的效果就是"1+1＞2"。

（八）旅游业发展势头良好，蓄势待发

随着2020年翔安机场建成，3号地铁和4号地铁陆续开通，人流、物流涌进，具有英雄三岛著称的大嶝将再次吸引国人的眼球。"不到大嶝，遗憾一生"，凡是到厦门旅游，必登大嶝岛，恰似到纽约必提曼哈顿，到东京必逛银座，莅香港必临中环，进北京必游王府井，去上海必奔南京路。这就是开发旅游龙头企业的商机。区委区政府要积极引导民营企业资本提前对接，抢占商机，这是引导企业转型的大好时机。建议及早做好科学布局，创建打造大嶝岛美食一条街，组织专题调研，专题论证，形成可行性报告。应认真学习其他城市的做法，如：杭州"今食古韵、品质美味"，突出杭帮菜特色揉进江南风情；成都"文化搭台，美食唱戏"，突出慢节奏、休闲式、时尚化特色；深圳在繁华商街区打造荟萃特色一条街。大嶝岛可打造特色美食一条街，规划建设海鲜排档式夜市，以渔村观赏夜色品海鲜及休闲娱乐为主

题，不出两三年，翔安的旅游龙头产业将会绽放异彩。这既是商机，也是战场，失地失海的农渔民将会在这里找到出路，这就是最大的民生！

2018年是中国改革开放40周年，民营企业正进入"一路一带"腾飞发展时期，有十九大报告的正确指引，"翔安梦"一定要实现，也一定能实现。但愿翔安民营企业插上科学的翅膀，追随时代的脉搏，登上"一路一带"的航船，奋力拼搏！"爱拼才会赢"，这是闽南人爱唱的一首脍炙人口的闽南语歌曲，三十四万翔安人民衷心祝福，期待企业家们多打翻身仗！

课题指导：陈幸福
课题成员：陈幸福　郭水溪
课题执笔：郭水溪
完成时间：2018年7月

产业研究

CHAN YE
YAN JIU

关于发展厦门先进制造业的建议

厦门市工商联

《中国制造2025》描绘了未来30年推进制造业由大变强、建设制造强国的宏伟蓝图和梯次推进的路线图。当前,世界新一轮科技和产业变革呈加速趋势,厦门制造业发展面临着突出矛盾,比如:新增企业数量少,工业增长明显乏力;工业投资项目规模小,发展后劲不足;国际国内市场需求不足,影响企业产能发挥;利润空间缩小,企业经营困难重重;用工短缺和成本上升,制约企业效益提高。因此,厦门应该立足自身条件,探索破难题、补短板、增优势的方略举措,加快推进建设先进制造业。

一、厦门制造业发展现状分析

(一)制造业呈现缓中趋稳的态势

厦门大力扶持制造业发展,逐步积累了雄厚的经济实力,奠定了如今的海西经济中心城市的地位。制造业已经成为厦门经济社会发展的重要支撑。2016年,厦门工业实现增加值1264.79亿元,增长5.4%,占GDP的比重为33.4%,直接拉动GDP增长5.2个百分点,对全市经济的贡献率达到了55.9%,工业带动经济增长的作用明显。其中,厦门规模以上工业企业(年主营业务收入2000万元及以上)1699家,全年完成工业总产值5254.71亿元,增长13.1%,是2003年的4倍,虽然在2008年受国际金融危机影响,总产值的增长率略有降低,但是在次年就迅速回到了加速上升的轨道。见图1。

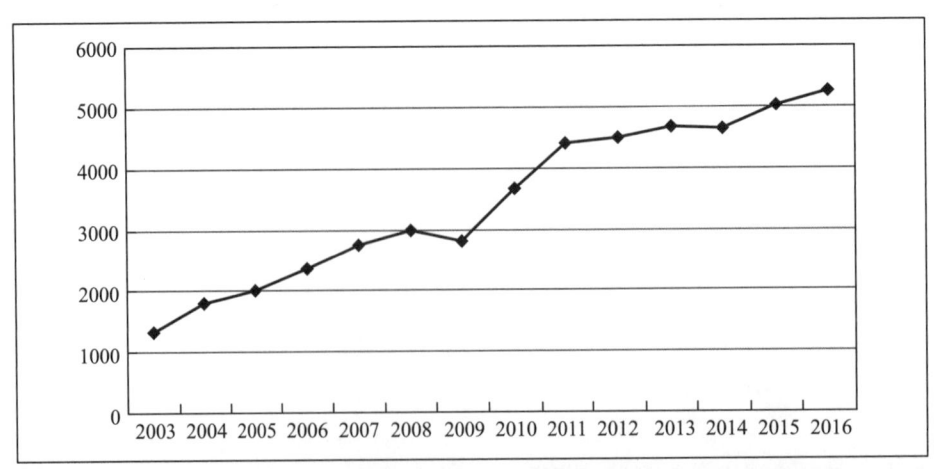

图1 2003-2016年厦门市规模以上工业企业总产值

从效益上看，受国际国内市场因素的影响，2016 年厦门工业的整体效益不理想，但形势逐渐向好发展，工业发展缓中趋稳。由表 1 可见，2016 年，厦门规模以上工业经济效益综合指数逐步回升，由年初的 183.55 提升为 272.79，较上年上升 8 个点；拥有资产 5254.71 亿元，增长 4.5%；负债 2258.70 亿元，增长 10.1%；完成主营业务收入 4725.41 亿元，增长 11.6%；实现利润总额 272.79 亿元，增长 48%；全员劳动生产率 21.28 万元 / 人，增长了 1.39 万元 / 人；拥有从业人员 62.68 万人，增长了 2.5%。

表 1　2016 年厦门市规模以上工业企业整体效益

	2016 年	2015 年	增减幅度
经济效益综合指数	225.03	208.62	+8.1%
资产（亿元）	5254.71	5030.81	+4.5%
负债（亿元）	2258.70	2129.81	+10.1%
主营业务收入（亿元）	4725.41	4263.93	+11.6%
利润总额（亿元）	272.79	181.11	+48%
全部从业平均人数（万）	58.19	61.15	−3.43%
全员劳动生产率（万元 / 人）	21.28	20.14	+1.39

数据来源：2016 年厦门市统计公报

（二）主导产业地位显著

作为支撑经济增长的主要力量，厦门市电子、机械两大主要支柱产业经过多年培育发展，规模不断壮大，主导地位愈发显著。2016 年，厦门市电子、机械两大主导行业企业共有 826 家，比上年增加 36 家，完成工业总产值 3594.11 亿元，占全市规模以上工业的 68.4%，对全市工业经济增长的贡献率为 85.9%，拉动工业总产值增长 11.3 个百分点。其中，电子行业工业总产值 1984.92 亿元，增长 2.2%，占全市规模以上工业总产值的 37.7；机械行业工业总产值 1609.29 亿元，占全市规模以上工业的 30.6%，增长 6.8%（见表 2）。

表 2　2016 年厦门市电子、机械两大主导产业总产值

	总产值（亿元）	增长率（%）	占全市规上工业比重（%）
电子产业	1984.92	2.2	37.7
机械产业	1609.29	6.8	30.6
总计	3594.21	4.2	68.3

数据来源：2016 年厦门市统计公报

2016 年，厦门市重点培育的 8 条产业链，共有产值超亿元企业 587 家，完成工业总产值 3584.78 亿

元,占全市规模以上工业的68.2%,对全市工业经济增长的贡献率为84.1%,拉动工业总产值增长11.0个百分点。13条产业链中有8条产业链的产值突破百亿元大关(见表3),它们分别为:平板显示产业链,完成产值1118.6亿元,超过千亿元大关,下降3.2%;计算机与通讯设备产业链,完成产值767.3亿元,增长7.5%;汽车产业链,完成产值424.97亿元,增长4.5%;农副产品与食品加工产业链,完成产值348.97亿元,增长2.5%;输配电及控制设备产业链,完成产值139.17亿元,增长4.9%;烟草加工与销售产业链,完成产值104.31亿元,增长1.0%。除现代工程机械产业链和运动器材产业链外,其余11条产业链均比上年实现增长,为厦门实体经济的增长做出了积极贡献。

表3　2016年厦门市产值突破百亿元的重点产业链

	产业链	产值(亿元)	增幅(%)
1	平板显示产业链	1118.60	0.6
2	计算机与通讯设备产业链	767.30	9.7
3	汽车产业链	424.97	4.5
4	农副产品与食品加工产业链	348.97	2.5
5	输配电及控制设备产业链	139.17	4.9
6	烟草加工与销售产业链	104.31	1.0

资料来源:2016年厦门市统计公报

(三)企业规模不断壮大,创新能力明显提高

厦门企业的发展继续朝着集约化、大型化方向稳步前进,企业整体规模和经济实力进一步提升,企业集群化效应不断显现。2016年,全市规模以上工业企业产值上亿的达587家,比上年增加37家,占全部规模以上工业企业数的30.5%;完成工业产值4761.78亿元,占全市规模以上工业总产值的90.6%;对全市规模以上工业增长的贡献率达129.7%,拉动全市规模以上工业增长17.0个百分点,弥补了部分中小工业企业产值下滑的影响。其中,产值超10亿元的有81家,合计实现产值3293亿元,占规模以上工业总产值的69.2%,增长4.8%;超50亿元的有15家,与上年持平;产值百亿元以上的企业共有8家,比上年增加1家,共完成产值1527.17亿元,占全市规模以上工业总产值的32.6%,分别是戴尔(中国)、宸鸿科技、友达光电、联想移动通信、翔鹭石化、冠捷显示科技、达运精密和厦门烟草等企业。

同时,厦门市不断加强科技研发和技术进步,大力发展高新技术产业,通过主动对接台湾、鼓励自主创新、实施品牌策略、引进培养人才、营造创业环境等一系列措施,促进厦门制造业创新能力显著增强。至2016年年底,规模以上高新技术产业完成工业总产值3429.7亿元,实现工业增加值751.83亿元,占全市规模以上工业增加值的59.4%,增长7.6%,高于全市规模以上工业平均增幅2.2个百分点。高新技术产业增加值增长高于全市,表明我市工业结构不断优化,经济发展质量进一步提升。其中:计算机、通信和其他电子设备制造业、橡胶和塑料制品业、电气机械和器材制造业分别完成工业增加值403.61亿元、54.58亿元、49.7亿元。这三大行业合计实现增加值507.89亿元,占全市规模以上高新技术产业增加值的67.6%。

全市高新技术企业1225家，其中国家火炬计划重点高新技术企业31家。创新型（试点）企业531家，其中国家级14家。建设科技企业孵化器13个，国家、省市级重点实验室81个，工程技术研究中心114个，企业技术中心135个，企业博士后工作站25个。国内专利授权量12109件，其中发明专利授权量2028件。PCT国际专利申请量229件。肝炎治疗国家Ⅰ类新药"派格宾"获批上市。3项科技成果获国家科技奖。全国首家国家级科技领军人才创新创业基地落户厦门。新建130个市级众创空间和12个市级小微企业创业示范基地，一品威客创客空间、两岸青年创业创新创客基地、云创智谷等4家单位被国家认定为"海峡两岸青年创业基地"。

二、厦门制造业发展面临的问题

（一）工业下行趋势明显

1. 规上工业企业严重减产。在1699家规模以上工业企业中，产值下降的企业有847家，占全部企业数的49.9%，近半规模以上工业企业减产，合计减产465.12亿元。其中减产上亿元的企业有57家，合计减产332.8亿元，其中友达光电、达运精密工业、宸鸿科技、联想移动通信、冠捷显示科技、宸阳光电科技、厦门烟草减产超10亿元。

2. 工业企业产品出口状况不佳。2016年，规模以上工业完成工业销售产值4932.13亿元，增长3.2%，产销率为93.86%。其中产品出口交货值1457.9亿元，比上年下降3.4%；出口交货值率为40.3%，比上年下降0.3个百分点。与上年相比，出口交货值减少的企业有491家，其中减量超亿元的企业有31家。

3. 增量企业贡献有限。2015年规下转规上企业共有181家，2016年共完成产值133.82亿元，净增产值60.87亿元；当年新增纳入统计的有三安光电等10家新投产工业企业，合计完成产值43.9亿元。年度升规企业及新投产企业合计净增产值仅104.77亿元，对全市工业拉动作用有限。

4. 工业下行压力仍然较大。全年完成工业投资397.72亿元，增长12.2%，工业投资只占固定资产投资的18.4%，总量规模仍较小，未来一段时期工业增长后劲不足；从市场需求看，工业生产者出厂价格指数（PPI）仍处低位，全年下降2.91%。受需求不足的影响，企业对生产、扩产持更加谨慎态度，工业下行压力仍然较大。

（二）固定资产投资结构有待优化

2016年，厦门市固定资产投资总体形势较为低迷，从总量看，居全省第六位，与福州、泉州、漳州的差距不断拉大，这三个城市投资总量分别为厦门的2.6倍、1.8倍和1.3倍，比上年的2.8倍、1.8倍和1.1倍有所扩大；与全省其他地市的差距也在不断缩小，与龙岩的差距由上年的4亿缩小至-13亿元。由表4可见，工业投资总量和增幅均居全省末位，占全社会固定资产投资的比重为全省最低，全年计划完成工业投资410亿元，占全社会固定资产投资的比重仅有18.9%，比全省平均水平低16.2个百分点。制造业投资的低迷导致全市第二产业投资比重长期处于较低的水平，不但在一定程度上抑制了制造业规模的扩张潜力，而且对厦门市实体经济发展产生了较大影响。

表4 2016年福建省各市计划全社会工业投资总量

城市	工业投资总量（亿元）	位次
福州	1440	1
泉州	1360	2
三明	1180	3
漳州	1170	4
龙岩	1070	5
南平	830	6
莆田	560	7
宁德	480	8
厦门	410	9

数据来源：2016年福建省统计公报

另外，厦门市的投资主要集中在第三产业和基础设施方面。2016年，全市基础设施投资占城镇投资的比例为31%，第三产业投资占固定资产投资额（不含农户）的比例为81%，但在第三产业中，房地产投资占城镇投资的比例却高达41%，超五成的投资总额用于带有投机性的房地产开发业，真正用于增加机器设备的生产性企业以及为生产提供服务的服务性企业的资金并不很多；在2016年1896.52亿元的固定资产投资（不含农户）中，制造业的投资额为251.80亿元，与上年同期持平，占全市固定资产投资的比例仅为13.2%，这与工业占经济总量40%的比例并不协调。

（三）核心竞争能力略显不足

目前，厦门市制造业在科学技术研发方面的人才紧缺，研发能力薄弱，核心技术不足，致使市场竞争力较低。例如，电子信息产业是厦门制造业的支柱产业，产业发展的集聚度也较高，但整机行业的核心技术仍掌握在外国跨国公司手中，关键零部件还需要进口，整机行业仍属于组装性行业，缺乏拥有自主知识产权的技术和产品。其他工业产业的情况也基本相似，缺乏支撑企业发展的技术中介服务机构和产品质量检测中心，没有能够带动和促进行业技术进步的行业性技术研发中心，无法形成合力去攻克行业的公共或关键技术，同时缺乏专门的职业技术培训机构，企业生产一线的技工也严重不足。

三、发展厦门先进制造业的建议

建议出台"推进厦门市先进制造业发展的指导意见"，全面推进厦门岛外先进制造业的发展。

（一）构建一个保障岛外先进制造业发展的政策体系

基于新技术的先进制造业由于投入成本的长周期性和市场不确定性，往往存在一定的市场风险，发展初期大多需要政府的产业支持和财政税收支持。因此，厦门在制定优先发展的先进制造业明细目录的基础上，应设立岛外重点产业基金，直接投入科研资金并鼓励企业自身投入科研资金，来提升企业研发实力；对自主创新型企业直接给予所得税、增值税等税收优惠，提升其盈利能力，使企业有充足资金投入研发。同时，设立政府创业投资引导基金，引导创业投资企业加大对先进制造业和先进技术服务领域初期企业的资本投入。

（二）以大项目带动产业实现跨产业链条的区域集聚

以岛外各区为基点，以一个或几个大项目为主导，借助专业分工与合作，带动其上下游企业产生与发展，形成高能的产业链和产业集群，从而达到产业集聚效应和规模效应，如集成电路产业。

（三）整合工业园区

一是按专业建设园区。厦门由于区域较小，空间不足，致使工业用地分散，目前共有22个工业园区。未来厦门只有2000公顷的工业用地，因为用地制约，未来不可能做工业大项目。因此，应该对现有工业园区进行整合划分，对新设立的工业园区要明确产业、行业和功能，严格按专业建设园区。二是建立重点工业项目的绿色通道。确保工业园区重点项目资金、用地、基础设施配套等的及时到位，加快工业园区主导产业壮大。三是建设传统产业升级创新园区，促进传统优势产业的升级调整。在集美、海沧、翔安、同安等地规划建设传统产业升级创新园区，采用高新技术＋传统制造业，创意产业＋传统制造业群，市场、会展、物流、信息＋传统制造业等模式，建设具有国际竞争力的食品加工、水暖厨卫、纺织服装、运动器材、电子等产业基地。

（四）搭建一批产学研合作服务平台

目前市区两级财政每年的扶持资金大约15亿，除必须扶持的面上项目外，建议政府财政每年可以通过集中2亿~3亿元的资金，引进国内外知名的研究机构，尤其像中科院等研究机构。或者集中2亿~3亿元的资金，引进包括人才、项目的整体项目，促进新兴产业的落地。

（五）树立品牌战略

充分利用厦门会展业发达的优势，集合厦门制造业各领域的品牌，举办品牌展，扩大品牌影响力；可以通过举办厦门制造业品牌神州行等展会活动，将制造业最新研究成果及产品在全国范围内展出，树立厦门知名品牌。

（六）推动资本运营战略，积极引导扶持制造企业上市

支持企业通过兼并、联合、重组等形式，组建大型企业集团，在技改、信贷等方面给予重点支持。一方面，对有上市意向或初具条件的企业进行调查摸底，建立档案，进行分类指导；另一方面，对技术先进具有发展前景和潜力，而目前规模较小的企业，可以按照产业链的关联关系，通过政府引导，进行整合上市。

课题指导：陈永东　蓝　萍
课题执笔：林媛媛
完成时间：2017年5月

厦门市制造业企业转型升级问题与对策

厦门市工商联

　　制造业转型升级已成为新常态下打造我国经济发展方式升级版的重要引擎和历史使命。经过近40年的改革开放，厦门社会经济发展取得了长足进步，正在逐步建设成为繁荣发达、文明和谐的现代化都市。然而由于资源能源和环境压力不断加大，原材料、劳动力、资金等要素成本进一步上升，市场倒逼机制迫使厦门直面"城市转型、产业转型和社会转型"等深层次问题。产业转型升级依托于微观企业的转型和升级，要实现厦门制造业转型升级，中小企业自身的转型升级是下一轮经济健康发展的前提。因此，总商会委托厦门大学中国供应链管理研究中心以许志端教授为指导老师的研究团队，展开关于厦门市制造业企业转型升级问题与对策研究。课题组从供应链管理角度切入，通过问卷调查和企业现场访谈相结合的调研方式深入了解厦门市制造业企业转型升级的基本现状，利用供应链管理理论分析企业转型升级面临的问题，帮助他们合理地分配有限的资源，并最终为企业的成功转型升级提供可行的对策方案。

一、厦门制造业企业转型升级现状分析

（一）企业基本情况

1. 行业分类

本次调研面向厦门地区制造业，以厦门重点培育的13条产业链为主要参考依据，采用随机抽样法选取样本，基本涵盖厦门市制造行业不同发展水平的企业。

从受调查企业所在的产业链来看（图1），主要涉及LED和太阳能光伏产业、工程机械产业、农副产品和食品加工产业、生物医药产业、输配电及控制设备产业、计算机及通讯设备产业等13个制造业产业链。其中，受调查企业主要集中在工程机械产业（15.91%）、LED和太阳能光伏（13.64%）、生物医药（9.09%）、运动器材（9.09%）和计算机及通信设备（9.09%）等厦门传统优势产业。航空维修产业由于以大型国企为主，有自身独特的生产经营模式，不适合作为本次调查的代表性企业，故在最终的问卷中予以剔除。

2. 企业规模

从受调查企业的规模来看（图2），以年营业收入在1000万~5000万元的企业为主，占企业总数的

29.50%；年营业收入在1亿~10亿元的企业与前者比重持平，这两者合计所占比重近60%；年营业收入在20亿~50亿元的大企业占13.60%；年营业收入在5000万~1亿元的企业占11.4%；年营业收入在1000万以下和50亿以上的企业同样占比6.80%；年营业收入在10亿~20亿的企业占2.30%。可见，本次受调查企业以中小制造业企业为主，这些企业面对的经营困难更多，其转型升级的欲望更为强烈。

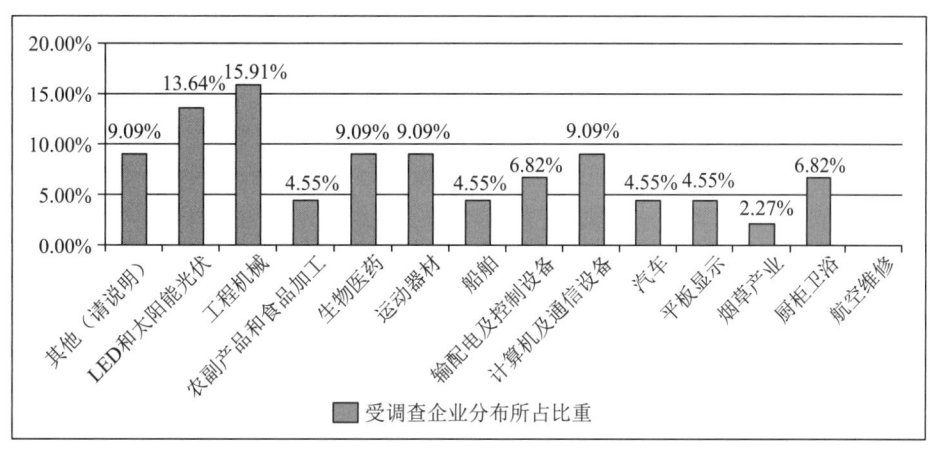

图1　受调查制造业企业所属产业链分布情况

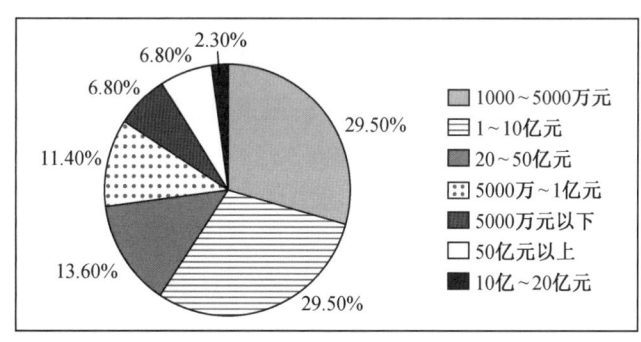

图2　受调查企业年营业收入范围

3. 受访对象

从调查企业的受访对象来看（图3），本次调查所属目标企业的受访对象为企业家的比重最高，占比29.50%。其次是中层经理占比22.70%，再次是高级经理占比15.90%，再接下来分别是总裁占比15.90%，初级经理占比11.40%，基层运营人员占比4.50%。本次调查企业的受访对象在中层管理以上的合计占比达84%，他们对企业的了解程度远高于一般的职员，他们的答问具有一定的代表性。同时，受访对象最多的是企业家，他们是企业的领导者，对企业的发展方向最为了解，通过对他们的访谈，能够深入了解这些企业的发展现状和未来走向。

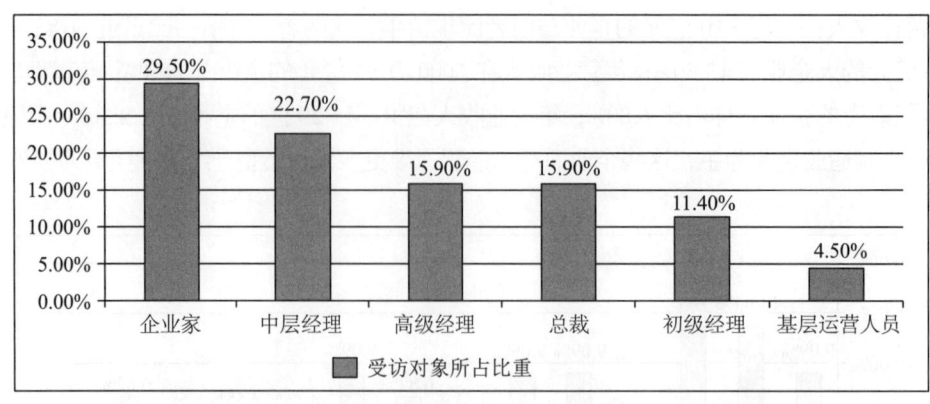

图3　受调查企业受访对象占比

总体来看，本次受调查的制造业企业的发展情况基本可以代表厦门市制造业企业总体的发展状况，可进一步分析其经营发展和转型升级的现状和存在问题。

（二）制造业企业转型升级情况

1. 转型升级的动机及需求

（1）行业总体转型升级的需求分析

经营困难是企业寻求转型升级的内在推力。在宏观经济发展环境不佳或企业自身发展条件受限的情况下，企业往往会面临经营上的问题和难题。对厦门市制造业企业近年来经营碰到的问题进行调查发现，市场波动大是企业面临最为严重的因素（59.10%）。由于国际经济形势带来的市场不确定性因素，使得多数企业市场需求日渐萎缩，这直接影响了企业的生产和经营。创新乏力是企业面临的又一主要因素（43.20%），技术创新一直是制造业企业的薄弱和瓶颈环节，也是大部分企业亟待攻克的一大难题，但是由于不少制造业企业原始技术积累不足，以致自主创新需要更大的成本投入，限制了企业的升级愿望。缺乏高端人才(38.60%)也是制约制造业企业经营发展的另一因素，尽管有些企业有较为强烈的改变传统管理和产品升级的愿望，但由于高端人才的缺乏，使得转型升级缺乏必要的技术和管理支撑。同时由于大部分企业还面临人员流动性（34.10%）的问题，造成企业高端人才引不进来，企业员工又不断流失的现象，严重影响了企业正常的生产和运作。受制于市场需求的有限，多数企业还面临着产能利用率不足（31.80%）的问题，产品积压和库存上升成为普遍性的问题。品牌知名度不够（29.50%）也是值得注意的主要因素，特别是中小企业，有限的品牌知名度使得其在国际和国内市场上受到的波动影响更为剧烈。资金问题不容忽视，目前制造业面临融资困难（25%），资金的潜在不确定性极大增加了企业风险，使企业难以承受。此外，物流成本较高（20.50%）、库存量太大（15.90%）、市场与政策信息不对称（11.40%）、技术门槛较高（9.10%）、市场准入困难（9.10%）及绿色环境壁垒（2.3%）等都是厦门市制造业企业面临的经营困难，而这一系列的困难使得企业不断产生转型升级的动机和需求，在战略上变被动为主动，努力规避倒闭风险，争取平稳健康发展。图4展示了受调查企业近年来遭遇的经营困难因素所占比重。

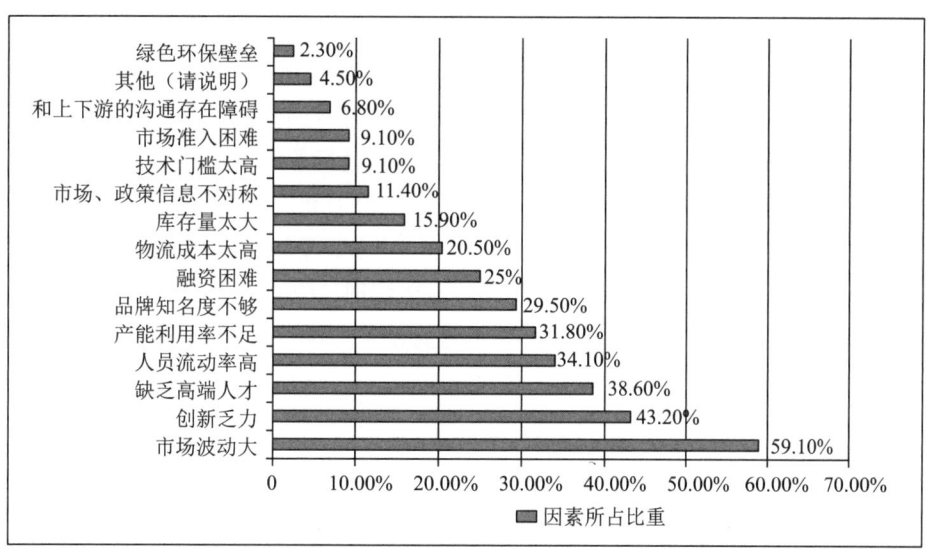

 图 4 受调查企业近年来遭遇的经营困难因素占比

（2）不同产业链转型升级的需求分析

为推动厦门产业结构的优化升级，厦门市委市政府在"十二五"期间倾力打造制造业的 13 条百亿以上的产业链（群），当前这 13 条产业链基本涵盖了厦门市制造业的总体规模。调研结果表明，不同产业链面临不同的经营困难，有着不同强度的转型升级需求。

对 LED 和太阳能光伏产业链企业而言，缺乏高端人才（60%）、创新乏力（40%）、品牌知名度不够（40%）、物流成本太高（40%）是其生产经营面临的主要困难，如何留住高级技术人才和加强自主创新是该产业当前的一个普遍性问题；汽车制造企业由于深受市场波动影响（100%），经营极不稳定，同时供应链管理水平有限，和上下游的沟通存在障碍（50%），汽车企业应更好地维护供应链合作伙伴关系，强化供应链的核心能力；船舶企业同汽车企业一样生产大宗商品，受市场波动影响（100%）很大，同时物流成本太高（50%）成为其特有的经营困难表现；工程机械企业主要是劳动密集型企业，大多数企业面临人员流动率高（50%）的问题，严重阻碍企业的健康发展，同时创新乏力（50%）也是机械企业的发展瓶颈。

对计算机及通信设备企业来说，缺乏高端人才（100%）是最为主要的发展瓶颈，品牌知名度不够（50%）和创新乏力（50%）问题同样显著；平板显示企业也是需要较大劳动力的产业，但是这些企业普遍面临人员流动率高（100%）的问题，同时，由于受平板市场波动影响（100%），销路十分闭塞；输配电及控制设备企业除了市场和创新两个问题外，产能利用率不足（50%）也是主要的制约点，减少库存成为企业新的生存点。农副产品和食品加工企业同样面临库存量太大（66.7%）和产能利用率不足（66.7%）问题，消化产能对于这些企业而言十分紧迫。生物医药企业竞争激烈，品牌知名度不够（50%）以及融资困难（50%）成为行业性的经营难题，企业希望借此机会寻求政府在供应链金融上的政策引导；

橱柜卫浴企业人员流动率（100%）问题十分严重，市场的同质化竞争十分激烈，导致多数企业面临库存量太大、产能利用率不足等经营困难；运动器材企业受市场波动大和产能利用率不足，急需拓宽销路，提档升级；烟草产业同样也面临市场、产能、人才和品牌知名度方面的难题，希望通过扩大品牌知名度、提升研发创新能力、推进产品更新换代、扩大营销网络及市场实现转型升级。

(3) 不同企业规模转型升级的需求分析

本次问卷设置了7个维度的企业年营收规模。在年营业收入1000万元以下规模的企业中，市场波动大（50%）、品牌知名度不够（50%）、融资困难（50%）是其面临的主要经营困难，希望通过扩大品牌知名度实现转型升级，并通过提供产业政策扶持（75%）、构建行业信息化平台（25%）、行业市场预测（25%）破解转型升级中的困难。在年营业收入1000万~5000万元规模的企业中，市场波动大（50%）、人员流动率高（42.9%）、缺乏高端人才（35.7%）是其考虑的主要经营困难，希望通过提升研发创新能力和提升经营管理规范化实现转型升级，并通过加强精益化管理与压缩企业成本（42.9%）和加强自主研发创新投入（42.9%）破解转型升级中的困难。在年营业收入5000万~1亿元规模的企业中，除了市场波动因素（60%）外，产能利用率不足（40%）和物流成本太高（40%）制约着企业经营，希望通过提升研发创新能力、加强供应链合作伙伴关系和减少营运成本实现转型升级，并通过加强自主研发创新投入（80%）、加强精益化管理（60%）、提供产业政策扶持（40%）破解转型升级中的困难。

在年营业收入1亿~10亿元规模的企业中，除市场波动大（57.1%）外，人员流动率高（50%）、创新乏力（42.9%）、缺乏高端人才（42.9%）是企业考虑的主要经营难题，希望通过提升研发创新能力和减少营运成本实现转型升级，并通过构建行业信息化平台（50%）、加强精益化管理（38.5%）破解转型升级中的困难。在年营业收入10亿~20亿元规模的企业中，市场信息不对称（100%）、缺乏高端人才（100%）影响了企业的经营活动，希望通过提供产业政策扶持和加强自主研发创新投入推进转型升级。在年营业收入20亿~50亿元规模的企业中，市场波动大（83.3%）、创新乏力（66.7%）和产能利用率不足（50%）影响了企业的经营活动，希望通过提升研发创新能力、加强供应链合作伙伴关系和提升企业产品质量实现转型升级，并通过加强自主研发创新投入（83.3%）、建立现代企业制度规范治理结构（50%）、行业市场预测（50%）破解转型升级中的困难。年营业收入超过50亿元规模的企业，最注重创新问题（100%），其次对市场、库存和产能也极为重视，希望通过提升研发创新能力、实现产品更新换代、扩大营销网络及市场实现转型升级，并通过加强自主研发创新投入（100%）、行业市场预测（66.7%）破解转型升级中的困难。

不同年营业收入水平的企业选择的转型升级类型如图1-5所示。

2.转型升级的主要方式及目标

转型升级是一项系统工程和全面发展的动态过程，涉及企业多个层面。企业往往根据外部发展环境和自身发展实际，选择转型升级的方式。当前，厦门市制造业企业正在或意向推进的转型升级呈现出多样化的特点，可归结为转行、转轨、创新、整合等多种方式。根据对厦门市制造业企业转型升级的调查结果所示（表1），一方面，转型主要有转行和转轨两种模式，其中通过行业调整、产业链延伸等方式实现转行的企业主要采取三种途经，分别是从生产型转向研发型或服务型企业、转型为敏捷制造型企业和发展绿色可持续产业；通过治理结构和商业模式转换、创业者转型等方式实现转轨的企业主要采取五种方式，其中加强供应链合作伙伴关系（34.09%）和提升经营管理规范化（27.27%）受到不少企业重视，扩大营销网络及市场等方式（18.18%）也是不少企业力争的发展途径。另一方面，厦门制造业企业普遍重视内部升级，其中提升研发创新能力（63.64%）、减少营运成本（40.91%）及扩大品牌知名度（31.82%）是内部升级采用的主要方式，此外加强供应链管理水平深受企业认可，提升制造与经营效率、提高信息化水平、提升制造自动化与智能化分别占据27.27%、20.45%、20.45%。

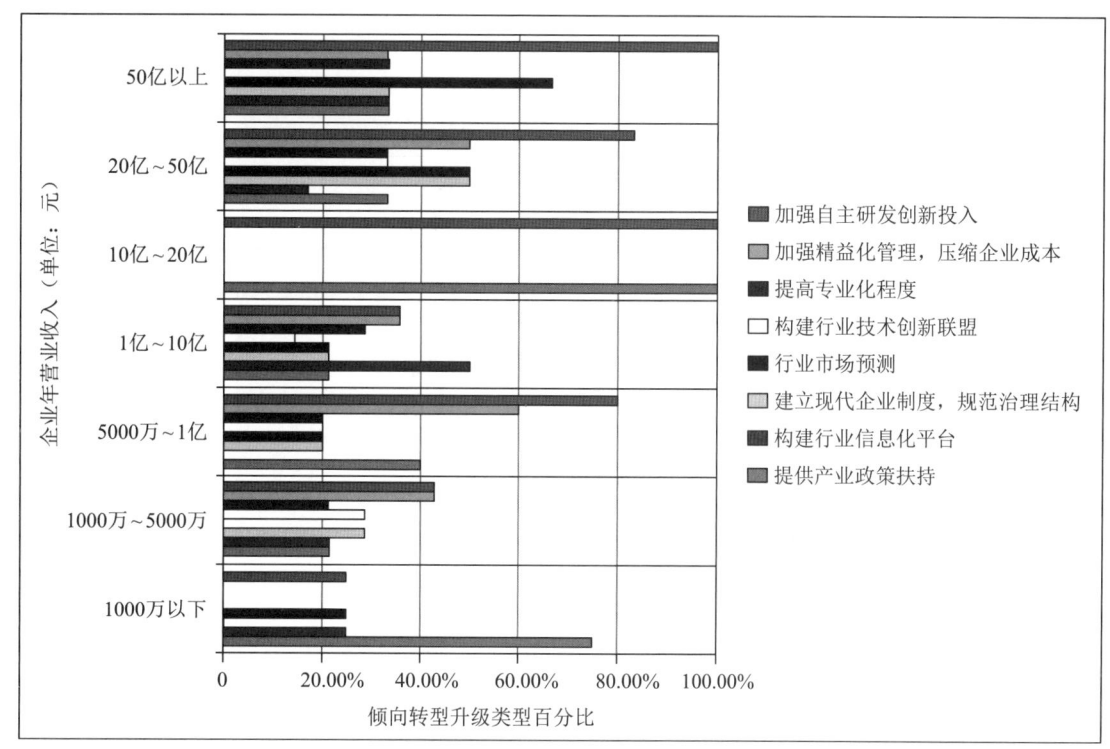

图5 不同年营业收入水平的企业选择的转型升级类型

从表1也可发现,相比于转行和转轨,厦门市制造业企业更加看重内部的提档升级。提升研发创新能力(63.64%)是所有模式中被选比重最高的因素,可见大部分制造业企业都有意识想要在研发上推陈出新。同时,减少营运成本(40.91%)是排名第二位的模式选择,营运成本的高低与企业的供应链管理问题密不可分,较强的供应链管理能力可以有效降低企业的营运成本,而这一问题的提出既代表企业转型升级的内在需求,更传达出企业加强供应链管理的迫切要求。

表1 厦门市制造业企业转型升级模式

转型升级模式		主要内容	比重(%)
转型	转行	从生产型转向研发型或服务型企业	18.18
		转型为敏捷制造型企业	13.64
		发展绿色可持续产业	15.91
	转轨	加强供应链合作伙伴关系	34.09
		扩大营销网络及市场	18.18
		建立与新业务流程相配套的组织架构	15.91
		提升经营管理规范化	27.27
		生产规模化	11.36

（续表）

转型升级模式		主要内容	比重（%）
升级	创新	提升研发创新能力	63.64
		减少营运成本	40.91
		提高信息化水平	20.45
		扩大品牌知名度	31.82
		提升制造、经营效率	27.27
		产品更新换代	27.27
		提升企业产品质量	20.45
		提升制造自动化、智能化	20.45

二、转型升级存在的问题

前文主要介绍了厦门市制造业企业转型升级的现状，并对企业生产经营中存在的困难进行数据上的呈现。本小节将以前述基本现状和动机需求为基础，结合受调查企业经营困难的原因（图5），从企业外部环境和内部条件进一步综合分析企业在转型升级过程中存在的问题。

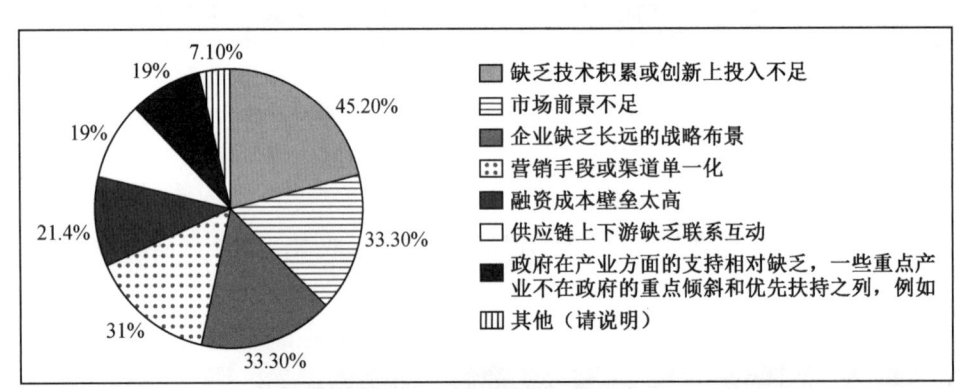

图5　受调查企业转型升级存在的问题占比

（一）企业外部因素

1. 市场波动大

从问卷调查可见，市场波动大是制造业企业在经营过程中面临的首要困难。改革开放以来厦门民营制造业企业的发展，市场是其最重要的催生因素之一，市场是其赖以生存和发展的前提和基础。当前国际市场萎缩，国内市场波动较大，以致制造业企业出现盈利能力下降、生产经营成本较高的现象。同时，由于国内外市场需求的持续不振，厦门多数制造业企业正面临着严重危机，尤其民营企业更是举步维艰。此前，不少制造业企业的主要困境是"虽有订单，但因为成本太高而不敢生产"，现在情况恶化，国内外订单数急剧下降，由于需求不足导致企业开工不足，无法进行再生产。新兴市场的需求虽然有所上升，但是受限于企业规模，中小制造企业很难在新兴市场占据有利的位置，只能在国内市场不断寻求新的需求，而一旦有了新的市场需求，又很快面临激烈的市场竞争，实力不足的企业将面临出局风险。因此，当前不少制造业企业对经济前景预期不乐观。在这一大背景下，供需结构性矛盾也一并凸显，同时更逼迫企业在日益加剧的市场竞争和劳动力成本增加条件下加快转型，提升自身竞争优势。

2. 缺乏政府相应的产业政策

从区域经济层面来说，地方政府在公共物品供给、地方税收与支出、劳动力配置、投资、产业结构调整等方面的行为，是一个地区经济发展的内在变量。产业结构调整和转型升级主要靠市场力量起作用，应该是企业主体的内生行为。但是，产业和企业的转型升级不但需要付出巨大的成本，而且需要承担难以预计的风险，因此往往需要政府外生力量的推动，需要制度设计的激励和约束。否则，自发的结构调整和产业转型升级，要么可能滞后于经济发展的内在需求，要么会成为高成本的市场无序选择。政府干预是应对市场失灵、促进产业转型升级的重要力量。企业的转型升级同样需要地方政府产业政策的干预。地方政府通过产业政策改变企业的成本或收益，进而影响企业的生产和经营行为，尤其是企业会决定如何改变其在新、旧产业之间的资源投入和产出。就厦门而言，根据对制造业企业生产经营面临的主要困难问题的调查统计结果，政府产业政策是影响企业经营发展方向的重要原因之一。很多制造业企业进入新的市场或者开发新的产品，需要政府的政策倾斜和资金扶持，特别是涉及市场准入的情况，更需要政府产业政策的指引。当前厦门很多制造业企业由于没有纳入政府的产业布局而失去了很多的发展机会，难以享受到政府的政策扶持。

3. 融资成本、融资壁垒太高

制造业企业在促进地方经济发展、缓解周边就业压力、增加国民 GDP 等方面起着举足轻重的作用。但这些企业的发展却一直备受阻碍，其中制约这些企业发展的重要因素之一就是融资壁垒，其根本原因在于融资成本过高导致企业不敢融资，融不了资。就厦门而言，根据对制造业企业生产经营面临的主要困难问题的调查统计结果，融资成本、融资壁垒太高是其发展受阻的主要原因之一。首先，一些规模较小的制造业企业，由于经营规模扩大需要一定的融资，但自身的融资信誉等还不够强大，所以外界给予的融资成本就相对较高，导致这些企业融资负担十分繁重，而这一现象在民营企业中更为常见。金融机构担心民营制造业企业的信誉风险，对这些企业的金融支持力度有所保留。其次，由于担保体系不健全，贷款利率高，民营企业贷款时要考虑上浮的利息费，还需要支付担保公司为其担保的担保费用、保证金，再加上评估费、账户管理费，甚至有的预先扣留利息，其贷款总成本要远高于正常贷款成本，企业即使获得贷款，也无法获得全额现金。再次，银行考核体系不健全。银行为保证月底业绩，要求企业在月底将贷款还清，造成企业资金周转出现问题，为此企业不得不以高息从别处借款，从而带来高额的财务费用，加重企业的融资负担。最后，民间金融机构发展滞后无法满足中小企业融资需求。目前，民间资本已经开始进入金融领域，但是由于民间资本在金融领域发展相配套的法律、法规及机制还没有健全，仍无法作为各类银行的主发起人并拥有实际控制权，发展仍面临较大障碍。

4. 供应链上下游缺乏联系互动

供应链是指在产品生产和流通过程中所涉及的原材料供应商、生产商、批发商、零售商以及最终消费者组成的供需网络。在供应链中，核心企业是供应链的组织者和协调者，核心企业选择战略伙伴企业，而战略伙伴企业则围绕核心企业来开展业务，充当核心企业的辅助工具。每条产业链上下游的企业间都存在相互依存的关系，企业之间不仅需要竞争也需要合作。同业企业之间的竞争不仅可以促进技术创新，而且通过松散集合形成一种水平联系，可以形成规模效应，从而进一步提高整个产业的竞争力。根据对厦门制造业企业生产经营面临的主要困难进行调查，供应链上下游缺乏联系互动是影响企业经营发展方向的重要原因之一。一方面，供应链成员企业缺乏信任与长期合作。供应链是网络结构，涉及企业众多，因此链上企业的合作对供应链管理效果影响重大。受传统买卖关系的影响，目前诸多商业企业依然无法领会供应链管理的核心思想，供应链成员企业之间缺乏信任，而将责任、风险等转移至上游或下游企业，导致短期合作，这是国内企业在进行供应链管理时普遍存在的问题，也是耗费成本并制约企业经营发展的重要因素。另一方面，企业内部组织结构不适应供应链管理的需要。虽然企业竞争理念已从"纵向一体化"转向为"横向一体化"，但企业内部组织结构大多依然采取传统的"金字塔"型。这种结构下，企业各部门只注重自身利益，缺乏交流，信息沟通容易出现停滞或者误差，这种对市场变化的不敏感大大影响了供应链管理的效果。同时，对于供应链成员之间的战略联盟关系，很多企业缺乏正确的认识。供应链的上下游企业节节相连、环环相扣。上游企业扮演供给者角色，下游企业扮演客户角色，企业间都是供应和需求关系，任何环节出了问题，都会影响到整条供应链的运作。供应链战略关系的管理，不仅需要做好企业内部的供应链管理，还要对合作企业间的供应链进行协调。没有站在供应链整体的角度对组织结构和合作方式实施变革，只采取局部的举措，是难以实现整个供应链的优化的。

（二）企业内部情况

1. 缺乏技术积累或创新方面投入不足

当前，技术积累不足、自主创新能力薄弱是我国企业普遍存在的一个现实问题，也是我国企业技术创新难以开展的深层次原因。一方面，企业的技术创新活动不是一夜之间发生的，而是存在一个动态发展的变化过程，企业技术体系中实体性要素的积累比以往更具关键性和重要价值。这种积累往往花费巨大，牵扯甚广，不仅关系着企业技术创新活动能否正常开展和顺利进行，而且还直接关系着企业的生死存亡。就厦门而言，尽管当前厦门制造业的技术创新有所提高，但自主开发能力仍较薄弱，缺少拥有自主知识产权的高新技术，缺乏世界一流的研发资源和技术知识，对国外先进技术的消化、吸收、创新不足，多数企业基本上没有掌握新产品开发的主动权。而依靠劳动和资源比较优势的企业生产的都是些附加值较低、基本没有自主知识产权的产品，一旦碰上经济不景气或产业链中某个环节的不利影响，这些企业的产品销路将受到影响，有时甚至对生存造成威胁。可见，在新的时代条件下，厦门市制造业企业要想真正做大、做强，不断增强核心竞争力，就必须高度重视自身的技术积累。

另一方面，技术创新投入不足是造成创新乏力的又一原因。从企业内部来看，多数制造业企业对技术创新的重视程度远远不够，这些企业在技术研发上过分依赖政府或科研单位，而经营理念始终以短期效益为追求，缺乏持续发展的思想。对转型升级准备严重不足，长期忽视创新投入，企业创新能力提升进展缓慢，以致在成本优势大幅下降和市场环境突然收紧的双重压力下，陷入转型升级困境。从外部环境来看，由于难以从银行获得充足的贷款资金用于技术创新，一定程度上影响了制造业企业，特别是民营企业的研发投入。同时，中小企业创新缺乏完善的政府资金支持，虽然近年来国家设立了多项基金来支持中小企业创新活动，但资金规模过小，扶持对象过于分散，资金的实际使用效果不佳。总之，企业研发投入低、生产设备更新慢、对新技术的投资和利用严重不足，使得民营企业制造能力和创新能力在低水平徘徊，最终影响企业长远的生产经营活动。

2. 企业缺乏长远的战略布局

进入21世纪以来，多变的经营环境动摇了企业对战略规划的信仰。随着环境不确定性的急剧增加，企业越来越难以保持持续的竞争优势，而制约这些企业具备国际竞争力的一大障碍在于企业缺乏全局的战略规划与管理能力。对厦门制造业企业转型升级的调查发现，多数制造业企业，特别是民营企业的战略目标很不明确。许多企业在制定战略时，更多地还是关注营业额或利润等财务指标的设定，忽视了企业的战略定位以及如何实现战略目标的举措。此外，问卷调查还发现不少企业的战略目标过于宏大，很难实现，或是因为企业没有对战略计划的执行情况进行评估，或者便是制定的战略实施计划不具可操作性，不能落实。实际上，采取以市场为导向的随机应变战略是中小企业的特点，但发展到一定规模时，如果缺乏建立在对市场、企业、顾客等因素的理性分析上的长期营销战略工作，将会严重制约其发展壮大甚至于被自己所打败。企业战略管理中应考虑如何利用自身有效的资源/资产，在充满竞争的环境中去满足顾客的需求，从而实现价值的创造。这看起来是很简单的道理，但是现实中，许多企业都在干着一些"本末倒置"的事情，企业除了营销和创新，其他的都是成本，重生产轻营销，几乎是所有制造型企业的惯性思维，追求对产品的精益求精，却没有用心去了解市场的需求变化。如果企业家不善于分析环境，不能把握时代的特点，企业就会迷失方向，遭遇难以预料的结局。同时，如果企业家不懂得利用资源、开发资源和整合资源，企业的能力尤其是核心能力就不能培植起来，就算培植起来了也难以巩固和发展。

3. 营销手段或渠道单一化

当前，厦门不少制造业企业，特别是民营企业销售渠道和手段过于单一，表现在过度依赖于某个小区域市场生存，企业抗市场风险的能力十分孱弱。当市场出现突发动荡时，市场需求严重不足，企业往往会出现过度的产能过剩，库存积压，最终拖累企业的生产运作，甚至出现停产停工现象。企业营销渠道单一是由多个原因形成的。第一，制造业企业在力推自己的产品时，由于资金实力、企业文化、人员结构、产品限制、企业资源等因素，在遇到某个适合的时机，通过某一个有效营销手段（广告宣传或渠道推广、学术会议、议价招商），产品得到了经销商和消费者的认可，在商业和企业共同努力下产品逐渐在市场中立足、成长、壮大。第二，制造业企业将某一个有效的营销手段（广告宣传或渠道推广、学术会议、低价招商）发挥到极致，取得了良好的效果。当销售处于稳定期，区域经理居功自满，销售团队裹足不前、过于稳定、疲沓停滞。第三，制造业企业管理层对外界市场变化反应迟钝、学习能力不强、观念落后、小富即安、危机意识不强，缺乏主动求变意识，团队老化，公司内部权利之争加剧、部门相互推诿。第四，某些制造业企业缺乏中远期的战略规划，发展初期为使产品销售快速增长采取较为优惠政策，员工受益公司发展迅速。到发展中期，企业降低提成比例，极大挫伤了员工的积极性，销售增长抑制，员工消极应付、无心创新以致贻失战机。在面对过于饱和的市场时，遭遇到了前所未有的销售难题。总之，营销渠道单一需要承担更大的市场和企业经营风险，单一渠道形式不利于企业整合中间渠道的优势，容易导致信息流、物流、资金流受到限制，阻碍渠道功能的发挥。

4. 人才的缺失

人才的培养与引进是当前厦门市制造业企业经营发展面临的一个持续性难题。根据对厦门市制造业企业转型升级的问卷调查可见，缺乏高端人才和人员流动率高分别在制造业企业所面临的困难中占据38.6%和34.1%，人才缺失问题影响企业的转型升级。一方面，相对于外资企业和大型国有企业，厦门多数民营制造业企业存在着先天性不足的问题，而随着企业进一步发展壮大，人才缺口也将进一步扩大，特别是专业技术人才和中高级管理人才缺失更加严重。同时，人才获取和引进方面也存在不少壁垒，各地市政府对于民营企业人才引进和招聘相关的配套措施和政策机制保障不完善，政策不符合企业实际，难以引进高端人才。另一方面，企业缺乏完备的人力资源体系建设，对人才重视不够，投入不足，力量薄弱，缺乏用人、留人的机制等，比如对外部聘用的人才缺乏信任和尊重，激励机制不健全，人才难以发挥作用，以致难以有效地留着人才，同时也会造成较高的人员流动率。

5. 产能利用率不足

产能过剩几乎覆压我国整个制造行业，厦门的企业同样也存在这一问题。当前由于市场波动频敏，使得不少制造业企业一生产出产品便面临积压的问题，产能利用率严重不足。当前建材、化工、废金属、矿物质品等重工业，家电、化纤等轻工业，以及光伏、风电设备等战略性新兴产业也都出现了产能过剩的现象。根据对厦门市制造业企业转型升级的问卷调查，产能利用率不足是制造业企业在经营过程中面临的又一困难，产能过剩成为厦门制造业企业一个较为普遍性的问题。产能过剩的直接后果就是企业普遍性地大幅度亏损，多数企业处于挣扎状态，虽然尚未选择退出，但是过度的库存积压将会导致企业的运作成本日益升高，收益削减，最终产生整个企业乃至行业经营崩溃的连锁反应。从国家层面来看，目前国内工业产能利用率降至74.3%，处于十年以来的历史新低，产能过剩状况堪忧。2015年的中央经济工作会议把"去产能"列为2016年供给侧结构性五大改革任务之首。目前厦门制造业企业急需改变库存积压、生产停滞的问题，提高产能利用率以恢复企业的产品流、资金流和物流的正常运行。

三、基于供应链管理的对策建议

供应链管理的核心思想主要表现在三个方面，包括供应链上下游企业的协作管理、供应链管理信息化和非核心业务外包。供应链上下游企业合作与信息化水平的提升是物流、商流、资金流和信息流有效流动的驱动条件；非核心业务外包，专注于核心业务，建立核心竞争力，是供应链管理的目标所在。这是由于信息技术的高速发展，企业能否真正获利，取决于整合资源能力的高低，企业的非核心业务外包，使企业有精力完全投入到企业的核心业务中去，有效降低企业的运营成本。

为此，课题组根据对厦门制造业企业转型升级现状的描述以及存在问题的分析，从如何提升产业供应链的管理水平入手，充分运用先进的供应链管理技术和模式来替代过去低效粗放的运营模式，围绕企业、产业和政府三个主体，分别从企业层面的核心业务、产业层面的非核心业务外包以及政府层面的政策性保障三个模块提出促进厦门传统制造产业转型升级的政策建议（图6）。

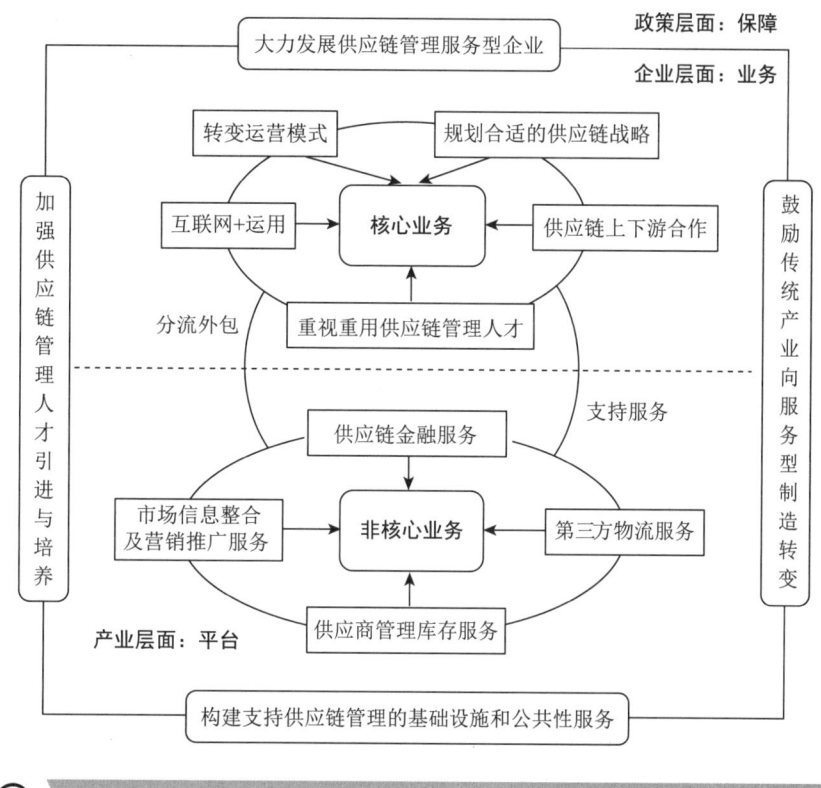

图6 供应链管理促进产业转型升级思路图

（一）企业层面：紧紧抓住核心业务

1. 规划合适的供应链战略

供应链管理所解决的核心问题就是供需的匹配问题，当供需无法匹配时，表现出来的结果便是生产过剩或者需求得不到满足。企业必须依据产品市场需求的不确定性程度和制造供应能力的稳定性程度来设计规划合适的供应链战略，包括经济型供应链战略、风险共担型供应链战略、响应型供应链战略和敏捷型供应链战略，合适的供应链战略能以最优的成本有效地应对市场需求的波动。

2. 转变运营模式

企业要转变原有运营方式，可以引入大规模定制、延迟制造、敏捷制造和绿色制造等一系列变革型的运营模式。大规模定制是指企业充分利用自身已有资源，根据客户的个性化需求，以大批量生产的低成本、高质量和效率提供定制产品和服务的生产方式。延迟制造就是将产品多样化的点尽量后延，企业事先只生产中间产品或可模块化的部件，等最终用户对产品的外观、功能与数量提出要求后才完成产品的差异化业务，在降低成本的同时又能快速响应顾客的差异化需求。敏捷制造强调灵敏、快捷的响应能力，也是当前制造业企业可以采用的一种运营模式。

3. 重视、重用供应链管理人才

一方面要设立单独的供应链管理部门，使供应链管理部门直接负责组织制定的供应链策略，协调各制造资源的合理分布和调配。在企业高层引入供应链架构师、供应链总监等；企业执行层面，引入供应链管理工程师及物流经理、采购经理、仓储经理、单证经理等供应链细分岗位人才，服务于企业的供应链运营管理。另一方面，要采用多种薪酬方式和晋升"绿色通道"留住人才。

4. 强化互联网+运用

在信息高速发达的互联网时代，传统产业的生产经营模式在不断地面临冲击，信息流、商流、资金流和物流无时无刻不在迎接新的机遇与挑战。传统企业要学习和掌握互联网思维，积极拥抱互联网，并恰当地运用于自身产业，探索信息革命下制造业企业新的核心优势。

5. 强化供应链上下游企业合作

转变同一供应链中企业间的竞争和敌对态势，建立合作共赢的关系。一方面，要基于供应链系统的实际条件，正确地选择信息共享模式；另一方面，要转变企业关系理念，促使企业间实现互惠互利，在经营过程中不断做好上下游企业的沟通，同时，增加技术创新信息上下游的分享。

（二）产业层面：构建第三方供应链管理整合服务平台

1. 供应链金融服务

供应链金融是指利用供应链中的核心企业、物流企业的资信能力，根据交易中构成的链条关系和行业特点设定融资方案，将资金有效注入供应链上的相关企业，并提供灵活多样的金融产品和服务，有效缓解商业银行与中小企业之间的信息不对称，从而解决中小企业由于抵押、担保资源匮乏而面临的融资难题。

2. 市场信息整合和推广、分销服务

一方面，通过建立行业供应链信息化平台整合市场信息，有助于及时消除由于对市场发展趋势把握不准导致的产能过剩问题，市场需求信息化和渠道供应库存信息化也能够减少需求的波动，帮助企业去库存。另一方面，利用外包的市场推广与分销服务，协助企业把产品引入一个新的市场，为产品拓展分销范围，有利于制造企业拓展传统单一的营销渠道，消化产能，并降低渠道库存的压力。

3. 供应商管理库存服务

借助第三方供应链管理平台所提供的专业的供应商库存管理（VMI）服务，让上游的供应商去了解并分析自己的原材料和半成品需求，进而帮助企业制定相应的库存计划，一定程度上可以转移原材料的库存压力。同时，采用JIT的精益生产方式准时化生产，通过看板管理实现"后工序领取"以及"适时适量生产"，可使产成品库存减至最小的程度，甚至实现零库存管理。

4. 第三方物流服务

利用外包的第三方物流解决企业的进出口服务、货品存储服务（如建立区域中心仓）、运输服务，协助平台企业执行货品分销计划等，解决企业物流成本高、响应速度慢等物流问题。第三方物流平台重视上下游企业的结合，可以有效地管理各个供应链合作伙伴之间的衔接，通过紧密配合企业需求，共同管理和优化供应链，为平台企业提供一站式的局部或整体区域性的物流服务。

（三）政府层面：为产业转型升级提供支持与保障

1. 大力扶持、发展供应链管理服务型企业

一方面，支持有条件的企业向提供一体化解决方案和供应链集成服务的第四方物流企业发展。鼓励生产资料物流企业充分利用新技术和新的商业模式整合内外资源，延长产业链，跨行业、跨领域融合发展，向供应链集成服务商转型；另一方面，鼓励制造企业与物流企业合作，建立与新型工业化发展相适应的制造业物流服务体系，形成一批具有全球采购、全球配送能力的供应链服务商。

2. 强化供应链管理人才引进与培养政策

一方面，运用优惠的人才政策，包括资金补贴和更好的生活保障等，吸引海外供应链管理人才回国发展；另一方面，加强供应链管理人才的培养。在行业协会推广相应的资质认证，举办各种与供应链管

理相关的沙龙、讲座、论坛；在高等院校、职业学校，设置、培养与物流和供应链管理相关的专业，开设相关课程，与国际名校合作，引进供应链管理师资。加强供应链管理职业资格认证与培训。

3. 构建支持供应链管理的基础设施和公共性服务

政府要创造有利于供应链管理健康发展的环境，可以从提供公共物品的角度给予一定支持。对物流中心的建设，由政府统一规划，给予优惠政策招商引资等。同时，打造一批优秀物流服务都市、全球性物流枢纽城市，以及重要的多式联运中心、供应链管理中心和国际航运中心。另外，采取一些措施支持企业供应链信息网络的发展，提供相应的公共服务。

4. 鼓励传统制造向服务型制造业态转变

发展服务型制造，重塑制造业价值链，能够增强产业竞争力，推动制造业由大变强。要加强服务型制造政策引导。全面落实发展服务型制造的专项行动指南；推动服务型制造创新发展，遴选一批示范项目和示范企业；夯实服务型制造发展基础。充分利用"互联网+"行动计划的实施，推动信息通信和互联网技术广泛应用于制造和服务的协同发展，全面支撑业务流程再造和商业模式创新。

课题指导：陈永东　蓝　萍
课题执笔：许志端　高　德
完成时间：2017 年 8 月

构建厦门现代养老事业与产业联动发展的新格局

厦门市工商联

一、全国及厦门老年人口现状

民政部8月3日公布的《2016年社会服务发展统计公报》显示，截至2016年年底，全国60岁及以上老年人口23086万人，占总人口的16.7%，其中65岁及以上人口15003万人，占总人口的10.8%；2025年将突破3亿，2050年将抵峰值4.6亿。也就是说未来10~30年，老龄人口将呈爆发式增长，而且老龄人口占比30%以上的状态将持续50年左右，我国老年社会呈现出基数大、增长快、持续长的特点。

截至2015年年底，厦门市户籍60周岁及以上老年人数达29.22万人，占全市户籍总人口的比例为14.05%，共有养老服务机构32家，拥有各类养老床位数8280张，厦门市每千名老年人所拥有的养老床位，从原来的25张提高到了约32张，但是仍然处于供不应求的状态。目前沿海发达地区，如上海、青岛、宁波，每千名老人拥有床位量已达30‰~50‰的水平，而厦门与之相比，仅达基本水平。

二、厦门养老机构现状

为进一步了解厦门养老产业的发展情况，本课题组对32家养老机构尤其是26家民营养老机构进行了调查访谈。

（一）厦门养老机构现状

（1）养老院规模普遍小。在全市32家养老院中，500张床位以上的大型养老院只有2家，占比6%；床位200~500张的中型养老院为8家，占比25%；床位100~200张的中小型养老院9家，占比28%；床位100张以下的小微型养老院14家，占比41%。总的说来，厦门养老院规模普遍偏小。

（2）以民办民营为主。在全市32家养老院中，公办公营2家，即厦门市社会福利中心和厦门第二福利院（金山养老院）；公办民营4家，即集美区、海沧区、翔安区和同安区社会福利中心；民办民营25家；港澳台资1家；外资0家。由此可见，厦门养老院主要是民办民营，占比80%。调查还发现，这些民办养老院绝大多数是私人投资，规模普遍偏小，大多数是100张床位左右的小型养老院。

（3）接纳外地老年人养老少。在全市32家养老院中，外地老年人入住率在50%以上的为0家；外地老年人入住率在0~50%的8家，占比26%，多为低端养老为主；暂未接纳外地老年人居住的23家，占比74%。由此可见，目前厦门还没有专门针对外地高端老年人群体的养老院，接纳外地老年人入住的养老院也是少数，多为中低端老年群体。调查发现，原因主要有两个：一是政府对本地老人入住养老院有各种补贴，养老院重点转向接纳本地老年人；二是中低端养老院自身条件较差，难以吸引外地高端老年人群体。

（4）平均床位收费标准。在全市32家养老院中，平均月床位收费1500~2500元的8家，占比26%，其中除公办公营的市社会福利中心外，均为小型低端养老院；平均月床位收费2500~3500元的19家，占比61%，其中绝大多数属于中低端养老院；平均月床位收费3500~4500元的4家，占比13%，属于中高端养老院；平均月床位收费在4500元以上的高端养老院目前还没有。

（5）入住率及盈利状况。我市养老机构大多集中在岛内，数据显示，厦门养老机构的整体入住率较高，公办养老机构处于供不应求的状况，大多数民办养老机构的入住率也在80%以上，并未出现全国大部分城市民办养老机构空置率过高的问题，这与大多数民办养老机构处于中心城区有关系。

（二）厦门养老机构存在的主要问题

（1）专业化服务机构特别是民办机构数量少，规模小。我市具有200张以上床位的民办机构屈指可数，仅有8家，占比25%，规模化效益差，远未形成品牌，在全国没有竞争优势。

（2）设施设备简陋，活动空间狭小，功能不全，环评普遍较差，不少民办机构还存在硬性安全隐患，但是由于经营者自身实力较弱，融资贷款渠道缺乏，加上大多属于租赁用房，由于租金上涨等原因，几经迁徙，无力进行适老化改造及安全性能提升。

（3）尚未建立规范的专业化培训机构，没有统一标准化的培训教材，大多数在岗供职人员未经正规培训，尤其是护理员多数年龄在50岁左右，专业能力、综合素质较低，不能适应岗位的要求；

（4）管理服务理念陈旧，方式和途径落后。目前大多数民办养老机构资金实力弱，缺乏品牌影响力，资金投入不足服务内容单一，水平十分有限，养老主体工作仍然停滞在居养式日常照料的初级阶段，文化精神内涵的给养基本缺失；无力对老年人精神和文化生活进行拓展，即便是公立养老院也仅仅停留在基本照料上。

（5）少数民办养老机构由于地处偏远，不仅入住率低，效益也同样堪忧，面临着倒闭的风险，可见区位优势对民办养老机构同样重要。

（6）造成民办养老机构服务水平低的主要原因在于场地受限、资金不足以及政策落实不到位等，尤其是养老专用土地政策的不到位，极大地制约了民办养老机构的发展。

三、事业与产业联动，构建厦门养老新格局

因此，我们需要站在"事业"和"市场"两个角度，来审视老年社会的未来：一方面加大政府公益性投入，以稳基础，保底线；另一方面，加大政策支持，积极引导社会力量参与养老产业的发展建设，站在全国养老产业的高度扩大规模，提升品质，借由厦门优良的自然人文环境打造以中高端养老为特色的大健康产业，吸引全国性养老人才和资源，从而形成"事业"与"产业"联动发展的新格局、新模式。

（一）强化事业的基础和保障功能

"养老事业"是指为老年人基本生活服务的部分，它是由政府主办的、以老年人为对象的公共服务事

业，是以法律形式保证其公平和公正性，为老年人提供服务的非营利性事业，因此，强化政府的基础和保障功能不仅有利于老年人身心健康的保障，也有利于产业的稳定健康发展。建议：

1. 明确政府责任，维护公平的市场环境

在养老产业发展过程中，要充分发挥政府、市场和社会的作用，政府保障基本养老服务，市场和社会提供多样化、多层次的养老服务，分类推进养老机构的发展。高收入家庭的养老和护理服务，应利用市场机制，由企业投资经营，政府给予适当的政策扶持，如将养老产业发展纳入城市建设规划，补贴民办养老服务设施等。中、低收入老年人的养老和护理服务具有一定的公益性质，应利用社会和政府的力量共同建设，采取"民办公助""公办民营"或PPP等方式支持社会参与。城乡五保老人和特殊贫困老人的养老护理服务，属于基本公共服务，应由政府投资兴办。同时，政府应制定养老基本公共服务均等化标准，保证优先满足特殊困难老年群体的护理服务需求，包括制定老年护理服务标准、机构运行管理制度、日常运行费用标准等，并根据经济发展以及老年人需求的变化，及时调整标准。

2. 加快研究制定行政管理法律法规，强化可执行标准

厦门市已经出台了一些鼓励和扶持政策，如《厦门市人民政府关于加快社会养老服务体系建设的实施意见》（厦府〔2013〕112号）、《厦门市人民政府办公厅转发市民政局等部门关于支持社会力量兴办养老服务机构实施意见的通知》（厦府办〔2013〕69号），对养老服务机构发放床位建设补贴、床位运营补贴、床位综合责任险补贴、特定服务对象补贴等，大力支持养老服务机构壮大发展。虽然厦门市政府已制定并出台很多措施，但仍然存在政策规定模糊、重审批轻监管的的现象。

因此首先，应以立法的形式规范养老机构的监督管理，制定行业指导标准，尤其要结合厦门实际情况，加强政策的可执行标准；其次，要加强监管引导力度，对政策法规的实施予以不同形式的检查落实，对具备特色的养老机构予以指导扶持，这就要鼓励分类经营，积极引导建设适应不同老年群体需求的、有特色的养老机构，充分保证养老服务供给质量。

3. 加快养老服务队伍专业化建设步伐

首先要积极筹建民办公助、公办民参的合作型老年护理职业学院，鼓励大中专院校开设养老、护理专业，以解养老护理专业人才严重匮乏的困局。

其次，要稳步推进持证上岗制度建设，加快养老服务队伍的专业化建设，对护理员，可以通过在职教育、在岗培训等方式定期定点举办基本技能培训，积极鼓励护理员参加上岗资格考试，逐步并最终实现百分百持证上岗，使为老年人服务的工作人员都成为掌握专业社会工作知识和服务技能的专门人才。

最后，努力把专业社会工作者的职业资格认证制度和职称评聘体系建立起来，大幅度提升老年人福利服务事业的专业水平，影响和带动整个社会福利事业的发展。将养老护理员纳入公益性岗位，给予工资补贴，专业培训费用由政府承担。

4. 建立公办和民办养老机构合作机制

调研中我们发现，养老机构之间基本都各自为政，缺乏沟通机制，不利于整个产业的协调发展以及壮大。为实现行业水平的提升，提升养老服务的质量，应探索建立公办和民办养老机构的合作机制，探索成立类似于养老产业协会这样的行业组织。加强行业间的沟通交流，既可以加强探讨提升服务质量、规避产业风险的良好举措，也能有效利用行业协会的自律监督作用，实现行业良性发展，还可以互通有无，提高行业资源的利用率，打破机构之间的封闭性，实现开放式养老，实现良性竞争。

（二）发挥产业的带动提升作用

"养老产业"是以老年人为对象，以满足高层次生活、文化需求为目标，向老年人提供商品和服务的

民间营利事业活动的总称，亦称老人福利产业、老龄产业、银色产业等。总体而言，养老产业具有产业链长、涉及领域广等特点，并对上下游产业具有带动效应。

养老事业和养老产业是两个界限分明的概念，前者属政府提供公共物品、公共服务的范畴，体现了保障老年人基本生活需求的政府责任，是普遍性福利概念；后者是满足老年人生活多样化、更高层次生活需求的市场模式的产业概念。建议：

1. 提升产业认知，发挥厦门自身特色和优势，以候鸟式养老为特色，吸引全国中高端养老群体

从全国角度来看，我市在养老基本保障方面有很多先进经验，处于领先行列，但是在产业打造方面有着明显的差距，尤其对于养老产业的认知上，依旧局限于一时一地。

首先，厦门作为国际花园城市、国内最佳旅游城市、最佳自助游目的地城市、全国最适合养老的城市，自身具备良好的生态、气候和人文基础，发展养老产业有着得天独厚的优势。据旅游部门的统计数据显示，2015年1—12月厦门共接待国内外游客6035.85万人次，同比增长13.08%，旅游总收入832.36亿元人民币，同比增长15.27%。按照"十三五"规划，厦门建设全域旅游城市所关注的，不仅仅停留在旅游人数的增长上，更注重游客旅游品质的提升，发展候鸟式养老则有利于将中高端老年旅游人群进行沉淀。近年来，国内具有气候环境等优势的城市，纷纷提出发展养老产业的构想，形成了鲜明的"候鸟"式养老城市，例如三亚、黄山、同里等江南古镇的候鸟式旅游模式，都充分发挥了自身的旅游优势，在全国范围内形成了品牌影响力，同时，"候鸟"式养老也将为本地经济带来如下益处：

（1）"候鸟"式养老人群多为中高端群体，自身具备一定经济实力，将有力带动本地中高端养老产业的发展，形成品牌优势。随着老龄化进程的加快，养老产业将给气候环境好、医疗设施完善的城市提供商机，厦门凭借独特的自然、气候和人文等优势，完全可以把养老产业作为一个重点产业来发展。

（2）生态优势变成人才优势，人才优势变成发展优势。通过厦门本身优良的生态环境，吸引外地高端医疗和各类养老高素质人才，尤其是一些退休的老中医老专家等，降低引入门槛，并设定人才引进的优惠政策，扶助具备一定资源的养老机构适时成立老年病专科医院，做到以老养老、医养结合，从而实现地区与"候鸟型"人才的常态化、长期化合作，最大限度发挥"候鸟型"人才资源的作用，有效推动地区发展。

其次，厦门具有一定的地域经济辐射和聚集力，近距离来说，辐射漳州、泉州等地，远距离来说，对龙岩、三明等地全省范围内的中高端养老人群都具备吸引力，同时，厦门作为闽南文化的代表，与台湾岛只是一水之隔，与台湾同胞以及海外华侨血缘、风俗、饮食和语言相同，能够吸引他们前来养老，这部分群体也具备中高端消费能力。

2. 促进民资引入，破解限制民资的瓶颈

根据美国和日本的相关经验，民资引入可以为养老产业的发展注入活力，提高养老机构的服务水平和利用率。因此，我们要加大对民办养老机构的政策扶持力度，解决民办养老机构准入难、融资难、医疗配套服务匮乏、建设运营成本高的问题。

（1）在行业准入上，要减少民资的金融限制，降低准入门槛。对养老企业进行注册分类，允许出资人获得合理的投资回报。在融资方面，加强对民资的融资支持，鼓励民办机构通过债券、股票市场进行融资。银行等金融机构制定低息或贴息贷款制度，让民办养老机构享受到融资和贷款的优惠政策。

（2）进一步落实养老服务机构用地优惠政策措施。市民政部门、城市规划部门应按照《厦门市养老设施空间布局专项规划》，在全市范围内对养老设施用地进行控制，另外各区还要控制、预留2~4处养老设施用地将来以公有民营或"招拍挂"出让方式供地。为进一步落实养老机构用地问题，可采用以下方式给养老机构供地：一是划拨土地。凡是属于民办的非营利养老服务机构，其产权由政府所有，用地可直接划拨至市、区民政部门或政府指定的基金会（如老年基金会、红十字会、慈善总会），由市、区民政部门或基金会投资建设标准的养老机构设施后，公开对外招租，其经营方式为"公建民营"。二是改造置换闲置场所。通过新建、扩建、改建、购置等方式整合、置换或转变用途等，将闲置的医院、农村空置校舍、企业、农村集体闲置房屋，以及各类公办培训中心、活动中心、养老院、小旅馆、小招待所等，改造用于民办养老机构。举办者利用租赁、合作、承包经营的方式为"公建民营或民办民营"。三是招、拍、挂出让土地。将养老机构项目用地使用权对外公开招投标，由举办者投资经营，其经营方式为"民办民营"。

（3）在医疗配备上，研究制定养老机构与现行医疗保障制度的对接政策，将达到一定标准的养老机构纳入医保范围。鼓励对民办养老机构进行医疗技术输出，为养老机构培养护理人员，解决民办养老机构医疗配套服务缺乏的问题。

（4）各级政府规划的养老项目，除个别示范性、保障性特殊需求外，应普遍采取PPP模式，引导民营企业和社会资本广泛参与。通过参股、授权、合作方式，实现社会化、市场化发展。

（5）涉及国际或台海合作的养老项目，应在土地、税费等方面，最大限度放宽限制，在可能的情况下，政府搭台、牵线，提供便利。

（6）将中、高端养老产业纳入全市重点产业发展规划，在各个方面出台更优惠的政策，确立若干个规模化重点项目，重点扶持一批企业参与建设、经营，以创立品牌，培育骨干；同时鼓励、支持企业引进国际、台海人才和团队。在运营上，鼓励优质、高效运行的养老机构品牌化、连锁化、特色化经营，扶持起一批本土化有社会责任感、对本地文化有深入了解的品牌企业，并允许民办养老机构赚取合理的利润，从而保证其产业运营的稳定和长远规划，吸引更多全国中高端养老客户。

（7）完善相关政策。适当提高养老机构建设补贴、床位运营补贴，特别是老人护理专业岗位补贴标准，缩小与全国的差距。

（8）对民营企业利用自有土地改建养老机构，发展养老产业的，应以允许变更土地性质，支持发展。对新立项目，在土地供给上优先保障。

3. 整合资源，初步形成一个"打通整个养老大健康产业链的聚合体"

当进行合理的产业规划以及产业定位之后，就要进行整体养老产业的建设以及规划的实施。对于一个具有成熟的养老产业基础以及良好产业定位的城市而言，所要建立的不仅是单一的产业链条，而是一个优质的产业系统。从这方面讲，建立优质的城市养老产业系统需要从三个方面进行完善。

（1）专业化的养老机构建设。专业化的养老机构建设是整体系统建设的基础，在这一过程中，首先，要加快推进政府保障性养老机构建设。充分利用现有的乡镇（街道）养老机构、市级医院迁建留下的旧址，进行整合提升，形成区域性的、专业性的养老机构。有条件的村（社区），在符合新农村建设规划的前提下，使用集体土地，吸引社会资本建设公益性的养老机构。其次，应该广泛吸引社会资本，投资开发以老年公寓、涉老康复护理、疗养医院、临终关怀等为主要内容的养老服务综合体。再次，允许社会进行产业开发和建设。优质的养老机构应该是交通方便、自然环境优良的养老服务综合体，在机构的建设过程中，应当充分尊重独立团体的建设要求，允许社会资本投资周转性养老房产。

（2）健全老年人养生保健、康复护理、文教培训等配套项目。优质的养老机构不仅仅是单一的建筑群体的堆叠，养老产业软件应该与硬件匹配发展。因此，在养老产业的发展过程中，除了硬件条件的完善外，必须健全老年人文化教育、养生保健、康复护理等项目。并且依托城市的优势，开发各种养生项目，在养老机构中修建老年大学，支持筹建老年大学及分校，为构筑文化型养老之路做铺垫、打基础、提供充足的信息为老年人提供丰富多彩的生活。

（3）加快老年人用品产业的发展。老年人用品是养老产业发展的基础性保障，同样也是养老产业经济回馈的重要组成部分。老年人用品产业的发展应当集中在三个方面：首先，老年人生活用品的产业发展。在城市中，一般都具备较为成熟的家纺、家寝具产业，可以依托这些产业，开展面向老年人的生活用品的研发和产业化生产，形成老年用品加工生产区。其次，老年人食品产业发展。依托现有农产品加工基础，鼓励开展面向老年人的食品（饮品）研发和产业化生产，特别是满足某些老年疾病人员的食品需求。再次，老年人康复辅助产品的产业发展。老年人身体素质较弱，康复辅助产品较为重要，所以，在养老产业发展过程中，要鼓励开展面向老年人的康复辅助产品的研发和产业化生产，形成老年康复辅助产品加工基地。

及早应对老龄化社会出现的新情况、新问题，就必须站在经济社会发展的大局，站在国际前沿的高度，总揽全局，统筹规划，正确把握方向，明确"事业"与"产业"联动发展的基本战略，使我市的养老事业办出特色，产业办出优势；要坚定文化引领、多元发展的方向，开放办"养老"，办"开放"型、"文化"型的品质化养老，以满足个性化、多层次的养老需求。充分发挥一路一带及自贸区两个区位优势，加强国际领域对口项目引进合作，打造中、高端国际化服务品牌；建议对基础保障和养老事业、产业发展重要领域，以立法形式，给予确立和保障，以求长远和稳定发展；将中、高端养老产业纳入全省重点产业发展规划，在各个方面出台更优惠的政策，确立若干个规模化重点项目，重点扶持一批企业参与建设、经营，以创立品牌，培育骨干。

厦门有得天独厚的经济区位优势和自然生态环境优势，把握养老发展的战略方向，创办文化型、开放型、规模化、品质化的一流的养老服务体系和品牌，开创养老"事业"、"产业"联动发展的新格局，将其统一纳入大健康产业框架，是我市、我省、全国经济社会发展的需要，是大健康产业的需要，是构建和谐社会的需要，是敬老、爱老传承的需要。家家都有老人，人人都会变老，愿通过我们的努力，使天下老人及每个家庭安康、幸福！

课题指导：陈永东　蓝　萍
课题执笔：陈福寿
完成时间：2017 年 9 月

运用大数据创新现代物流行业

湖里区工商联

　　大数据在经济社会发展各领域的深化应用和融合创新将为我们创造更大的价值和更多的财富。随着大数据时代到来，深入理解、分析、运用、挖掘大数据的使用价值，如将大数据创新运用到物流业发展中，对提升物流企业甚至整个行业的竞争力具有重要意义。本文将从四个方面进行论述：一是目前我国大数据产业发展的概况；二是大数据在物流业的运用；三是厦门市在大数据应用和产业发展情况；四是对湖里区物流业如何运用大数据创新提出一些建议。

一、我国大数据产业发展概况

　　当前，第四次工业革命已经悄然到来，这次产业革命或将由四个领域引领，其中之一就是大数据。时下，各国正在将大数据布局为国家乃至地区发展的重要国家战略。在国内，大数据产业也正迎来前所未有的大好发展机遇。

（一）大数据将迎来一大波利好发展政策

　　就政策导向而言，自 2012 年起，我国出台了一系列促进大数据发展的政策，李克强总理也在多个场合强调发展大数据产业的重要性。

　　2012 年 8 月，国务院制定了促进信息消费扩大内需的文件，提出要构建大数据产业链，促进创新链与产业链有效嫁接。2014 年 7 月，李克强总理考察山东浪潮集团时提出，要以云计算、大数据理念，与企业信息技术平台有效对接，建立统一综合信用信息平台，实现"大数据"共享。

　　最值得一提的是 2015 年，这一年可以说是大数据发展的政策年。在当年 3 月份召开的"两会"上，李克强总理在政府工作报告中提出，制定"互联网+"行动计划，推动移动互联网、云计算、大数据、物联网等与现代制造业结合。同时，国家设立 400 亿元新兴产业创业投资引导基金，整合筹措更多资金，为产业创新加油助力。9 月 5 日，国务院印发《促进大数据发展行动纲要》，提出要全面推进大数据发展和应用，加快政府数据开放共享，深化大数据在各行业的创新应用。这是迄今为止大数据领域最高的行动纲领，意味着国家将以战略性角度推进大数据产业的发展。10 月下旬，十八届五中全会提出要实施"国家大数据战略"，这标志着大数据战略正式上升为国家战略，大数据产业也正在成为经济发展的新动能。11 月 3 日，国务院发布的《中共中央关于制定国民经济和社会发展第十三个五年规划的建议》提出拓展网络经济空间，推进数据资源开放共享，实施国家大数据战略，超前布局下一代互联网。这是我国首次提出推行国家大数据战略。

在2016年中国贵阳电子商务大会暨贵阳国际大数据产业博览会上，李克强总理表示，大数据新业态代表的创新理念要和传统行业长期孕育的工匠精神相结合，推动虚拟世界与现实世界融合发展，重塑产业链供应链价值链，促进新动能蓬勃发展、传统动能焕发生机，打造中国经济"双引擎"，实现"双中高"。

预计在2016年下半年，还有一大波大数据政策即将出台。一是根据工信部2016年的工作部署，作为大数据产业发展的顶层设计，大数据产业"十三五"规划将会在今年下半年正式出台。该规划除了确定大数据产业未来五年的发展目标外，还将在大数据关键技术及产品研发、大数据产业化、大数据应用试点、大数据标准体系建设等多个维度，对大数据产业的发展做出详细布局。二是2016年下半年即将发布的多个信息技术和服务业产业政策中，也将大数据产业的发展纳入其中，其关键是利用大数据技术，促进云计算、物联网、信息安全、智能制造等产业的进一步发展。三是国家发改委等部门对大数据产业的后续发展，也将有一系列的"组合拳"，这其中包括建设国家大数据平台以及出台细化的大数据产业链政策，等等。

（二）"十三五"大数据产业规模将突破万亿

随着大数据技术的成熟和应用不断扩大，大数据产业开始进入成熟期，不但自身正在成为规模庞大的新兴产业，而且正促进国民经济其他领域飞速发展。

据《2015年中国大数据交易白皮书》预测，到2020年我国大数据产业市场规模将由2014年的767亿元，增长至8228亿元，年复合增速达到48.5%。国家制造强国建设战略咨询委员会则预测，到"十三五"末，大数据产业的市场规模将突破万亿大关。

也有人预测，未来5年我国大数据产业规模年均增长率将会超过50%，到2020年我国的数据总量将会超过8000亿PB（数据单位），占全球数据总量的比例达到20%，届时我国将成为世界第一数据资源大国和全球的数据中心。可以预见，以大数据为代表的信息经济对促进传统产业升级，培育壮大新动能，必将发挥越来越重要的作用。

（三）大数据是赢得未来竞争的关键

目前，大数据在许多领域的应用都有杰出表现，比如：大数据能够帮助政府实现市场经济调控、灾难预警、公共卫生安全防范、社会舆论监督等；大数据可以帮助城市预防犯罪，提升紧急应急能力，实现智慧交通；大数据可以帮助航空公司节省运营成本，帮助电信企业实现售后服务质量提升等。大数据还可以帮助运输部门监测分析运输车辆的故障险情以提前预警维修，并帮助物流企业分析库存压力、仓库监控、运输可视、路径优化等，从而降低物流企业运营成本、管理成本、存储以及运输风险等。

这些还远远不够。未来大数据的身影将无处不在，它将逐渐成为现代社会基础设施的一部分，就像物流行业中的公路、铁路、港口、水电和通信网络一样不可或缺。相信因大数据而产生的变革浪潮将很快波及地球的每一行业，甚至影响人类的生活与工作。

随着云时代的来临，大数据吸引了越来越多的关注。专注于数据调查的咨询公司麦卡锡一针见血地指出："大数据将是堪比石油的重要资源。"对于企业而言，大数据的价值体现在三个方面：一是对消费者提供产品或服务的企业可以利用大数据进行精准营销；二是做小而美模式的中长尾企业可以利用大数据做服务转型；三是面临互联网压力之下必须转型的传统企业需要与时俱进充分利用大数据的价值。

对很多行业而言，如何利用大数据是赢得竞争的关键。所以，我们要充分理解大数据，深入分析大数据，挖掘大数据在各行各业的使用价值，将大数据运用到产业发展甚至变革中，来提升企业甚至整个

行业的竞争力。

二、大数据在物流行业的运用

近年来，大数据在物流行业的运用已经极其广泛。不论是变革车货匹配、分析运输线路、预测销售与库存、预测设备修理，还是供应链协同管理等，大数据在这些方面正发生着潜移默化的作用，逐渐改变和影响着物流人的思维方式。

具体而言，大数据在物流行业的创新与运用主要体现在以下几方面：

第一，随着大数据应用的逐渐深入，未来物流行业获取的数据不只是行业内部信息，还包括大量的外部信息。通过对这些数据的判辨，物流企业可以预测性地为客户量身定制个性化、差异化服务。

第二，在物流企业生产经营过程中，通过对车辆运输过程的中数据采集后进行加工分析，并结合车辆的监控数据，可以为车辆安全行驶、司机的安全驾驶、运输网络路径的优化提供基础支持与分析依据。

第三，借助于大数据技术，可以对仓库中的货物设计存储编码、最优库存、出库方案，并结合上下游的供需节点，提供最佳的库存管理办法。

第四，借助于大数据技术，可以对物流行业进行资源优化配置。目前，许多运输空载的问题就是由于物流企业缺少通过数据分析和对未来市场做出预判，只看到眼前的业务增长就盲目增加运力和仓储面积而造成的。当市场出现萎缩、业务量下滑的时候就会产生大批的富余运力和空置仓库，从而导致物流企业的亏损。通过大数据分析，物流企业就可以对未来市场和竞争对手的行为做出一定的预测，及时调整发展战略，避免盲目的资产投入，以减少损失。

此外，通过大数据分析，可以建立全国物流网络，了解各个节点的运货需求和运力，合理配置资源，降低货车的返程空载率，降低超载率，减少重复路线运输，降低小规模运输比例。同时，通过大数据技术，物流企业可以及时了解各个路线货物运送需求，建立基于地理位置和产业链的物流港口，实现货物和运力的实时配比，提高物流行业的运输效率。

第五，大数据分析可以帮助物流企业增强客户的忠诚度。通过分析物流企业客户的行为习惯，可以将物流企业的市场推广投入、供应链投入和促销投入回报最大化。利用先进的统计方法，通过对用户的历史记录分析，可以建立模型，预测其未来的行为，进而设计有前瞻性的物流服务方案，整合最佳资源，提高与客户合作的默契程度以避免客户的流失。

最后，大数据还可以提高物流行业管理的透明度和服务质量。通过物流信息交流开放与信息共享，能够使物流从业者、物流机构的绩效更透明，间接促进物流服务质量的提高。公开发布物流质量和绩效数据，可以帮助客户做出更明智的合作决定，这也将帮助物流企业提高总体绩效，从而提升竞争力。目前，已有世界知名物流企业正在测试仪表盘，将其作为建设主动、透明、开放、协作型公司的一部分。

除以上所述，大数据还可以广泛应用在快递路线的规划、货物的跟踪、跨境电商平台等领域。

三、厦门市大数据应用及产业发展情况

在以创新推动城市发展方面，厦门始终走在全国前列。近年来，厦门市除了积极创建国家信息消费示范城市，建设中国软件名城、国家数字家庭应用示范产业基地，还在全国第一个实现了全市政府数据资源的开放和共享。为抢抓新一轮大数据发展机遇，厦门市政府开展了一系列卓有成效的工作。

（一）厦门市大数据应用和产业发展成果

厦门市在大数据应用和产业发展方面已具备一定基础，主要体现在：

一是 2014 年 6 月，国家统计局首个大数据基地、国内首个"大数据研究实验室"先后落户厦门，这标志着厦门市以大数据为重要方向的软件产业发展进一步推进。

二是初步建成政府大数据共享资源库，形成"123"共享开放格局，即 1 个平台（数据共享平台）、2 张网（政务内网、政府外网）、3 个库（市民库、法人库、空间库）。

三是率先开展一批大数据先导应用，如市民健康信息系统，实现全市 95% 以上的医疗机构共享电子病例和影像数据；实现智能交通大数据平台，交通管理和应用部门数据共享。

四是集聚了一批在国内有一定影响力的大数据企业，包括中国移动手机动漫基地、中国电信动漫运营中心和高速成长的本地企业，如精图科技（空间地理信息综合应用）、厦门信息集团（交通大数据平台）、美亚柏科（网络安全）、美图网（美拍社交视频大数据）、易联众（健康云）等。

五是相关基础产业有一定规模，增长迅速。2013 年，全市软件和信息服务业行业销售收入 591.3 亿元，同比增长 28.2%；2014 年，全市软件和信息服务业行业销售收入 749.5 亿元，同比增长 24.3%。

（二）厦门市出台大数据应用和产业发展规划

2015 年 8 月 10 日，厦门市政府常务会议审议通过了《厦门市大数据应用和产业发展规划 (2015-2020 年)》，会议认为，厦门市大数据应用与产业发展已具备一定基础，发展空间巨大，必须进一步加强规划引导，为厦门市产业结构转型升级指明新方向。

8 月 11 日，厦门市政府正式印发《厦门市大数据应用和产业发展规划 (2015-2020 年)》。规划提出，到 2020 年，要紧紧抓住产业发展的良好机遇，将厦门建设成为全国一流的大数据产业与应用示范基地，形成一批国内领先的大数据示范应用项目，政府大数据融合开放达到发达国家水平，大数据应用全国领先，关键技术取得突破，产业效益显著，形成大数据产业布局、项目聚集、资金配套、基础设施协调的发展格局，建设成为区域大数据产业发展高地。其中到 2018 年，全市大数据产业实现产值规模 500 亿元，形成年销售收入 100 亿元以上的企业 1 家，50 亿元以上的企业 3 家，10 亿元以上的企业 12 家，带动相关产业新增销售收入超过 1000 亿元。2020 年全市大数据产业实现产值规模 850 亿元，带动相关产业新增销售收入过 1600 亿元。

规划还提出将具体推进政府大数据融合共享、智慧民生大数据应用示范、社会治理大数据应用示范、"大数据 + 产业"转型升级、公共服务平台产业化等五大工程设计，切实推动 13 个项目落地，以"点"带"面"，引领厦门市大数据应用快速推广，加快成熟应用产品化，带动全市大数据产业发展。

（三）规划中提及物流业的内容

在推动大数据与产城融合的示范应用中，规划提出"……在行业应用方面，重点推动跨行业的大数据资源流动、整合、开发和应用，促进互联网、电信、金融等企业与其他行业开展大数据融合与应用创新，带动全社会大数据应用不断深化。探索大数据和传统行业的结合，布局'大数据 +'产业新业态，推动现代物流、电子商务、互联网金融等行业发展。"

在社会治理大数据应用示范工程中，规划提出"……建设地理信息共享平台，拓展地理空间信息大数据应用挖掘技术，开展各类地理空间大数据服务，为政府决策、城市规划、社会经济统计、资源管理、交通管理、地籍管理、基础设施管理、物流管理……等智慧专题应用提供开放性的支撑。"

在"大数据 + 产业"转型升级工程中，规划提出"建设'大数据 + 现代服务业'云平台，整合航运物流、民航机场、金融服务、旅游会展等服务业相关数据，创新现代服务业的商业模式和服务方式……建设'大数据+电子商务'供应链协作平台，引导醉品春秋、一品威客、PBA、乐麦等本地知名电商的内涵发展，做强又一城、舜亚科技、百贸网等优秀电商技术支撑企业，优化供应链资源配置，发展跨境电商和区域电商中心。"

（四）厦门市物流业应用大数据情况

目前，厦门市政府物流办已建立了厦门市物流产业运行监测平台，运用大数据技术监测厦门市物流产业的运行态势，从而更好地为物流企业开展各类增值服务工作，更好地为政府主管部门展开行业决策、评选优质企业、落实重点项目、制定政策等提供依据。

在当今快速发展的时代下，物流产业的发展已离不开云计算、大数据及物联网等综合运用，这已成为大势所趋。未来物流产业的发展还将实现物流信息化、管理自动化（获取数据、自动分类等），将各智能终端与互联网连接，同时增加各物流终端的自动化程度，形成智能化、自主化的流程，减少人工干预等，形成网络集成管理、全方位的智能化功能等体系，实现物品的自动识别和信息的互联与共享，真正实现智能物流。

四、湖里区运用大数据创新发展物流产业的建议

在发展现代物流业方面，厦门市湖里区目前正迎来大好机遇。2016年5月份，厦门、天津、沈阳、武汉等20个城市被国家发改委确定为现代物流创新发展试点城市。接下来，加强城市物流规划、推进城市物流管理体制机制改革、完善城市重大物流设施布局建设等举措将成为重点探索方向。

与此同时，在近期由商务部、财政部、国家标准委等组织开展的国家物流标准化试点中，厦门市成功入选2016年国家物流标准化试点城市。之后两年，厦门市将获得1.6亿元中央财政试点扶持资金。目前，已下拨8000万元。

在此背景下，湖里区物流业如何抓住机遇，将大数据技术应用在物流业创新发展和转型升级当中，已成为当务之急。在此，结合厦门市在大数据应用和产业发展方面的政策和产业优势，对湖里区物流业应用大数据进行转型升级提出几点建议：

（一）政府方面

对政府部门而言，建议区政府应在大数据技术的运用，数据资料的整合，数据资源的公开、共享方面积极展开工作。大数据和新的数据技术都将为物流企业提供技术支撑，将对物流企业的管理与决策、客户关系维护、资源配置等方面起到积极的作用。

政府部门还应积极发挥宏观调控作用，鼓励、支持大数据在物流行业的创新应用，有重点、有目的、有目标地设置物流大数据类项目进行扶持，以及有步骤、有计划、有项目性质地推动大数据在物流转型升级当中发挥积极作用。

（二）企业方面

对物流企业而言，众所周知，随着物流企业步入信息化发展时期，各企业之间的竞争已成为企业间处理信息的竞争，哪个企业能够更快地收集信息、处理信息、做出反应，为客户提供满足个性化要求的服务，缩短客户产品面向市场的前置时间，哪个企业就能迅速占据市场。

目前，大数据已经渗透到物流企业运作的各个节点和环节，它在引起物流企业共同关注的同时也给企业带来了高额的收益。但与此同时，物流企业在应用大数据方面也面临一些问题，包括物流企业管理者对大数据技术缺乏认识及支持，数据的准确性和及时性难以把握，数据开放与隐私的平衡难以把控，以及数据转化技术难度大等。

针对此，建议各物流企业的高层管理者要抓住大数据时代这一机遇，给予高度的重视和支持，正视企业应用大数据时存在的问题，合理将大数据应用到企业管理中，为企业带来更大利益。

大数据在市场预测、物流中心选址、整合销售预测与库存、物流线路优化、仓库仓位优化等方面对物流企业都有很好的助益。所以，物流企业高层管理者要更加注重企业信息的数据化，重视企业的信息化建设，了解挖掘数据所带来的信息价值，从而更好地支撑创新性的业务模式，才能在众多物流企业中占据优势。

（三）行业协会方面

对行业协会而言，作为物流类行业团体，更应该在大数据发展得如火如荼的时候，协助政府创造数据服务价值，引导物流企业在提升自身的服务质量方面多努力，引进外部先进资源，并将物流转型从行业协会做起，利用协会自身作为一个服务型平台的便利，为物流企业走向大数据化提供支持。

课题指导：林秀瑜
课题执笔：林　澜
完成时间：2016 年 10 月

厦门民营外贸行业供给侧改革的现状与建议

厦门市工商联

一、引言

近年来，国际贸易市场仍不景气，贸易保护主义抬头，贸易摩擦加剧，我国外贸业发展的外部形势依旧严峻，加之，我国贸易企业要素成本低廉的优势逐步丧失，出口产品技术含量低、附加值低等劣势日益显现，我国外贸业发展面临着巨大压力。

在严峻的情况下，我市 2015 年仍实现出口总额 534.97 亿美元，增长 0.6%，高于全国平均增速 3.5 个百分点。其中民营企业实现出口总额 271.21 亿美元，同比增长 4.5%。在厦门市贸易企业进入转型升级的关键时期，研究外贸民营企业如何主动进行供给侧改革，对我市外贸业发展和经济供给侧改革意义重大。

本课题组对我市代表性民营企业进行实地考察并访谈，在此基础上总结民营外贸行业的现状，分析外贸业供给侧改革面临的困难，并提出相应的政策建议。

二、厦门民营外贸业发展现状

其一，民营企业是厦门对外贸易增长的引擎。2015 年厦门全市进出口总额 832.91 亿美元，比上年下降 0.2%，其中出口总额 534.97 亿美元，增长 0.6%。而厦门民营外贸企业出口增长 4.5%，占全市出口比重达 50.7%，比 2014 年占比提高 1.9 个百分点，成为稳定全市外贸的中坚力量。

其二，民营企业是我市外贸业结构调整的排头兵。厦门民营外贸企业的出口商品结构不断优化。工业制成品在出口商品中所占的比重，是衡量一个国家（地区）出口商品结构优化程度的重要标志。厦门民营外贸企业工业制成品与初级产品出口之比逐渐提高，并且机电、高新产品比重不断提升。2015 年机电产品出口 1427.3 亿元，占出口商品总额的 43.0%；高新技术产品出口 670.5 亿元，占出口商品总额的 20.2%。

三、厦门民营外贸业发展存在的问题与原因

（一）存在的问题

一是扎堆低端的产品市场，货物贸易的产能结构性过剩。我市民营外贸企业多数是中小企业，受技术和资金所限，中小外贸企业往往生产资源密集型的低端产品。目前，这类产品供给远大于需求，累积成结构性的过剩，并且产能过剩的行业范围不断扩大，目前已扩大到造船、汽车、机械、光伏、多晶硅等。不少企业原有的库存未处理完，新增的库存又进仓，这种恶性循环制约中小外贸企业的发展。

二是徘徊在产业链的低端，加工贸易的附加值提升乏力。我市加工贸易企业多从国外进口核心部件组装后出口。这些企业从事的是技术含量较低的环节，比如初加工、组装等，加上不掌握终端销售和服务市场，难以获取售后服务产生的利润，导致众多产品附加值很低。

三是缺乏品牌和创新积累，民营贸易业普遍"靠天吃饭"。我市外贸出口产品中低附加值的劳动密集型产品仍占相当大的比重，且加工贸易出口多以贴牌为主，自主品牌出口严重匮乏。如在广交会上，许多无牌的五金制品、服装、鞋帽的价格跌无可跌。以外销服装为例，100元一套的西服、50元一条裤子、30元一件的衬衣比比皆是。国际货币基金组织2015年10月发布的《世界经济展望》预期中短期内世界经济增长依然疲弱，民营外贸企业继续面临低迷的外部市场环境，我国低附加值产品的进口需求都将呈现出下降趋势。

（二）主要原因

一是成本优势逐步丧失，持续下降的利润挤压民营企业创新的财务空间。民营外贸企业多处于简单加工和组装型发展阶段，技术含量不高，产业链条短，但却属于劳动密集型产业，附加值低，利润空间不大。近年来，随着我市劳动力等生产要素价格快速上涨，中小企业要素成本优势在逐步丧失。厦门的生活成本相比省内其他城市处于相对较高水平；同时，在寸土寸金的厦门，企业难在厂区或者周边建设职工宿舍，职工住房租金也较高，直接推动企业用工成本飙升。

二是产品设计创新不足，"数量扩张"的惯性是民营企业转型升级的阻力。厦门市乃至全省经济增长主要还是依赖于资源与能源的消耗，发展模式多数是以低成本、低价格、低收益及大规模生产为特征的"数量扩张"，尚未形成价高质优的竞争优势。多数民营企业宁可一次性买进国外将近淘汰的生产技术，也无心进行研究具有自主产权的创新技术，导致缺乏具有国际竞争力的自主品牌的出现。同时，厦门民营外贸企业对引进技术的消化吸收再创新投入较少，远低于国际上通常要达到的1:2的水平。

三是专业人才储备有限，民企发展服务贸易起步不易。服务产业的发展正处于由劳动密集型向技术人力密集型转变的过程，急需大批专业扎实、高素质的中端技术与管理人员。目前，我市户籍政策不够灵活，房价高，产业集聚度不高且人才引进政策适用面窄，厦门民企普遍面临着"专业人才引进难，留材发展更难"的困境。同时，民营企业对服务专业人才的培养不够重视，导致我市目前外贸业人员的素质普遍不高。

四、厦门民营外贸业供给侧改革的对策

（一）转变政府职能，促进贸易供给侧结构转型升级

一是清税减费，降低企业出口成本。加快实施结构性减税，鼓励和促进高技术和高附加值产品的生产和出口，利用营改增和小微企业减免税，为企业出口活动"松绑""减负"，激发企业活力；将减税与出口优惠措施结合，提高行业的出口退税率，减轻企业负担，并且加快出口退税进度，适当提高每月退税次数，提高外贸企业资金周转率；减少企业外贸环节中的各项费用，切实减轻企业负担，如对查验没问题的企业免除吊装、移位、仓储等费用，进一步降低企业报关数据使用费用，降低每单报关单收费等。

二是继续完善跨境电商政策体系，优化通关、物流等关键流程，努力形成发展跨境电商的"厦门优势"。首先继续简化跨境电商外汇管理和税务管理。统筹协调国税、外汇管理局等口岸相关部门，理顺通关监管流程，分类指导通关监管模式，满足企业需求；发挥象屿、海沧两个片区跨境电商产业园载体的主体作用，支持海沧电商园区开展跨境电商业务。其次是简化优化跨境电商物流流程。以企业及市场需求为切入点，检验检疫部门尽快出台分类管控的具体操作流程。在统一库存管理的模式下，实现一般贸易、分送集报和个人物品三种通关模式；尽快出台个人包裹清关后进入跨境电商园区验放的个人物品的申报和操作流程（包括申报系统的使用和接口）。

三是进一步优化人才政策，促进民营外贸企业转型升级。以企业为主体，以市场为导向，建立和完善适应高端制造业发展需要的技术人才与经营管理人才引进培养体系。实施高端创新创业人才培养工程，鼓励企业与高等院校、职业教育机构建立校企联合、产教结合等机制，为高端制造业培养各类技能型人才。提高人才奖励政策的执行效率，增加中小企业引进高级人才个人所得税的返还额，探索企业高管、高级人才购房或者买车时，用个人所得税冲抵购房或购车款；在外来工生活密集区的城乡结合部，政府规划部分用地，建设劳工公寓，配套娱乐设施及生活活动中心，以较低的房租提供给企业员工租用；适当提高用工规模较大的工业企业在厂区内建职工宿舍的限制比例，解决员工住宿问题。

四是积极培育外贸新型业态，推动外贸综合服务企业平台建设。加快发展外贸综合服务、飞机融资租赁、检测维修、国际中转集拼等新型贸易业态；积极推动外贸综合服务企业平台建设，借鉴嘉晟公司依托的服务中小生产企业"嘉易通"平台，以及建发集团为国外大型采购商所搭建的"贸易云"平台的经验，鼓励民营中小型外贸企业也加入外贸综合服务平台建设的队伍。政府应积极筹办国际采购商大会，致力于打造海西精品产销对接平台，实现买卖双方面对面，零距离对接洽谈；对在海外设立批发展示中心、商品市场、专卖店、"海外仓"等各类国际营销网络的民营外贸企业，政府应予以一定的政策和资金鼓励。

（二）发挥企业在转型升级中的主体作用

一是提升产品质量，加快创新步伐，培育自主品牌。民营企业家应该摆脱短视行为，提取更多的销售利润份额投入到技术创新中去，增加对引进技术消化吸收的再创新投入。民营外贸企业既要加大力度提升产品质量，提高技术含量，改善产品设计，更要做好产业链下游的市场调研与分析，拓宽市场营销渠道，创新营销模式，让企业的产品适销对路。

二是要选择突破点。民营外贸企业必须选择先进的技术源，在技术引进过程中坚持"避实击虚"的原则，引进那些国有大中企业和其他外贸企业不愿或不能进入的、企业自身又能充分发挥特有专长的技

术空档。例如专业性强但批量少的技术。

三是把培育自有品牌作为突破口，避免在全球产业链分工中受制于人，在国际竞争中处于被动地位。

四是加大外贸行业人才培养力度。对于外贸企业来说，应该着手完善员工绩效考核、薪酬管理制度，实行相应的激励措施调动员工积极性，换位思考维护员工自身利益，从而吸引优秀人才进入企业。民营外贸企业应加强企业内部人才培养，请专业人士对员工进行全方位的培训；还可以与厦门各高校相关专业建立对接关系，吸引相关专业优秀人才进入企业实习、工作，从而为企业贸易转型发展储备专业型人才。

附件

厦门代表性民营外贸行业供给侧改革思路

在新形势下，民营外贸企业应该抓住供给侧改革所带来的机遇，切实加大企业技术更新、改造与产业发展方向调整的力度，舍得在传统产业技术改造上和技术原创性上加大投入，在适应市场的高品质产品上加大有效供给，大幅度提升自身创新能力和市场竞争力。此外，民营外贸企业拥有广阔的海外市场，因此外贸企业化解过剩产能、推动供给侧改革要有国际视野，着力点是将过剩产能转化为优势产能。

通过对厦门市代表性民营外贸企业开展实地考察与访谈调研，我们在此选择三个具有代表性的厦门民营外贸行业，具体分析其供给侧改革的思路。

（一）石材业

依托福建的石材资源优势，厦门石材业快速发展壮大，厦门口岸目前已成为全球最大的石材贸易中心，石材贸易量占全国的60%以上，占全球比重约达15%。目前，厦门有4个大型荒料集散地和销售市场，集中了世界各地的各类优质石材，种类超过1000种，有50%以上的巴西高级花岗石、60%以上的印度花岗石荒料、30%以上的土耳其大理石荒料以及80%以上的意大利米黄、西班牙米黄在厦门分销、加工再出口，常年场上动态堆放千万吨。同时，厦门拥有超过1200家石材进出口企业，掌控着厦门以及周边6000多家石材加工厂货源。而且，厦门的石材加工品质世界一流，拥有全国最大的国有石材设备制造工厂，全球主要石材生产大国的矿山所有者多数在厦门有事务所、办事处或者分公司。厦门口岸每年的吞吐总量中，有1/3以上是石材，石材进出口额已经连续多年居全国首位，并且所占比例逐年提高。

但是，在调研中我们发现有许多的石材外贸企业还未从金融风暴的打击中走出，很多企业仍深陷其中，举步维艰，欲寻找转型之路，但苦于"没想法、没办法"的尴尬处境，只能苦苦坚守。

随着厦门石材展、水头石材展等专业展会影响的提升，石材外贸的市场情况发生了巨大变化，国外的采购商不再像以前那样只看国内公司的报价，而是直接到石材展上和工厂面对面砍价，拿到心理底价。因而现在很多石材的价格非常透明，靠信息不对称赚差价的时代彻底过去了。很多石材外贸公司反映，虽然他们的老客户还可以继续合作，但在没有利润的情况下，订单和鸡肋差不多，食之无味，弃之可惜。根据泉州市出台的《关于进一步推进矿山生态治理工作的若干意见》决定，截止到2015年，泉州所有石材矿山全部关闭，实现整体退出，石材业迎来了矿山的关闭潮，石材外贸遭受进一步打击。

对于眼下行业的困境，一些石材商直言"供过于求"是其祸根。过去市场行情好时，企业纷纷抢占国外优质石矿，很多企业都跟国外矿山签订了长年协议，不论生产和销售情况怎么样，每年甚至每个月进口的荒料石都是基本定量的，有的还是逐年递增的。随着需求下降，大量荒料照样进口变成了库存积压，最终使企业走上了一条卖荒料和大板的绝路，利润空间被大幅压缩。厦门民营石材外贸业该如何抓住供给侧改革的契机，走出"没想法，没办法"的困境？我们通过调研总结出以下供给侧改革的思路：

（1）异型加工闪现别样生机。目前厦门外贸石材业主要出口比较常规的板材类产品，利润很低。市场低迷的情况下，在争取订单方面，中小型民营外贸行业也处于相对劣势地位。囿于常规板材类产品只会导致打价格战，企业利润将更加微薄。供给侧改革的实质在于提供新的有效的供给。我们发现石材业除了常规板材类产品，工程单里还有些比较特殊的异型加工产品，这类产品的附加值相对较高，利润空间也就相对较大。而且因为加工难度大，没有普遍性，所以客户会很谨慎，不敢随意更换工厂。若能抓住这部分市场份额，中小民营石材外贸业不难再现生机。

（2）合理去库存。较大规模的民营石材外贸企业荒料石库存积压较严重。供给侧改革强调去库存，但去库存也不能盲目，不能为了去库存而去库存。向上下游两头延伸的做法是大规模石材企业的一个机会，比如可以从石材行业跨界到石玩收藏品行业，寻找更高的回报。另外高端市场也被认为是未来的一个重要方向，而且在这个方向上越来越多的人认同大力发展石材文化，用文化提升石材的附加值，用设计和创新诠释石材的新内涵。石材企业可以组建自己的石材装饰工程队伍，进军工程装修市场尤其是高端家装市场。石材业上下游两头延伸不仅能解决企业原有库存积压问题，还能开发新的蓝海。

（3）努力自创品牌应对矿山关闭潮。针对泉州市出台的《关于进一步推进矿山生态治理工作的若干意见》决定，石材企业可以选择到外省找些新的品种，试着打造一个属于自己的品牌，然后通过参加国内外的展会将新品牌推广给客户。

（二）服装、鞋以及纺织制品等行业

服装、鞋以及纺织制品等产业处于价值链中低端，竞争激烈，利润薄，企业挣扎在"求生存"状态，想创新转型却有心无力。同时，这类行业存在严重的产能过剩与库存积压问题，若不进行创新转型，行业内价格战必然愈演愈烈，最终利润愈加微薄。针对这类行业的供给侧改革，我们认为应抓住"三品"：

（1）增品种。对于服装、鞋以及纺织制品这类产品，消费者的需求日新月异，企业必须时时跟进潮流，开发各式各样满足不同消费者不同需求的产品。企业应当致力于用"品种战"，而非"价格战"。这类行业之所以存在产能过剩和库存积压问题，本质上并不在于消费者需求不足，而在于供给侧没有创造适销对路符合消费者需求的产品。

（2）创品牌。品牌是连接需求与供给的桥梁和中介，对于鞋服以及纺织品行业，品牌是实现附加值提高最直接也是最高效的途径。我国已经是全球第二大经济体，经济总量大约是美国的70%，但有全球影响力的品牌却寥寥无几。在2015年全球最有价值的品牌排名中，中国只有华为、联想进入前100强，而美国上榜品牌超过50个。我们生产的鞋服以及纺织制品往往在质量上已经和国外一些品牌产品不相上下，甚至已经超越，但由于不具备有价值的品牌，往往只能实现微薄的利润。厦门许多外贸企业因此走上贴牌生产道路，赚"苦力钱"。在"十三五"甚至更长的时间内，国家在品牌培育、扶持方面将会加大政策支持力度，企业品牌发展将迎来新的难得的机遇。民营外贸企业应该抓住这一机遇，努力开发有价值的品牌，提升产品竞争力。

（3）提品质。国人对苹果手机趋之若鹜、出国抢购马桶盖等现象表明消费者并不缺乏购买力，而是"中国制造"没能满足消费者日益增长的品质消费需求。当产品处于基础质量层面时，消费者对产品没有过多的期待，只能在自然生命周期里消耗，因此产品会供大于求。只有通过供给端的品质升级，才能从原有的饱和市场拓展出新的蓝海。

（三）电子信息产品制造业

作为厦门市的支柱产业，厦门电子信息产业基础雄厚，发展迅猛，是高端制造业发展的主体。目前全市有180多家电子信息产品制造企业，占全市高端制造业企业总数近30%，电子信息产品的出口在高端制造业产品出口中占比超过70%。厦门已初步形成了以火炬高技术产业开发区为主导的电子信息产品制造高地，戴尔、宸鸿科技、友达光电、冠捷显示（厦门）、宝宸（厦门）光学科技、厦门华侨电子、联想移动通信科技等电子信息产品制造企业在国内具有较高的知名度。但与宁波、青岛、大连等城市相比较，厦门市电子信息产品制造业乃至整个高端制造业面临产业延伸不够、配套服务业发展相对滞后、科技投入不足、高端人才缺乏、土地制约、发展空间受限以及电子设计自动化工具和原辅材基本依赖进口，导致外贸电子信息产品制造业利润空间狭小等问题。从供给侧改革出发，增加我市电子信息产品制造业的有效供给，是厦门市制造业主动融入全球产业价值链体系，实现制造业结构优化升级的新需要。针对电子信息产品制造业存在的问题，从供给侧角度出发，我们总结出以下行业改革思路：

（1）增加研发投入。许多电子信息制造业企业仍处在产业链中的加工、组装环节，缺乏自主知识产权，大多仍以整机和终端产品制造为主，缺乏关键核心技术和中上游配套产业，"缺芯少核"现象尚未有效突破。2015年，通信设备制造业和电子计算机及办公设备制造业R&D投入强度低于全市高新技术产业1.9%的平均水平，分别为1.8%和0.8%。创新是高端制造业的生命，电子信息产品制造业要想在市场立足，保持一定的市场份额，就必须增加企业产品研发投入。企业规模越是小，越要注重核心技术和创新产品的开发。

（2）着力营造产业发展良好的政策环境。产业发展需要长时间、低成本的宏观环境支撑，尤其是电子信息产品这类高端制造业。应全面降低电子信息产品制造企业的各种税费、融资成本等交易成本，提高供给质量与效率，改善供给结构，最终提高全要素生产率。一是切实降低融资成本。目前我市电子信息产品制造企业正处于发展期，银行贷款成本高、资金压力大，需要政府政策上解决企业贷款的成本问题。建议市有关部门成立专门用于电子信息产业的建设基金，着力解决我市电子信息产品制造企业供给侧融资成本偏高的问题。根据电子信息产业长期高投入、持续投入的发展规律，为解决发展过程中的资金成本问题，企业需要长期低成本的资金支持，因此建议专项建设基金期限设为15年，以无息贷款或1%左右低息贷款的方式支持企业发展。二是加大财税支持力度。积极落实现有的财税优惠政策；加大财政研发补贴力度，以满足制造企业同时研发几代先进工艺的资金需求；对龙头企业和重点支持企业的所得税，在累积亏损填满之前免征，提高研究开发费用的抵税额度；完善促进集成电路产业并购重组的财税环境等。

（3）完善电子信息产品制造企业高端人才培养体制。供给侧改革中关键的一点是要优化人力资本。电子信息产业是技术密集型产业，人才的重要性更加凸显。首先要从教育上应重视电子信息专业学科建设；其次要建立电子信息人才培养体系，提高教育和产业结合的力度，培育和实践紧密结合的高端人才；再者要加大对引进电子信息领域优秀人才的支持力度，研究出台针对优秀企业家和高素质技术、管理团队的优先引进政策；最后要完善鼓励创新创造的分配激励机制，落实科技人员科研成果转化为股权、期权激励和奖励等收益分配政策。

课题指导：王　沁
课题执笔：武力超
完成时间：2016年9月

强化融合进一步做强厦门软件信息产业

厦门市工商联

软件信息是厦门重点发展的产业，也是发展速度快、最具活力的产业之一。软件信息产业的迅速发展，以及互联网+制造业跨界融合，是厦门经济转型升级、供给侧结构改革和跨岛发展的重要支撑，也是建设"五大发展"示范城市的重要抓手。因此，研究软件信息产业，分析存在的问题并提出进一步做强厦门软件信息产业的政策建议，具有非常重要的意义。

一、软件信息业发展成就与机遇

（一）主要成就

发展速度快，产业规模迅速增强。"十二五"期间，厦门软件信息业业务收入年均增长28.9%，高于我市同期GDP增速18.3个百分点。2016年业务收入为1100亿元，同比增长19.3%，高于同期GDP增速11.4个百分点，是我市第五大产业链，也是我市民企占比最高的产业之一。2015年，我市软件信息业规模以上企业达960家，从业人员达14.4万人。

差异化发展，细分领域有影响力。国网亿力信通、信息集团、美亚柏科、易联众、三五互联、智业软件、精图信息、中软海晟等企业在各自领域具有较强竞争优势并处于领先地位；美图、美柚等企业在移动互联网垂直细分领域居于国内领先地位。其中，美图公司移动端用户数达12亿，是国内最大的图片处理应用软件；美柚用户数超过5000万，成为国内最大的女性健康社区；动漫游戏领域集聚了咪咕动漫、飞鱼科技、吉比特、四三九九、趣游等龙头企业，在推动动漫游戏与新媒体融合的过程中，带动一批动漫游戏内容商、运营商及影视娱乐商的发展。

竞争力增强，部分企业进入全国前列。国网亿力信通成为我市首家入围中国软件业务收入百强和首届中国软件和信息技术服务综合竞争力百强企业，四三九九等3家企业入选中国互联网企业100强。厦门中控生物识别信息技术有限公司等39家软件和信息服务业企业入选2016年福建省"科技小巨人领军企业培育发展库"，占厦门市入选企业总数1/3强。

（二）发展形势与机遇

产业地位进一步提升。我国对信息化的战略定位不断提升，党的十八大报告提出坚持走中国特色新型工业化、信息化、城镇化、农业现代化道路，促进四化同步发展，为中国的信息化发展明确了方向。2014年，中央网络安全与信息化领导小组成立，习近平总书记亲任组长并指出"没有信息化就没有现代化"。近两年，国家陆续发布了《国务院关于积极推进"互联网+"行动的指导意见》《促进大数据发展行动纲要》《国家信息化发展战略纲要》等一系列政策文件，加快经济社会各领域信息化发展步伐。

产业发展进入新阶段。信息化成为国家重大战略，增强了产业发展动能。虚拟现实、数据挖掘、深度学习、模糊识别、认知计算等新一代信息技术加速创新发展；发展网络安全、云计算、大数据等领域上升为国家战略，将为培育新业态和抢占产业发展制高点提供强大动力；智慧城市、中国制造2025、"互联网+"将为拓展创新应用和培育消费热点注入新的活力。软件信息业从消费互联网时代进入产业互联网时代，发展重心从计算机、手机智能化向工业互联网、产业互联网转移，未来将更加关注生产效率，进一步加强与制造业的深度融合。

二、存在问题和困难

（一）缺乏行业龙头，产业生态链尚待成熟

随着软件信息业的发展，龙头企业对产业生态的影响力越来越强，是产业生态搭建的关键。以小米公司为例，截至2016年，小米共投资了77家智能硬件生态链公司，30家已发布产品，16家年收入过亿，3家年收入过10亿，4家成为估值超过10亿美元的独角兽。2016年小米智能硬件生态链全年收入预计将达到150亿元。小米凭借平台优势，提供创业公司需要的、小米已有的资源，以此打破了传统家电企业与新兴智能硬件之间的技术壁垒，以及各个硬件设备之间的壁垒，将孤岛相互连接，围绕小米形成强聚合的产业生态。

厦门软件信息业"大而不强"，虽有部分企业在行业应用、垂直细分领域处于领先地位，但行业影响力较小，尚不能将自身平台优势和技术实力对外辐射，吸引初创公司和传统工业加入，形成强大的企业合力。

（二）数据开放不足，大数据发展缺少"燃料"

一方面，我市积累了大量数据资源，数据质量高、维度多样。比如，政务数据方面，我市率先建设电子政务云，采取"六统一"建设模式，收集共享诚信信息；采用标准化、规范化的公共服务流程，通过一站式的网上审批服务系统，处理并收集网络办事和网络问政的信息；建设生态环境信息监测系统，监测管理空气污染、水污染、噪音扰民、食品安全等信息。比如，医疗数据方面，我市医疗系统已实现了患者就诊只和医护人员打交道，挂号、排队、划价、缴费等环节均在系统和自助终端完成；同时，建成了我国首个区域协同医疗服务的样板项目——市民健康信息系统，目前已覆盖了占全市90%以上医疗资源的医疗机构（共79家），为厦门市85%的常住人口（约320万）建立了个人健康档案。

但另一方面，我市数据资源开放共享不够，尤其对民营企业开放不足。数据资源是企业创新的红利。2015年，国务院发布了《促进大数据发展行动纲要》，明确要建立法规制度和政策体系，在信用、交通、医疗等数十个重要领域，要实现公共数据资源合理适度向社会开放，充分释放数据红利。目前，有些省市已取得一定成绩。以高德公司为例，公司与北京、广州、深圳、天津、沈阳、大连、无锡、青岛8个城市的政府交通管理部门合作。高德把拥堵数据传给交管部门，交管部门就可以自动调节红灯长短，帮助疏堵。但我市数据资源开放共享不够，尤其是对软件信息业的主力——民营企业开放有限。数据是人工智能、大数据企业发展的"燃料"，是企业发展的数据基础。我市缺乏将数据资源开放共享的动力机

制，尚未将数据积累转化成我市经济社会发展的禀赋优势。

（三）产研互动强度不够，跨界创新有待加强

产研互动机制有缺陷。一方面，科研机构侧重以获得国家经费多少、发表论文数量、参与人学术地位高低、所获奖励级别和数量来确定科技成果的"价值"。这种认定方法，更注重科技成果的"技术价值"而非"市场价值"。院校科技人员受价值认定导向影响且对于企业和市场的需求缺乏充分了解，难以全身心投入将学院科研成果做成适销对路的商品。另一方面，多数中小企业技术人才储备不足，缺少承上启下的二次研发力量，无力承接院校转移的科技成果，致使为数众多的产学研半途而废或达不到预期的效果。同时，不少企业为了引进而引进，不注重自身技术开发人员的培养和高素质人才的引进；或一味要求科研机构将科技成果直接送到生产线上，以及负责全部的技术支持和人员培训工作，希望将过多的风险不合理地转嫁给科研机构。产研互动机制的不畅通，影响我市软件信息业的核心创新能力，尤其在大数据、人工智能等新兴领域。

此外，软件信息业与制造业进行跨界合作平台有限，制造业依旧停留在将软件信息技术作为优化生产工艺和质量管控的阶段，尚未将"智能化"作为产品的重要属性进行跨界创新、开发。

（四）企业融资问题与留人难依旧严峻

软件信息业融资难依旧严峻。第一，获取银行贷款不易。以银行为代表金融机构"重国企轻民企"，对民间投资普遍存在"惜贷"现象，在经济下行压力大时更明显。数据显示，2016年1-8月我市企业信贷增量仅占信贷增量的31%，而大型企业占企业信贷增量近8成，数量众多的中小企业获得贷款金额很有限。同时，软件信息行业多为轻资产行业，缺少足够价值的抵押物，更难以获得银行贷款。第二，股权直接融资有难度。上市融资不适合中小软件企业。截至2016年4月，我市软件园区有2000多家公司，其中有5家上市公司，12家新三板挂牌企业，占比较低。初创型企业、互联网公司处于探索盈利模式或技术路线时期，需要资金支持，但我市创业投资或天使投资体量和数量偏小。

人才获得感不强，留才不易。近两年来，我市房价快速上涨，不少人望"房"兴叹，"厦门梦"破碎离去；房价飙升也带动房租阶梯上涨，据中国房地产协会2016年10月15日统计数据显示，我市每平米平均租金41.7元/月，每月平均房租为3738元/套，而2015年我市社会平均月薪（税前）为5360元，普通工薪族单独租套房子压力很大，不少人被迫合租商品房。以前城中村是农民工的选择，现在逐渐成为不少白领的选项。调研组走访了几个城中村，如蔡塘、前埔，20平方米的一间房，月租金700~900元不等，比前些年大幅度提升。房价高企但人才薪资水平、医疗教育资源与一线城市差距较大，人才容易流失。

三、对策建议

（一）发挥禀赋优势，锻造"大而强"的软件产业

第一，稳妥开放大数据资源。我市政务信息化水平高，数据积累时间长，具备萌生政务大数据领军企业的条件。建议建立全市统一的政府数据开放平台，开展公共数据开放利用改革试点，出台政府机构数据开放管理规定；按照重要性和敏感程度分级分类，推进政府和公共信息资源开放，通过政府向企业开放数据；以大数据资源入股企业，运用市场机制促使企业优胜劣汰，确实提升历史数据的价值，形成我市大数据安全、处理技术和应用能力的产业优势。

第二，深度推进智慧城市建设。我市城市管理水平高，市民文化素质高，可尝试开发部分社区、部分公共设施等资源，同时引进多家软件信息企业进行竞争式创新，孕育不同的经营模式，为行业深度创新、差异化发展模式提供必备的条件和土壤。

第三，为"跨界"创新提供平台。软件信息业在产品功能设计、生产和管理等方面深度应用，是供给侧结构改革和工业智能化的重要抓手。以"智能化"为导向，引导软件信息业深度参与现有产品功能的升级，提高产品的附加值，推动产业转型升级；以"机器换人"为目标，推动信息软件业深度参与产业生产、管理的升级。

（二）围绕软件园三期建设高标准教育、医疗品牌，打造引才留人的旗舰

软件园三期将是厦门最大的信息软件业聚集区域，对信息软件业做大做强具有非常重要的意义。

第一，部分企业转移到软件园三期，创业创新机构将大量入驻，要引入社会资本做好阶段性的人才公寓和廉租房配套工程，利用半市场化方式运作这部分房屋，服务园区建设工作并打消信息软件人才"居不易"的顾虑。

第二，集中力量办好配套的中小学教育。集中优势资源，下大力气建设、发展、打造区域教育名校，安排名额给园区人才，作为软件园三期引进人才的金招牌。同时，对出岛发展的企业核心员工子女入学要有实打实的措施，让政策红利"看得见、够得到"，切实消除优秀人才的顾虑，集中精力创新创业，打造厦门率先发展的比较优势，为我市信息软件业转型升级打下坚实基础，进一步积蓄发展动能。

第三，做好新办医院的名医引进和日常管理工作，高起点发展好集美医疗，形成新的区位优势。

（三）运用市场机制，打造"研"和"产"融合的市场化平台

打开"产"和"研"长效、顺畅的沟通渠道。一方面，我市既有研究型大学也有应用型院校，覆盖了基础研究、应用研究和实战开发等整个研究链条，建议进一步打通不同研究链条的节点，形成研究联盟，提高解决产业需求的实践能力和研究支撑力。另一方面，产业领域要充分发挥学会、协会职能，善于提出共性问题，采用研究招标方式，高频次、重实用，借助"研"的资源发展壮大，形成专利壁垒和竞争优势。同时，引导院校考核、职称晋升方面，适度考虑研究人员在"产""研"融合中的贡献。

（四）进一步提升科技信息产业基金运作机制的市场化程度

采用恰当方式引入社会资本，放大财政资金效率，成为厦门信息软件初创企业重要的融资渠道。要进一步发挥厦门市"中小企业信贷风险专项补偿资金""小微企业还贷应急资金"的增信作用，降低小微企业的融资成本。创新金融服务模式，加强新三板、股权融资、集合债等宣传，推动中小微企业进入资本市场，拓展直接融资新渠道。

课题指导：陈永东　蓝　萍
课题执笔：武力超
完成时间：2017 年 4 月

关于海沧智能制造业发展的调研与思考

海沧区工商联

智能制造是基于新一代信息技术，贯穿设计、生产、管理、服务等制造活动各个环节，具有信息深度自感知、智慧优化自决策、精准控制自执行等功能的先进制造过程、系统与模式的总称，具有以智能工厂为载体，以关键制造环节智能化为核心，以端到端数据流为基础，以网络互联为支撑等特征，可有效缩短产品研制周期，降低运营成本，提高生产效率，提升产品质量，降低资源能源消耗。

智能制造是"中国制造2025"的主攻方向，属于信息化与工业化深度融合的核心内容，是当今衡量一个国家或地区工业化水平的重要标志，是传统制造业改造提升和战略性新兴产业发展的重要领域。大力发展智能制造，能够有效提升城市的产业层次，推动工业结构高度化，增强经济发展后劲，带动经济社会又好又快发展。

一、全国和厦门市智能制造业发展现状

我国智能制造主要围绕着高等院校和科研所，以产学研合作形式，分布在全国各地。东北地区主要围绕哈尔滨工业大学，华北地区主要围绕清华大学、北京理工大学，长三角地区主要围绕华中师范大学、上海交通大学、浙江大学，西部地区主要围绕太原理工大学、重庆理工大学，珠三角地区主要围绕深圳大学、南方科技大学、香港科技大学。在实际应用中，北京、上海、广州、深圳、东莞规模较大，领域更广。2017年以来，随着科学技术的飞速发展，智能制造业创新项目与日俱增，呈现出日新月异的壮丽景象。

目前，我市智能制造在机械、电子、五金卫浴、港口物流等行业整体技术水平较高，主要实施机械、电子行业与软件和信息服务业"硬软"双轮驱动智能制造发展战略，机械、电子行业占全市工业规模的比重达到一半以上，软件和信息服务业作为重点行业也发展迅速。2016年电子、机械两大支柱行业分别完成产值1984.80亿元和1609.30亿元，合计完成产值3594.10亿元，占厦门市产值的68.4%。全年工业产值超百亿的产业链有8条，其中平板显示产业链超千亿元，完成产值1118.60亿元，计算机与通讯设备产业链完成产值767.30亿元。全年工业总产值超亿元的企业有587家，合计完成产值4761.78亿元，占厦门市产值近九成；其中超10亿元的企业有81家，合计完成产值3293.00亿元，占厦门市产值的69.2%。近年来，我市智能制造已具备一定的基础和优势：一是智能制造基础支撑条件不断完善，厦工、思尔特机器人等一批龙头企业在智能制造领域频频发力，成功开发了一批智能装备、产品与服务。

厦门市物联网、集成电路/IC（设计、封装及测试）、电子元件封装等行业已具备一定基础，形成一批重点工程。二是培育了一批跨领域、多层级的系统集成商，系统集成商作为智能制造技术与制造业企业的一个桥梁，截至2015年12月，我市已具有系统集成资质的企业共计171家。三是重点行业龙头企业智能化升级热潮正在兴起，弘信电子、天马微、金龙汽车、盈趣科技、强力巨彩、路达等重点行业龙头企业正在掀起一轮智能化转型升级的浪潮。全球首个真正意义上的无人化全自动化集装箱码头——厦门远海自动化码头（俗称"魔鬼码头"），总投资约6.58亿元，于2016年正式投入运营；汇集厦门智能制造产业链的"机器人超市"暨"海西智能制造协同创新产业园"于2017年6月份揭幕，已有国内外知名的智能制造专业厂家德国西门子、瑞士ABB、日本安川和发那科、丹麦优傲等近50家智能制造产业上下游、优秀企业入驻。四是出台了我市智能制造的相关规划政策。为促进我市智能制造持续健康有序发展，提升制造业发展智能化水平，我市先后出台了《厦门市智能制造"十三五"发展规划》《厦门市人民政府关于加快发展智能制造十条措施的通知》《厦门市发展智能制造专项行动计划》等政策文件。

虽然我市智能制造已取得了一定的成效，但仍然存在智能制造核心技术和关键设备缺乏、智能装备和产品有待进一步加快研制开发、具有国际竞争力的骨干企业较少、复合型智能制造人才不足等问题。

二、海沧区智能制造业发展现状

近年来，海沧区按照省市的统一部署，把发展智能制造作为产业转型升级、推动供给侧结构性改革的重要路径，贯彻实施海沧区机器人及智能装备产业发展规划，强化自主创新能力，支持核心技术研发，培育发展企业主体，优化产业空间布局，完善产业生态环境，构建产业支撑体系，加速产业人才集聚，努力建设成智能装备产业基地。重点发展智能装备及其在生产、生活重点领域的应用与服务。

（一）鼓励企业加大智能设备运用

加快传统产业改造提升，淘汰落后生产工艺和技术，增强企业创新能力。根据区域的经济特点，海沧区将技改的扶持重点放在卫浴、生物医药、智能家居、运动器材、光电企业等领域。目前，松霖、威迪亚等11家企业实现"机器换人"自动化改造，其中在卫浴行业智能制造应用尤为突出，如：瑞尔特卫浴的"机器换人"项目，通过在生产线投用150台机器人，节省劳动力300人，年节省人工费用近1500万元；恩仕—威迪亚无人化、自动化、信息化的"黑灯车间"，实行24小时不停工作业，每个机器人还具有实时参数监测、机台预警、自动分选不良品、实时报工功能等，一个机器人等于20个人工的效率。

（二）着力布局智能制造产业

重点引进盈趣科技、厦门宏发机器人等一批高端智能制造实体项目，加快机器人和智能装备产业的培育和发展，形成海沧新的经济增长点和产业竞争优势。同时积极推动建设企业智能制造试点示范项目，厦门威迪亚精密模具塑胶有限公司的新型缓降装置塑件智能注塑车间、厦门瑞尔特卫浴科技股份有限公司的卫浴配件智能化生产升级改造、通达（厦门）科技有限公司的离散型手机结构件智能制造系统、厦门长塑实业有限公司的BOPA薄膜智能制造试点示范项目、厦门大千振宇集团有限公司的B2M 3D互联智造（大规模个性化定制模式）被评为2016年市级企业智能制造试点示范项目。

（三）出台相关扶持政策

目前，我区出台了《厦门市海沧区人民政府关于印发促进机器人和智能装备产业发展政策的通知》，促进机器人和智能装备产业发展政策，对钢宇工业、明达实业等 5 家台企实施自动化导入，对翔鹭化纤、腾龙树脂实施材料改制与开发。海沧还出台了"九条措施"，扶持企业完成技改，符合条件的企业最高可获得 300 万元的资金补助。

（四）积极推进专业人才培育和引进工作

一是优化人才政策体系。每年安排工业机器人及智能装备产业创新专项资金，对创新项目给予配套、贴息、补助和奖励。二是推进公共服务平台建设。鼓励行业协会、中介机构以及其他符合条件的组织在海沧建设公共服务平台，开展产业发展研究、政府决策咨询、人才培养与交流等产业服务工作。对开放式、专业化共性技术服务平台建设，按项目软硬件投入的 50% 给予补助，最高 1000 万元。三是建立新型人才服务窗口。成立新型人才沙龙，建立人才俱乐部，组织人才联谊活动，为专业人才打造交流经验、传递信息的平台。

三、海沧区智能制造业存在的主要问题

整体上，海沧区智能制造产业仍然处于起步阶段，龙头企业少、产业规模小，基础部件和核心技术对外依存度高，应用市场有待进一步开发。客观上要求进一步加快智能制造发展步伐，提升海沧区智能制造产业整体竞争力。

（一）总体产业规模偏小，龙头企业实力偏弱

海沧区企业普遍规模较小，品牌知名度低，行业应用处于较低级水平，具有国际竞争力的骨干企业较少。龙头企业是智能制造的"先锋队"和"主力军"，在智能制造发展过程中具有带动各行业智能化转型升级的重要作用。目前，我区机械、电子、软件、信息行业规模仍然较小，产业组织协同发展能力偏弱，龙头企业主导带动作用不强。虽然盈趣科技、宏发工业机器人、威迪亚等重点企业在各自领域具有较强竞争优势，但数量仍然较少，且与国内外知名大型企业相比，规模产值仍然较小，国际知名度不高。如：厦门宏发 2016 年营业收入 50.8 亿元，其中工业机器人营业收入仅 2300 万元；盈趣科技 2016 年营业收入也只达到 16.48 亿元。

（二）技术创新水平不高

核心技术和关键设备缺乏。目前海沧区智能制造发展侧重于技术引进和关键设备进口，智能制造方面的核心技术储备较少，关键设备对外依赖程度较高，原始创新不足。如控制系统、系统软件、自动排程系统、感知和在线分析技术等核心技术环节基础薄弱。

（三）企业认识存在偏差

一是建设新的智能生产线，面临资金不足、厂房不够等问题；二是自己对现有生产线进行改造，面临技术水平、工艺水平、智能水平、稳定性、资金投入以及时间成本等问题，而且存在停工停产的风险；三是请专家对现有生产线进行改造，面临商业机密泄露的风险。因此，企业普遍认为智能制造属于"高端装备"而非"大众产品"，从而产生望而却步、敬而远之的心态而拒之门外。由于存在部分制造业企业不够重视智能转型升级的长期效益，对智能装备和产品的研发积极性不高，投入力度不够，导致产值规模和市场影响力偏小。

（四）复合型智能制造人才不足

智能制造过程高技术、高知识、高复杂度的特点决定了其对于高端专业技术人才和高技能人才需求量较大，目前海沧区智能制造人才缺口较大。电子、机械、信息等专业性技术人才较少，高才生毕业留在本区的比例更低，加剧了智能制造人才的供给不足。

（五）智能产业链不完整，集聚度不高，配套不到位

海沧区智能制造生产企业非常分散，智能制造应用企业与智能制造生产企业之间缺少沟通，智能制造生产企业与智能制造零部件生产企业缺少沟通，导致智能制造产业链不完整，智能制造生产企业零部件主要靠进口，而没有形成智能制造上下游产业链。

四、促进海沧区智能制造业发展的几点建议

为了紧紧抓住实施"一带一路""中国制造2025"和建设"海丝"核心区等重大机遇，促进海沧区智能制造持续健康有序发展，推动制造业转型升级提质增效，提出以下建议：

（一）培育一批具有示范带动作用的智能制造龙头企业

以电子信息、生物医药、新材料、卫浴橱柜、信息产业等重点优势行业为突破口，聚焦智能制造关键环节，大力推广工业机器人、智能物流装备、智能基础制造装备等在本区优势行业的集成应用，培育一批智能制造龙头企业，并充分发挥龙头企业示范应用的带动作用，加快辐射带动其他行业智能制造发展。

（二）加大国内外先进机器人企业招商力度

瞄准国际国内先进智能装备制造企业，有重点地开展点对点招商对接，力争引进若干家有国际国内影响力的龙头企业。加强与智能制造产业发展较好的地区和具有较高影响力的智能制造商协会沟通联系，组织产业专题推介活动，大量引进机器人企业落户，形成产业集群。

（三）成立海沧区智能制造专家小组

由区政府相关职能部门牵头，组织盈趣科技、厦门宏发、威迪亚等智能制造企业的专家，以及生物医药、卫浴、电子、新材料等行业的专家，成立海沧区智能制造专家小组，帮助海沧区制造业进行技术改造升级，形成智能化、信息化生产线，提高生产效率和产品质量，以及提高企业的市场竞争力和所在行业的地位。

（四）加大财政扶持力度

一是充分利用现有财政专项资金。建议厦门市、海沧区两级现有战略性新兴产业专项资金、产业转型升级专项资金、信息化发展专项资金、中小企业发展专项资金等进一步向智能制造领域聚焦，支持智能制造关键技术与核心部件突破、智能装备与系统开发、公共平台建设、制造业智能化改造计划、示范基地建设、重大项目建设、骨干企业培育、人才引进培养等工作。二是设立海沧区智能制造发展基金。按照"政府引导，市场运作"的原则，探索设立智能制造发展基金，引导和支持社会资金进入智能制造投资领域。重点支持智能化制造、智能装备和产品、智能制造新业态新模式、智能化管理、智能服务等领域的创新发展项目，尤其是对高端智能装备、新能源及节能环保、新材料、新一代信息技术、生物医药

为方向的万亿级智能制造业新兴支柱产业培育予以重点支持。对上述智能制造业新兴支柱产业的标志性重大项目落地、关键核心技术攻关、重大兼并重组、颠覆性创新成果转化等按"一项目一议"方式给予支持，对重点企业新技术研发及产业化、扩产增效、产业链上下游配套协作等给予补助。充分统筹整合现有资金渠道，进一步加大对相关制造业的研发、中试、产业化、产学研合作、创新平台建设等的支持。

（五）加快智能制造领域高水平人才队伍建设

一是加强高层次人才引进与培育。大力支持引进国内外高层次、紧缺急需的智能制造优秀人才与团队，对有关人员及直系家属开通岛内落户绿色通道。鼓励高等院校、科研机构等拥有智能制造科技成果的科研人员，依据福厦泉国家自主创新示范区股权激励等有关政策，创办智能制造领域的科技型企业，并持有企业股权。二是加强技能型和应用型人才培养。支持厦门大学、集美大学、厦门理工学院、厦门城市学院等高等院校和职业学校开展智能制造学科体系和人才培养体系建设工作。三是鼓励校企合作开展智能制造"订单教育"。支持高等院校、职业学校等与企业、中介组织联合建立厦门市智能制造产业与教育研究院，打造多层次、宽领域的智能制造人才实训基地，培养一批能操作、懂调试、会研究的复合型和应用型智能制造人才。

（六）增强智能制造领域的自主创新能力

鼓励海沧区研制开发智能装备、产品与服务的龙头企业加强与国内外知名企业、科研院所合作，打造开放式创新网络，突破一批关键共性技术，布局和积累一批核心知识产权。推动智能制造装备产业集群建设，加强基于互联网的区域间智能制造资源协同。面向厦门市及周边地区智能制造发展需求，依托重点企业、高等院校、科研院所和中介组织创建"海丝"核心区智能制造创新服务平台，并加快建立面向企业服务的关键共性技术创新平台、智能制造研发设计平台、智能产品质量检测及认证公共服务平台、公共信息和数据服务平台、创新创业平台以及成果应用示范及推广平台。积极打造"'海丝'核心区智创中心"，形成良好的产学研协同创新机制，鼓励优势企业向用户和爱好者开放资源，打造智能制造领域的众创空间。

（七）加大宣传力度，营造智能制造产业发展的良好氛围

一是要开展智能制造产业与技术成果交流活动，组织国内外智能制造产业的企业和专家来海沧展示与交流，推动智能制造装备企业与国内外同行间的技术交流与合作。同时鼓励并组织企业"走出去"参加国内外重大展会活动，将海沧智能制造推向国内其他城市和国际市场。二是要积极为智能制造企业提供产业政策、科研技术、产品服务、应用需求等各方面的信息，满足企业合作交流、产品销售、技术应用的需要。三是要积极开展智能制造产业与技术的专题宣传活动，努力营造推动智能制造产业发展的良好氛围，加快推进海沧区智能制造产业的健康发展。

课题指导：曾世秦
课题成员：庄旭初　邓捷勇　林　峰
课题执笔：邓捷勇　林　峰
课题完成时间：2017年11月

工作研究

GONG ZUO
YAN JIU

厦门市商协会发展报告

厦门市工商联

一、厦门商协会的起源

商会，也称商协会，一般是指商人（即非公有制经济人士）依法组建的，以维护会员合法权益、促进工商业繁荣为宗旨的社会团体法人。商会的出现系商人从单打独斗到抱团发展，从个体发展到寻求合作思维的转变。

商会，是商品经济的必然产物，是市场经济条件下实现资源优化配置不可或缺的重要环节，是实现政府与商人、商人与商人、商人与社会之间相互联系的重要纽带。商会作为政府和企业的桥梁纽带，在运用市场手段组织社会力量、动员广大企业参与经济建设、维护市场经济秩序和行业自律、推动协同发展方面具有不可替代的作用。

行业商协会的发展已有上千年的历史。最早的行业协会起源于欧洲中世纪的基尔特（Guid），是由同行业的商人组织起来的自治团体。1599年法国马赛商人组织起现代意义上的第一个商会。而厦门商会组织亦有百年历史，清政府商部于光绪三十年（1904年）将厦门列入"商务繁荣之区"，定为"应设（商务）总会之处"。同年，厦门商务总会成立，厦门商人开始拥有自己的组织，是福建省最早成立的商务总会。

历经百年的厦门商协会组织从无到有、从小到大，行业涵盖不断扩大，会员数量不断增加，它们在团结调动商人、个体经营者（即非公有制经济人士）服务经济建设、推动地方事务、参与政治活动、开展对外联络等方面，均发挥了极其重要的作用，充分体现了商协会组织的重要性。

二、厦门市商协会发展现状及特点

新时代，厦门商协会组织在厦门总商会的指导、引领下，逐步形成了覆盖全厦门的商协会组织网络，在发挥服务企业会员、助推经济发展、促进和谐社会等方面起着十分重要的作用。以"统战性、经济性、民间性有机统一"作为商协会组织建设发展的指导思想，厦门商协会组织得到了长足、健康、蓬勃的发展。

（一）数量

总体上，厦门总商会直属商协会组织的数量一直趋于相对稳定的状态，2014年年末，党的十八届三中全会提出限期实现行业协会商会与行政机关真正脱钩；2015年7月，中共中央办公厅、国务院办公厅印发《行业协会商会与行政机关脱钩总体方案》，要求各级行政机关与其主办、主管、联系、挂靠的行业协会商会实行脱钩。为贯彻落实中央文件精神，从2014年年初开始，厦门总商会开始大力在全市经济类社团中吸纳团体会员，2015年8月，市委市政府将70多家在厦异地商会的主管部门由经信局转到了总商会，由此厦门总商会的商协会组织数量有了一个量的突破。截至2017年8月底，厦门总商会共有商会组织155个，其中：147个为市级商会，8个为省级商会（秘书处办公场所在厦门）；按属性分类，异地商会97个，行业商（协）会40个，特定对象商会18个。总商会商会组织覆盖厦门市商会组织总数的66.36%。

（二）规模（会员数量）

从问卷调查的统计结果看，各商协会组织近年吸纳会员的能力不断加强，商协会组织的会员规模不断扩大，其中不乏会员数逾千的商协会组织，如厦门国际商会。各商协会企业会员总合逾万，且会员企业中不断涌现出国内知名、行业龙头民营企业，会员企业以商协会为依托，发挥行业或地区优势，抱团发展、取长补短，为厦门市民营经济带来了强劲的发展力量。详见图1。

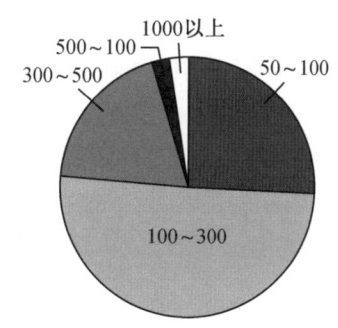

 图1 厦门总商会商协会组织会员分布情况

（三）涵盖行业

厦门总商会的行业商协会数量由2012年年底的12个增加到现在的40个，行业覆盖纺织服装、百货、美容美发、房地产、电脑、喷绘、果品、畜牧、五金、古玩、拍卖、物流、茶业、电子商务、网商、跨境电子商务、家庭服务业、文化娱乐行业等，基本涵盖了主要的传统行业、支柱产业和新兴产业。

（四）发展特点

近年来，商会组织在发展过程中，主要呈现以下特点：一是覆盖越来越广泛。一方面着力抓组建，积极引导条件成熟的行业、区域或市场组建商协会组织，尤其是对新兴行业、热点行业，比如2016年刚刚成立的厦门市定制家居产业协会；另一方面着力抓吸纳，利用行业商协会与政府及职能部门脱钩的机会，将其吸纳为团体会员。二是管理越来越规范。针对商协会的组织运作展开的调查结果显示，商协会组织都具备完善的组织制度及规范的运作程序，在会议召开、重大事务决策、财务管理、商协会活动等方面均表现良好。在2016年有多家商协会组织荣获5A及4A社会组织荣誉，包括厦门市物流协会、厦门市物联网行业协会、厦门市山东商会、厦门市抚州商会。

三、厦门市商协会的作用

（一）成为区域合作的重要资源

厦门市异地商协会是促进区域经济合作的重要桥梁与纽带，无形中拉进了厦门与其他城市的友好关系，积极推动厦门与异地企业的经济合作意向，带动多地经济齐步发展。另外，厦门总商会还积极响应国家"走出去"的号召，积极推动厦门与境外的经贸合作关系，如2016年举办了"厦门—（法国）尼斯经贸旅游投资说明会""泰国新投资机遇介绍会""香港展会推介会""走进新加坡——福建企业投资东盟的最佳选择"等多场推介会。

（二）成为招商引资的重要抓手

厦门市各商协会发挥"以商招商"的独特优势，引导广大闽商心系故里，关心、支持和参与家乡建设。2015年，为向京、沪、广、深等重点地区的闽商社团推介自贸区相关政策组成的招商小组，所到之处均受到热烈的欢迎，赴京的推介引发了一轮在京闽商返厦投资的小热潮。2016年春节期间，市工商联举办了"2016市政府领导与返乡闽籍企业家座谈会"，市领导同与会闽商亲切交流，了解企业投资意向，听取与会闽商的意见建议；2016年6月，在第五届世界闽商大会期间，市工商联举办了厦门分会场座谈会（来自海内外的近80位闽商参会），向与会闽商介绍厦门市"十三五"产业发展规划，并推介了厦门自贸区招商及产业扶持政策；2017年"9·8"投洽会期间，总商会联合市商务局举办了厦门市海内外华商及闽商对接会，向海内外与会商人推介新的投资项目。总之，通过商协会搭建的平台，切实提升了政府与商人之间的互动联系，助推了厦门市的经济发展。

（三）成为凝聚商人的重要平台

由厦门总商会和台北市商业会共同举办的"中国（厦门）商人节"活动已经成功举办了两届，2016年的商人节仍旧吸引了海内外的千余位商人代表参与，商人节期间组织了2016年"寻找厦门新经济领军人物"评选活动、"购实惠，购时尚"惠市活动、"爱在路上"公益长跑比赛、高尔夫球邀请赛、帆船体验赛等活动。将每年11月1日作为商人专属的节日进行庆祝，是全国政协副主席、全国工商联主席王钦敏的寄希望商人节逐步成为两岸民间商业交往的重要渠道，全世界华商之间互动合作的重要平台。除此之外，各商协会亦积极开展信息、维权、融资、培训等服务，定期组织会员活动，积极打造商会之家，服务会员企业，实现商人抱团发展。

（四）成为促进和谐的重要力量

厦门市工商联发出"守法诚信、共创文明树新风"的倡议书，号召广大非公有制经济人士积极投身理想信念教育实践活动，重礼守信、文明经营，推动形成诚信为本、操守为重、守信光荣、失信可耻的市场环境。引导会员致富思源、回报社会，积极参与光彩事业和公益慈善事业。2015年，开展了"2015年百商万人献血公益行"活动，全年共有32家商协会、71家企业共计7500人参加无偿献血活动，成功献血5600人次。各区工商联积极开展光彩事业，据不完全统计，海沧区工商联2015年动员会员企业进行光彩事业活动约达350万元；湖里区工商联动员会员企业踊跃捐资捐物达1000多万元。2013年成立的同安区商会爱心基金，也已捐资68.6万元，帮助贫困群众、贫困大学生、贫困高中生500多人。"百企帮百村"精准扶贫行动也在持续进行中。2016年9月，超强台风"莫兰蒂"正面登陆厦门，给厦门造成重创，总商会所属商协会、团体会员单位，发挥团结、组织、协调、引领作用，组织会员企业同心合力抢险救灾，积极引导企业投入灾后重建，行动中涌现出了很多感人事迹，展现了非公经济人士爱国爱乡的精神情怀。勿以善小而不为，点点滴滴的小事汇聚了促进和谐的大力量，为"美丽厦门"的创造写下了大大地一笔。

四、制约厦门市商协会发展的瓶颈

（一）管理体制不明确，缺乏监督管理职责

据民政局统计数据显示，厦门市有经济类社团217个，已加入厦门市工商联（总商会）的团体会员共155个，占比66.36%，仍有70多家经济类社团在厦门总商会的指导之外。另外脱钩后的部分商协会组织将从双重管理体制中走出来，处于"无主管"状态。应该说这是我国商协会发展过程中迈出的重要一步，但是与商协会自治相匹配的监督管理法规却没有随之出台，显然不利于培养脱钩后的商协会组织的自律意识，亦不利于促进其健康发展。

（二）商会秘书长、专职工作人员的素质有待进一步提高

就商会秘书长的学历等方面展开的调查结果显示，49%的秘书长具有大学以上的学历，40.8%的秘书长具有专科以上学历，年龄比较集中在40~60岁区间，且专职秘书长仅有28.6%；仅63.3%的秘书长每年会参加专门培训，每年培训的次数仅在1~3次而已。总体而言，秘书长的年龄结构偏大，兼职过多，文化水平还可以，定期培训力度不够。

就秘书处专职工作人员的情况展开的调查结果显示，秘书处平均具备1.9位专职工作人员，平均年龄在33岁，34.7%的秘书具有大学以上的学历，55.1%的秘书具有专科以上学历，59.2%的秘书每年会参加专门培训，每年培训的次数仅在1~3次。总体而已，秘书处专职工作人员的学历偏低、定期培训力度不够、平均数量太少，有些商协会甚至不具备秘书处专职工作人员。

秘书长是商协会管理的执行者，秘书处专职人员是商协会工作的实施者，两者是商协会组织运营的关键性人才，应给予重视。首先，在人才选拔时就需要高标准严要求；其次，在选定人才后，还要进行持续的培养与培训。调查显示秘书长、专职秘书最希望参加关于经济及企业管理知识的培训；其次是政策及形势分析；再次是组织策划、人际交往、宣传发动及协调安排能力。

（三）商会组织的党建工作有待进一步理顺

通过向商会组织问卷调查结果显示，厦门市商会组织中设立党组织的占30.6%，没有设立党组织的占69.4%，设立党组织的商会60%配有专职党建工作人员。党建工作与统战工作同根同源，做好商会组织的党建工作是引领团结非公有制经济人士的重要途径。

（四）商会组织在自身发展、服务会员方面有待进一步完善

由于管理体制本身存在着一定的问题，转嫁至各商会组织内部，就造成其职能不足、功能缺失、公信力下降等诸多问题。

就商会组织的主要问题与困难展开的调查结果表明，商协会组织面临的主要问题及困难集中在经费短缺及缺少政府部门支持两项。详见图2。

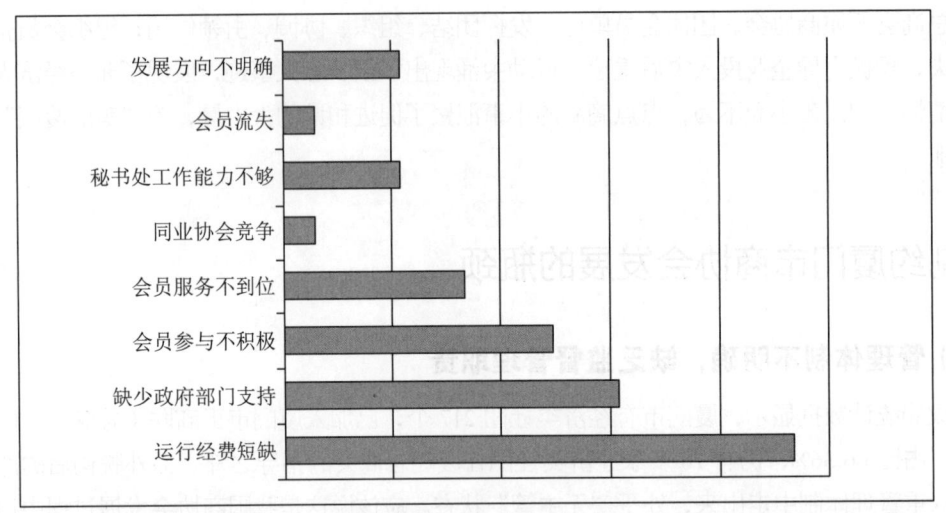

图2　商协会发展中面临的主要问题及困难（多选项）

五、促进厦门市商协会发展的建议

（一）营造良好的法制环境

首先，加快商会立法建设。目前，商协会运作的主要法律依据是《社会团体登记管理条例》，已很难适应新形势下商协会建设与发展的现实需要。商协会组织在履行应有的职能时，因法律依据不充分，大大限制了其发展和职能的发挥。很多商协会组织难以有效地反映会员企业的利益，不能为会员企业提供相应的服务，因而得不到会员的承认和支持，公信力下降，也就无法真正成为政府和企业之间的桥梁和纽带。政府没有从法律上给予商协会以职能和生存发展的足够空间，使其地位和职能缺少法律的保证，让商协会在履行管理职能时只能号召却没有法律依据和保障。这是绝大部分商协会面临的共同问题，也是制约商协会发展的主要问题。因此，制定《商会法》，用法律手段确立商会组织的法律地位和性质，明确相应的职责、权益和义务，才可保证商会组织健康有序地发展。当然，一部法律的制定不可能是一蹴而就的，而应该是一个动态的过程，需要不断地进行修改和调整，以便更好地适应实际情况。在学习西方商协会的先进管理理念的同时，应充分考虑适合我国国情的法律制定。

其次，在呼吁立法建设的同时，不能忽略与法律制度框架相应的对商协会组织的管理机构，从而健全完善对商协会组织的监管机制。

（二）理顺商会管理体制

一方面，切实加快政会分开步伐。依据2015年7月中共中央办公厅、国务院办公厅印发的《行业协会商会与行政机关脱钩总体方案》的要求，积极推进各级行政机关与其主办、主管、联系、挂靠的行业商协会在职能、资产、财务、人员等方面的全面脱钩。

另一方面，切实推行以总商会来管理行业商协会的机制。助推各商协会以团体会员的身份加入总商会，由总商会指导商协会加强行业协作和自律，制定行业标准与行业规划，实现工商联对"脱钩"商协会的业务指导和政治引导。

（三）加强总商会的指导作用

政会分开、全面脱钩以后，总商会所属的商会组织成为其基层组织和工作依托。总商会有责任和义务对所属商协会组织进行指导、引导和服务，对所属商会会员开展思想政治工作、教育培训，对主要负责人进行考核。

搭建服务平台，发挥职能作用。工商联要主动当好商会的联合组织角色，当好指导引导服务、保障健康发展的角色。要搭建好法律服务平台，优化非公企业发展环境；搭建好经贸服务平台，加强企业之间的交流；搭建好融资服务平台，拓宽非公企业融资渠道；搭建好政策落实平台，帮助非公企业解决实际问题。

重视教育培训，提升管理水平。首先，要重视会长、秘书长的选任工作，对会长人选及秘书长人选进行考核，确保让思想政治性强、行业代表性强、参政议政能力强、社会信誉好、会员认可度高、热心商会工作、企业具备一定规模的人士作为会长人选；让理想信念坚定、组织协调能力好、执行力强的人士作为秘书长人选。其次，分层次、分类别定期对商会会长、副会长以及秘书长等专职工作人员开展理论政策培训和办会能力培训，切实提高商协会组织专职人员的管理水平。

加强商会党组织组建工作。完善商会组织党建工作，探索商会党建工作归口管理。完善商会党组织设置形式，扩大党组织在商会组织的覆盖面。探索商会组织中党组织负责人选拔培养方式，充分发挥商会组织中党组织和党员的积极作用。

但是，需要强调的一点是，总商会对于所属商协会组织也仅仅有指导、引导和服务的责任和义务而已，并不具备真正意义的管理职能。也就是说，所属商协会对总商会的指导可听可不听、可理可不理，并没有制定相应的法规来约束商协会组织的行为，长此以往，不利于脱钩后的商协会组织发展。个人认为，明确监督管理职责，明晰究竟由谁来负责，并制定出完善的法规制度，是促进商协会组织自律意识和自身健康发展的关键环节。

（四）加强商会能力建设

在实施政会分开的时间节点，商协会组织自身的能力建设将成为其站住脚跟、健康发展的关键因素，加强自身建设、提高办会能力，尽快从原有的管理体制的影子中走出来，走出一条适合新形势的发展道路，是今后一段时间商协会组织的工作重点。

首先，要明确自身的定位。商协会组织是本地区或本行业会员企业的协会，其主要功能是代表和维护本地区或本行业的利益，主要职责是为会员提供服务，在充分服务好会员的同时建立起威信亦形成了自律，在自律的基础上对企业形成管理与约束。商协会组织要清晰地认识到其自身是政府与企业间的桥梁和纽带。

其次，重视人才的引进与培养。新形势下商协会组织的发展建设，人才是关键。前面的调查结果显示，商协会组织内的管理人员兼职偏多、年龄偏大、文化水平不高，且部分商协会甚至不具备专职工作人员，也不重视专职人员的培训工作。人才不够、能力不足自然会导致办会能力减弱，这是多数商协会组织存在的问题，需要引起重视。

再次，拓宽资金来源渠道。资金不足是影响和制约商协会发展的重要原因之一。调查结果显示，多数商协会仍以收取会员会费作为主要资金来源，资金来源渠道单一，且在服务会员不到位的情况下，会费也难以收取。从国外的情况看，政府采购或政府委托的方式为商协会组织提供了60%左右的资金，如开展行业统计、行业调研、行业报告等为政府制定政策提供有力的依据。目前有些商协会组织因自身能力有限，还无法承担这样的职能，但不妨将它设为未来发展的方向去努力。除政府采购或政府委托外，以商养会也是拓展资金来源的方式之一，部分商协会组织已经在试探开展，可以相互学习借鉴。

最后，加强自律管理。自律是一个组织健康发展的不二法门。自律管理能力的高低直接影响着组织发展的一系列问题。自律能力强，会员企业认同，公信力提升，影响面扩大，可以吸引更多会员企业加入；反之，则会将组织带进不良循环困境当中。

总之，在法律法规、政策环境、人力资源、经济支撑等多方面，商协会组织都不同程度地存在着匮乏窘迫的问题，要解决这些问题不是短期内能完成的，涉及社会的方方面面，既有制度建设也有法律完善更有观念的更新、体制的弥补，它的发展与社会政治、经济、民主、文明进步直接相关，必将经历一个漫长的过程，需要有计划、有目标、有制度地循序渐进地逐步完成。

课题指导：陈永东　蓝　萍
课题执笔：高　寒
完成时间：2017 年 10 月

关于推进民营企业诚信体系建设的思考

厦门市工商联

民营企业健康发展需要诚实守信的市场环境，民营企业是市场经济的主体，全面深化社会主义市场经济体制改革，需要诚实守信的主体和市场环境，信用问题已经成为时下最受关注的社会热点话题之一。对社会而言，诚信是当前推进社会主义核心价值体系建设最为重要的思想资源之一。对民营企业而言，诚信是一种企业经营文化和价值理念，是企业的形象展示和声誉保证，是企业的核心竞争力，更是企业应该承担的基本社会责任。

民营企业无论是从壮大自身发展需要，还是从推动社会和谐发展出发，都必须建立以诚信为核心和基础的企业文化和企业价值观念。诚信缺失，不仅大幅度增加了企业的运行成本，严重制约了企业的健康发展，而且扰乱了社会的经济秩序。作为市场经济的主体，企业的诚信状况不仅直接关系到企业自身形象和自身利益，而且关系到整个社会的正常有序运行。

对企业来说，诚信的重要性主要体现在以下几个方面：第一，诚信是市场经济条件下企业的通行证。企业的诚实守信日积月累就能形成良好信誉，在生意往来中处于有利地位，成为扩大交往、促进合作、走向成功的通行证。第二，诚信是企业生存发展的保证。在高度商业化的现代社会中，对于企业而言，诚信是一块金字招牌，是企业的基础和生命线。只有实现诚信基础上的客户认同感，企业才能长期受益。第三，诚信是企业参与市场竞争的有利武器。商场如战场，市场竞争实际上是一场没有硝烟的信誉战。谁赢得了优良的市场信誉，谁就能更好地争取客户，进而最大程度地占领市场。第四，诚信是企业自我创造、建立、形成的强大的无形资产。诚信作为一种特殊的资源，它体现在企业的市场开发、品牌塑造、客户资源运用、融资、理财等多个领域，比有形资产更加可贵。

一、民营企业诚信存在问题及原因分析

目前信用缺失问题已成为影响私营企业生存发展的关键性问题。一是受传统观念影响，民营企业的社会认同感比较低。谈及私营企业，公众往往有"私营企业信誉差"的认识，为了塑造在人们心中的好印象，民营企业必须加强诚信建设。二是多数的民营企业规模较小、实力较弱。为了能在激烈的市场竞争条件下有一席之地，一些民营企业往往选择丢掉信誉保眼前利益。实际上，越是规模低、实力弱的企

业越要注重诚信建设,在激烈的市场竞争条件下,找准市场定位,以信誉求得生存发展的机遇和条件。三是民营企业经营管理水平较低。大多数私营企业是家族制,有时,为了获取利益,违反诚信、有悖道德也在所不惜。这无疑是杀鸡取卵的愚蠢行为。为了企业的进一步发展,必须加强诚信建设。四是民营企业目前诚信缺失问题确实较多。失信已经给私营企业贷款、招工、客户往来等各个方面带来了极大困难,成了私营企业发展道路上的"瓶颈"。

显然,民营企业的发展中,其生存环境、竞争条件都相对较弱,在资金、设备、技术、人才、管理等各方面难以与其他类型的企业,尤其是大企业抗衡。在这种形势下,唯有特色和信誉最重要。但特色的形成也要依赖于上述各种客观条件,只有信誉是首先从主观上可以认识并努力创造的。而诚信正是信誉创造的基石。所以说,私营企业的诚信建设迫在眉睫。

(一)民营企业在诚信方面存在的问题

民营企业有很多发展亮点。但我们也应该清楚地看到,见利忘义、制假造假、偷税漏税、不正当竞争和劳资关系不协调等现象还时有发生,民营企业在诚信方面还存在较多不容忽视的问题:一是产品质量偏低,假冒伪劣层出不穷,以次充好较为普遍,严重扰乱了市场经济秩序,败坏了民营企业的形象;二是民营企业工会组织作用发挥不够,其劳资纠纷比其他企业增长快,使企业无法吸引优秀的员工,限制了企业的发展;三是财务不够透明,一些民营企业在税务信用、贷款信用、财务信用方面存在不良状况;四是公司治理薄弱,私营企业以家族制居多,企业领导人搞一言堂,订好的规章制度形同虚设,管理不规范;五是赖债、躲债、恶性逃避债务的现象时有发生,使民营企业之间存在大量且长期不能缓解的相互拖欠款,严重影响了民营企业的发展后劲;六是毁合同、打官司事件时有发生,据统计,目前我国每年订立的合同大约有40亿份左右,但合同履约率仅有60%左右,导致私营企业在交往过程中提心吊胆,交易成本大大增加;七是民营企业间的不正当竞争也是其信用缺失的一种表现。包括假冒他人的注册商标,捏造、散布虚假事实,损害竞争对手的商业信誉,为了排挤竞争对手,搞低价倾销等,导致广大消费者对私营企业整体不信任。

(二)民营企业失信的原因

造成民营企业失信问题既有企业自身原因,也有外部环境。

从外部环境来讲,一是政策法规的缺位。我国现行的法律体系对债务人履行义务的约束不完善且不具有强制性,使许多债务企业能够钻法律的空子,乘机逃避债务。同时,对国有企业和私营企业的政策、法律、规范和约束不同,使私营企业在市场进入上有很多限制。二是市场监管力度不够。它使企业觉得有机可乘,为民营企业制假、贩假提供了温床。信誉好的企业得不到有效的保护,信用差的企业却能凭着价廉畅通无阻。久而久之,许多民营企业从维护自身利益的角度出发,就向着"低信誉、高收益"的方向发展。三是社会环境的影响。社会舆论过多披露失信的私营企业,忽略了正面宣传,挫伤了私营企业树立诚信价值观的积极性。另外,私营企业之间也相互影响。一旦一家私营企业在经济交往中受骗,为了将损失降到最低,它又会用同样的伎俩去骗别的企业,使坑蒙拐骗形成恶性循环。

从企业自身分析,原因也是多方面的:一是发展基础薄弱。私营企业多是白手起家,没有很殷实的家底,在激烈的竞争面前,为了维持生存、谋求发展,往往选择投机取巧。二是受利益的驱动。我国真正意义上的买方市场尚未形成,商品买卖过程中的主动权仍旧掌握在卖方手中,只要生产出来的产品有销货渠道,利益驱动下的制假贩假就不会停止。三是管理水平低。私营企业缺乏管理人才,很难获取及时准确的市场情报,果断的分析与决策更是难上加难,唯有靠不正当竞争等失信手段牟取利益。四是竞争实力弱。在资金、技术、设备、人才等各个方面，私营企业都无法与其他类型的大企业抗争，在这种状况下，靠假冒伪劣、投机取巧赚钱便自然而然地成了它们的首选。五是民营企业的自律性较差。民营企业普遍采用家族制，结构不合理，机制不健全，企业领导人的权力不受监督，唯利是图是其本性，为了牟利可以不择手段。

二、打造守法诚信的信用环境

企业的诚信建设须有制度保障，当务之急是建立民营企业诚信评价体系。

（一）强化社会诚信意识

要争取优秀民营企业家理解、支持和参与，借助民间组织和社会力量，形成合力，共同推动这项创新性工作，而且这项工作具有一定的专业性、复杂性、权威性，相关部门应保持密切联系与合作。由发改委、工商局、人民银行联合牵头加快推进社会诚信体系建设，加大诚信体系宣传教育力度，各职能部门创新举措、加强引导，督促指导广大企业加强企业信用制度建设，提高企业主增强诚实守信意识。工商部门在民营企业、个体工商户中广泛开展以"诚信、责任"为核心的价值观大讨论，营造"诚信立业、实体兴业、创新强业"的良好氛围；质监系统在全市企业和行业协会间发起"强质量守诚信促发展"的倡议。

（二）发挥商会、行业协会的引领带动作用

当前，许多骨干民营企业积极加入行业协会商会，它们参与行业商会各项活动，商会起到了不可或缺的桥梁纽带作用。要积极组织商会会员推行行业信用承诺制度，由企业主动发布综合信用承诺或产品服务质量等专项承诺，并签订承诺书，向社会公示，努力形成诚信示范模范效应。

落实加强创新社会治理要求，推动社会组织参与市场监管，建立健全以信用体系建设为核心的行业自治、企业自律制度，逐步推进社会多元共治局面，推动完善总商会会员企业信用管理、信息采集、共享机制，将严重失信行为记入会员信用档案。鼓励行业协会商会与有资质的第三方信用服务机构合作，开展会员企业信用等级评价，作为市场主体经济往来中的信用凭证。支持行业协会商会按照行业标准、行规、行约等，对守信会员企业实行激励，视情节轻重对失信会员企业实行警告、行业内通报批评、公开谴责、不予接纳、劝退等惩戒措施。构建政府监管、行业自治、企业自律、社会监督"四位一体"的治理结构，提高市场监督效能，实施社会共治。

（三）完善信用监管机制。

全面落实信用评价、信用分类监管、信用反馈、信用提示、信用修复、信用公示、信用奖惩等信用监管制度，把市场主体纳入信用监管之中。招投标中心在进行省下放重点项目进场交易时使用信用报告制度，工商部门在探索信用监管新方式上，通过信用征集、信用评价、信用披露、社会化应用等方式，用激励、教育、限制、惩戒等手段，对行业实施信用监管，促进工商信用监管职能的深化、拓展和创新，采集相关信用信息，建立行业科学的信用指数指标构架。

（四）加强重点领域建设

开展重点领域信用监管整治，明确各单位任务分工和工作进度，工商部门牵头对社会中介领域突出问题进行进行专项治理，推进中介机构工商登记与监管整治工作；税务部门联合在全市范围内开展纳税

信用等级评定工作，对不同信用级别纳税户实施分类管理；财政部门开展注册会计师、注册资产评估师任职资格检查和会计师事务所保持设立条件专项检查，促进行业健康发展；金融系统积极动员、部署机构信用代码推广应用工作。在数据征集上，重点突出企业登记注册基本资料处罚信息、个人身份信息、贷款诚信信息、个人未履行法院生效裁判失信信息、企业纳税信息、招投标违规记录信息等35项数据信息收集。

（五）有序推进信用平台建设

加快推进信用信息综合系统建设，着重围绕"五个一"建设：建设一个信用网站，开发或引进一个数据交换平台，明确一套信用信息认定标准，制定一套数据采集办法，明确一个信用数据应用机制。为社会信用体系提供服务和应用的技术支撑，为信用征集、信用评估、信用查询、信用公示、信用管理等提供规范的运行机制，创造良好的信用平台。

三、构建符合现代企业文化的民营企业诚信体系

诚信是市场经济对企业的基本要求，是企业的信誉之源、立身之本、发展之基。要在私营企业中建立诚信体系，就必须认识到：诚信不仅表现为个别私营企业的行为，还应成为私营企业乃至企业整体的行为规范；诚信不仅表现为私营企业对内或对外的行为，还应成为内外统一的社会行为准则；诚信不仅表现为私营企业的行为现象，还应表现为企业稳定持久的行为理念，并符合现代社会文化发展的良好境界；诚信不仅表现为私营企业某一层面的特征，还应表现为涵盖企业各种行为的要素体系。所以说，私营企业的诚信体系建设是一个全方位、多层次的系统工程。

（一）构建民营企业诚信体系的目标

通过诚信体系的构建，使诚实守信成为企业文化的核心内容，为私营企业的健康发展提供一个良好的环境。企业内部，领导关爱职工，人人敬业奉献；企业之间，坦诚相待，共谋发展。在整个私营企业界树立诚实守信的理念，并将诚信建设推向全社会，从而提高全社会的诚信水平。

（二）民营企业诚信体系的构成要素

"诚信指的是眷恋和忠诚，它由三部分组成：目标和企业价值的识别；对企业的归属感；代表企业付出努力的意愿"，这是管理学家莫德雷归纳的构成诚信的要素。私营企业诚信体系的建设，也有其具体的内容和要素，其中有对企业宗旨和性质的概括，有对企业领导者的要求，有对员工的约束，更有企业要承担社会责任的规定。真正建立私营企业的诚信体系，需要政府和企业共同努力。

（三）民营营企业诚信体系构建的践行与模式

构建诚信体系不是一句简单的口号，而是包括在私营企业内部对员工负责，员工对企业负责，下级对上级负责，上级对下级负责，部门之间、同事之间相互负责，以及在企业外部对客户、合作伙伴的承诺，进一步还需要政府提供一系列有利于私营企业发展的政策，把诚信贯彻到企业上下左右每一个环节。

1. 企业内部建立诚信

私营企业要想将诚信落到实处，首先要在组织内部培养诚信的企业文化，用诚信的企业文化激励员工，培养员工的忠诚，发挥文化的自我创新能力。具体说来，要做到以下几方面。

第一，集中的结构和清晰的管理。私营企业要想不断向前发展，就必须建立权责明确的管理结构。

另外，私营企业的组织结构应该向扁平化发展，减少中间层，消除地位级差，实现所有成员的平等。

第二，领导者以身作则。在私营企业中，领导干部以身作则是取信职工的最好方法。领导者以厂为家就能为员工树立吃苦耐劳、敬业奉献的榜样，使企业的诚信理念不走样地传递给职工。所以，领导者以身作则是打造诚信的捷径。

第三，重视集体行为。企业是一个整体，要想把蛋糕做大，需要集体的努力。首先，厂长要有民主意识，调动广大员工的积极性，集思广益，为企业创造财富。企业内部各个职能部门也应该目标一致，相互协调，加强沟通，消除部门间的敌意，鼓励正当的竞争，加快决策进程，改善合作成果。

第四，实现对员工的承诺。在现代企业中，已经把人在企业中的价值提升到了一个新高度。企业运营需要人，产品研发需要人，企业管理也需要人。领导层要做到忠于员工，认真履行对员工的承诺。只有企业领导与员工共同努力，才能在市场竞争中实现共赢。

第五，培养员工的忠诚。要培养私营企业的诚信，需要全体员工的认同和参与。培养员工的忠诚，要从源头抓起。招募新员工时，加大道德方面的测试力度，选用德才兼备的人；新员工培训时，加强诚信教育；业绩评估时，考核员工绩效的同时，也要参照他们的道德表现全方位评判。有了这样的用人—培训—考核的标准，才能在企业内部建立一支有责任感的团队，把企业带到更高的发展层次。

2. 建立客户诚信

在私营企业的诚信体系建设过程中，客户诚信建设是重中之重，私营企业的成长壮大无不依赖于客户的支持与信任。在与客户交往过程中，私营企业始终要树立诚信观念，把为客户提供最好的产品、最优的服务、最合适的价格、最满意的表现视为企业的第一要务。产品诚信是首要的。客户最看中的就是产品质量，在完善的市场经济条件下，产品质量高的企业自然能在竞争的优胜劣汰中脱颖而出。在实际工作中，私营企业应严格各项规章制度和操作工艺，不满足已有成绩，不断追求卓越，永远使质量处于不断提高的动态之中。其次是服务诚信。所谓服务诚信就是以提高客户满意度为目标的诚信理念。通过开展服务满意活动，提升服务水平和服务质量，提高客户的忠诚度。再次是销售诚信。销售活动中也处处体现着诚信的重要性，只有销售业绩上去了，企业的利润才有望增大。如何提升销售业绩？靠的是过硬的产品、真实的信息以及有效的促销手段。竞争诚信也至关重要。无论是同行业企业之间还是买卖方之间，都存在着一定的竞争关系。私营企业要想从竞争中脱颖而出，就必须树立竞争诚信的观念，靠公平竞争招揽客户，在同行业中处于不败之地。

总之，民营企业应从建立产品诚信、服务诚信、销售诚信和竞争诚信等几个方面一齐努力，把诚信对待客户作为一项不变的企业文化，增强全体职工的认同感，指引企业不断前进。

3. 以诚信结盟

民营企业的发展壮大，不仅需要自身的努力，更要在经济全球化的大背景下，建立私营企业间的合作关系，以诚信实现联盟。无论强强联合，还是强弱联合，甚至弱弱联合，都在于实现资本与资源的有效动员和有效利用，以求达到规模效益，发挥"1+1>2"的效果，使私营企业在商战中大显身手。联盟可采用不同的形式，目前国内私营企业中最常见的形式是直接合作。私营企业受资金、规模所限，不可能面面俱到，单靠一个企业的实力往往难以满足客户的要求，所以要寻求另一家企业结成联盟进行合作。但企业都不愿放弃自主权，权衡之下，往往采取直接合作的方式结盟。当然，合作并不意味着风平浪静，不能要求双方在所有问题上都迅速达成一致。但是，在诚信的关系中，遇到矛盾时两个企业会主动寻求共识，达成建设性的解决方案。

总之，推进民营企业的诚信建设，当前的切入点应是加强制度建设，在进一步完善现有法律制度的基础上，形成监管合力，加大行政处罚力度，让失信者无机可乘，在经济上得不偿失，通过扎紧诚信法律制度的"篱笆"，让民营企业不敢冒失信的风险。而充分发挥各类媒体的舆论监督作用，及时曝光各种失信行为，让民营企业失信者因自己的失信行为受到舆论的谴责和大众的唾弃，也应是推进民营企业诚信建设的重要途径。当然，解决民营企业的失信问题，还必须有企业的自觉行动。要积极推进社会主义核心价值体系的大众化实践，通过加大教育培训力度，引导广大民营企业主及其从业人员积极参与到核心价值体系建设实践和诚信建设实践中来，让诚信经营成为民营企业的自觉行为，促使民营企业主主动走上守信的正道，这是解决失信行为的根本之道。

课题指导：陈永东　邱加海
课题执笔：杨　力
完成时间：2017年3月

强化法治建设
促进民营经济健康发展

思明区工商联

纵观我国民营经济的发展过程,从"不允许"到"允许",从"有益补充"到"重要组成部分"、"毫不动摇地鼓励、支持和引导非公有制经济发展",再到党的十八大提出保证各种所有制经济依法平等使用生产要素、公平参加市场竞争、同等受到法律保护等一系列方针政策的出台实施,促使当前我国民营经济犹如雨后春笋般蓬勃发展。据不完全统计:到2015年上半年,我国民营(含小微)企业有1788.3万家,还有4946.83万家个体工商户。它们从数量上占全国企业总数的95%以上,对GDP的贡献超过60%,对税收的贡献超过50%,成就了70%以上的专利发明,提供了近50%的进出口贸易额,创造了近80%的城镇就业岗位。真是"忽如一夜春风来,千树万树梨花开",春风就是党对民营经济发展提供了至关重要的条件。

工商联(商会)作为党和政府联系民企的桥梁和纽带,要积极引导、帮助民企朝着"两个健康"方向发展。为此,本课题组根据党中央全面推进依法治国的方略专访有关单位,从法治对民营企业生存发展的内、外因两个层面进行了调研。

一、党和政府高度重视营造有效的法治环境

近年来,全国上下都十分重视经济法治环境建设工作,坚持转变政府职能,加强市场监督,推进依法行政,健全法律法规体系,多管齐下,积极作为,着力改善法治环境,全方位为民营经济发展保驾护航,取得了良好的成效。

(一)不断健全完善法律法规体系

改革开放以来,尤其是20世纪90年代以后我国颁布了一系列对社会主义商品经济关系进行整体、系统、全面、综合调整的法律。可分成以下几类:

1. 国家规范经济组织过程中发生的经济关系。这方面的法律有公司法、外商投资企业法、合伙企业法、个人投资法等。

2. 国家干预市场经济运行过程中发生的经济关系。这方面的法律有证券法、票据法、破产法、金融法、保险法、房地产法、环境法、自然资源法等。

3. 国家管理、规范经济秩序过程中发生的经济关系。这方面的法律有反垄断法、反不正当竞争法、

消费者权益保障法和产品质量法。

4.国家在经济调控中发生的经济关系。这方面的法律有财政法、税法、计划法、产业政策法、价格法、会计法和审计法等。

其中核心的法律有：公司法、个人独资企业法、合伙企业法、破产法、反垄断法、反不正当竞争法、产品质量法、消费者权益保护法、中国人民银行法、商业银行法、票据法、保险法、个人所得税法、企业所得税法等等。这些法律法规，全方位地为经济正常稳定发展提供了法律保障，对民企的萌芽、成长、壮大起到了有效的保护。

（二）全国工商联与司法部门共同倡导营造良好的法制环境

在全国工商联十一届三次执委会上，全国工商联主席王钦敏强调，要把握全面推进依法治国为民营经济发展带来的新机遇，依法保护非公有制企业的财产权，依法规范市场秩序，依法保护知识产权，依法规范行政执法；民营企业要自觉维护法律的尊严，努力学习宪法以及与企业发展相关的法律法规，依法诚信经营；要坚持以法律为依据，用法治思维治理企业，主动推行法律顾问和公司律师制度，建立健全内部规章制度，使企业在法治的轨道上健康运行；在处理企业与市场、企业与政府的关系上，自觉做到"不踩雷区、不触红线"，保持健康的政商关系。同时，全国工商联还与司法部联系共商加强民营企业法律服务工作，从法治宣传、律师公证、法律服务、法律咨询和专题培训等方面入手，为民营企业提供法律帮助。

在2016年的全国两会上，最高法院院长周强在最高法工作报告中提出"落实平等保护非公有制经济的意见，妥善化解民营企业等经济主体投资经营纠纷，依法惩治侵犯非公有制企业合法权益的违法犯罪行为，严格依法办案，防止因采取措施不当影响企业正常运营"。最高检检察长曹建明则提出"要更加重视在司法办案中对内资和外资，国有企业与民营企业一视同仁，确保各种所有制企业诉讼地位平等、诉讼权利平等、法律保护平等"。最高检还适时出台了依法保障和促进非公有制经济健康发展的18条意见。

（三）各级党委、政府制定具体的实施意见优化法治环境

在贯彻中央全面推进依法治国方略中，各级党委、政府都采用了强有力的措施，为民营经济航船扬帆提速保驾护航。福建省为深入学习贯彻党的十八届四中全会精神，全面落实《中共中央关于全面推进依法治国若干重大问题的决定》，就全面推进依法治省，建设法治福建，不断开创法治福建建设新局面，提出了配套的实施意见。厦门市也提出：美丽厦门战略规划的全面推进，离不开法治的保障；要认真贯彻党的十八大和十八届三中全会精神，着力构建科学立法、严格执法、公正司法、全民守法的"法治厦门"建设格局，为服务全面深化改革、建设美丽厦门营造了良好的法治环境。思明区为认真落实《全面推进法治思明建设打造法治中国典范区的实施意见》，建立了典型案例筛选发布、媒体传播、宣传讲解、整理编辑、法律宣讲等制度，把以案释法全面拓展到执法、司法、守法全过程，进一步推动以案释法的常态化、规范化和制度化，教育引导全民形成办事依法、遇事找法、解决问题用法、化解矛盾靠法的良好氛围。总之，在党的改革开放政策和健全的法治规范的大环境中，民营企业只要敬业、拼搏、诚信、守，将获更长足的发展。

二、民营经济法治环境建设面临补"短板"

首先用数据来展现近期企业涉及经济案件的现状及特点（数据来源于法制日报社主办的《法人》杂志发布的《2015年中国企业家刑事风险报告》）：其一，我国可统计的落马企业家，2009年95位，2010年155位，2011年220位，2012年245位，2013年599位，2014年799位，2015年921位。其二，2015年国有企业家犯罪或涉嫌犯罪人数为170人，占总数921人的18.46%，民营企业家犯罪或涉嫌犯罪人数为751人，占总数的81.54%。

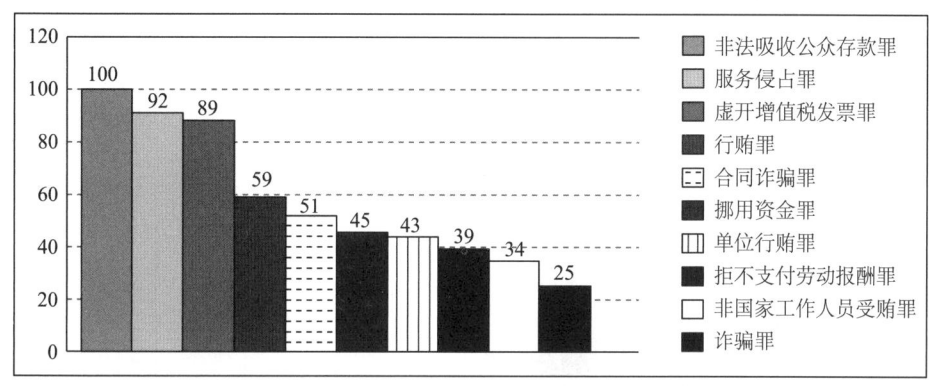

图1　2009-2015年企业家涉案数据

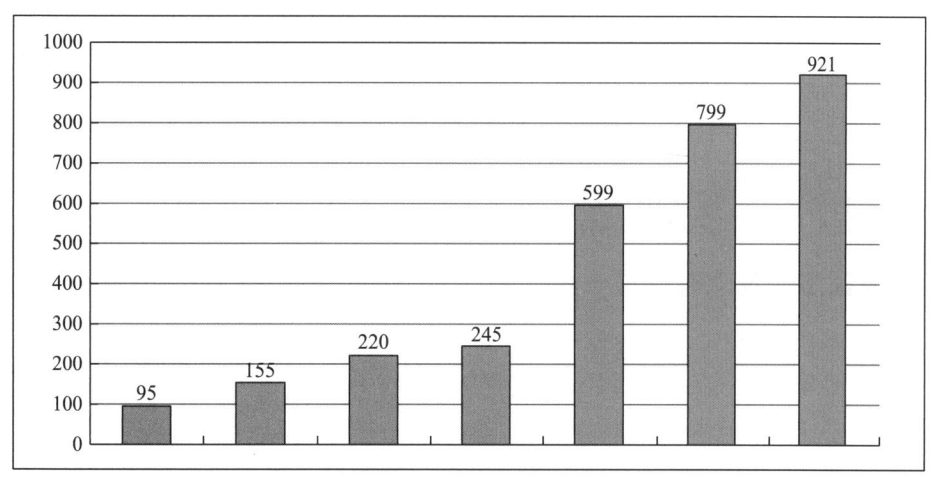

图2　2015年涉案企业所有制类型分布图

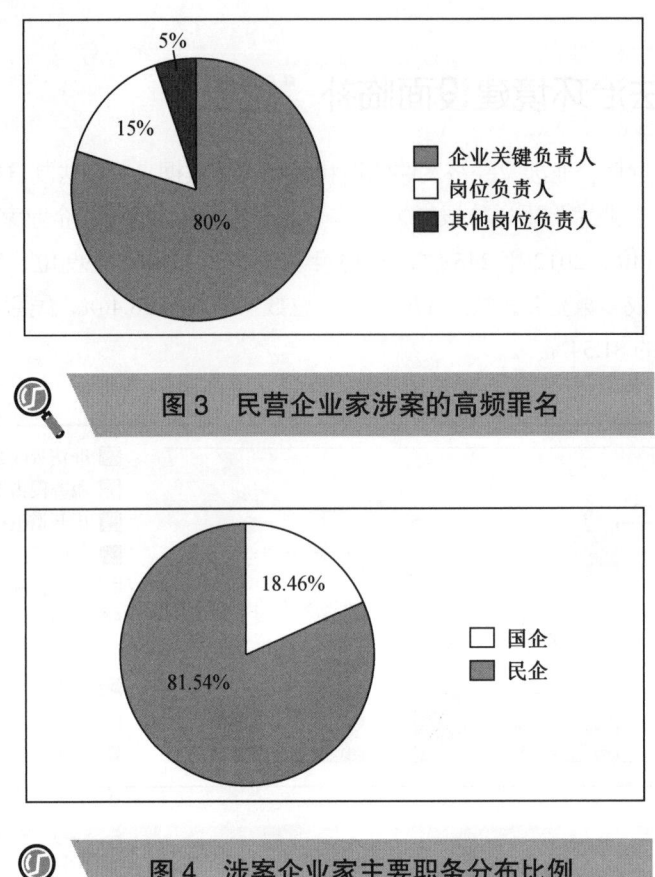

图3 民营企业家涉案的高频罪名

图4 涉案企业家主要职务分布比例

其三，无论国企和民企，企业主要负责人犯罪占企业高管的比例高达80%，是刑事风险的第一高危群体；第二大高危人群为企业关键岗位负责人，如财务、销售、采购负责人等。两者合计占企业高管犯罪的95%以上。

以上数据详见图1至图4。

面对现实，必须从以下几个方面提高认识，补缺堵漏。

（一）企业家法治观念有待进一步提高

在复杂多变的经济形势下，由于企业家自身法治观念薄弱，造成法律风险越来越大，致使企业受损现象时有发生。企业家不懂法、不信法、不守法现象时有发生，一些企业在竞争中采取不正当手段，不诚信守法等行为屡见不鲜，严重损害法治环境建设，法律风险越来越大，矛盾纠纷越来越多。表现在劳资纠纷问题多，还有企业家把公司资金与个人资产混淆，涉嫌挪用公款，为了融资进行非法集资等。

（二）法律执行层面有待进一步改进

当前有部分政府工作人员法律意识不强，执法随意性较大，在执法尺度上把握有偏差，对同一或类似行政执法事项做出差异较大的处理结果有失公允，其中基层工作人员更甚。课题组走访中，有律师反映，有些行政执法部门在对劳动者违反《劳动合同法》的纠纷处理过程中过分偏袒劳动者，置企业合法权益于不顾，致使企业严重受损的事例时有发生。个别执法部门的行政自由裁量权较大，对规范行政处罚裁量权的要求未能严格落实，对企业行政措施、行政处罚随意性较大，以罚代管、以权代法现象突出，存在对民营小微企业执法过于频繁的现象。调研组在走访某律师事务所时了解到,在法律执行过程中还存在地方保护主义倾向,在处理同一案件时,明显保护本地企业,压制打击外地企业,执法不公。

在2016年全国两会上有人大代表、政协委员提出,民企司法风险日益加剧,有些地方司法部门丧失中立和客观,无法守护社会公平的底线。有些案件以表面上的"依法",实现了实质上的非法剥夺。一些权威专家和学术机构对近年来发生于民企典型案件进行了梳理,如浙江吴英案、湖南易志奇案、广东顾雏军案等,并依据对涉嫌犯罪各类性质进行统计,如非法吸收公众存款罪,职务侵占罪,挪用资金罪,抽逃出资罪和组织、领导、参加黑社会性质组织罪等,由此归纳得出,当前中国民营企业存在着经济行为政治化、官员短期政绩观、财富权利化转移、打黑扩大化等综合风险。值得关注的是,喊着"打黑"的美丽口号,却以司法干预来剥夺和没收民营企业家财富,已成为民企司法风险中的一个新特征。

(三)相关法律法规有待进一步完善

随着市场经济发展形势的快速变化,有些法律法规也存在与现实不相适应、内容缺失等问题,有些操作方式滞后于社会发展现状。比如,为加快政府职能转变,大量行业商会等社会组织不断涌现,在承接政府职能、加强行业自律、引导产业健康发展等方面,发挥了积极的作用。但由于缺少《商会组织法》的立法保护与合理规范,在广大行业商会组织风起云涌的时候,出现了良莠不齐的现象,商会组织作用发挥得不到法律充分保护,也满足不了民营经济发展实践的需要。再比如,国家相关规定明确指出,居民住所在不影响周围环境的情况下,可以作为企业注册用地,但有的地方却规定,居民住所不能作为企业登记地。这样的规定,显然与国家相关规定不相符合,也与国家鼓励创业发展的精神违背,亟待进行修订。

(四)法治宣传力度有待进一步加大

涉企法治宣传的缺位是企业知法用法的致命要害。如上所述,涉及企业的法律法规较多,但普法宣传工作不到位,导致企业难以全面了解相关法律规定,也无法正确有效地予以运用。如对鼓励创新和保护知识产权方面的法律法规,政府相关部门与企业的交流互动较少,对企业的解释和辅导有限,企业遇到相关法律问题时往往束手无策。此外,行业商会(协会)等行业组织对向企业宣传法治、引导诚信以及支持维权、调处纠纷等工作做得还不够,行业组织作用的发挥有待进一步加强。

三、改善优化民营企业法治环境刻不容缓

(一)进一步增强法治意识

增强法治建设的使命感、紧迫感和责任感,积极引导全社会增强运用法治思维和法治方式解决问题的意识和能力。政府要牢固树立服务意识和诚信意识,在行政管理、行政审批、行政执法中消除特权思想和官僚主义,转变"以审代管""以罚代管"观念,杜绝漠视和简单对待企业诉求的现象。要高度重视企业发展法治环境建设,将改善和优化法治环境作为经济发展中首要解决的问题之一,从支持和保护市场主体的角度出发,着力抓好转变政府职能、维护市场秩序、保护企业权益、服务企业转型等各项工作,努力营造良好的法治环境,依法维护企业合法权益。

(二)进一步加强法制建设

坚持政由法定的原则,明确地方性法规和政府规章的制定主体、权限、程序、范围、时限和效力,从源头上解决"问题条款""政出多门"等问题,从根本上杜绝"闭门造车""长官意志"现象。广泛听取

意见，尤其是多听企业和社会的声音，注重加强与有关方面的沟通论证，建立健全公平、开放、透明、科学的市场规则。要积极引入"第三方评估机制"，对现有涉及民营企业的地方性法规和政府规章进行清理、评估，按照评估结果，对那些与上位法相抵触的以及与经济社会发展、产业转型升级不相适应的，及时予以修改、废止。尽早启动《商会组织法》立法程序，规范商会组织行为，以提升能力为重点，进一步加强工商联法律自身建设，充分发挥商会组的织积极作用。

（三）进一步规范行政行为

依法行政是建设法治政府的核心内容。要将规范行政行为、严格依法行政贯穿于行政管理、行政服务等各项工作，让企业切实感知政府行为的依法、高效、文明。建立统一的行政程序规定，明确行政主体，规范行政程序，严控行政时限，保证行政公开，强化行政监督，促进政府各个部门在法定权限内依照法定程序实施行政行为。

（四）进一步完善法律服务网络

各级工商联和商会要积极与政府有关部门建立沟通联系，搭建合作机制，组织政策法规解读，充分运用民主协商、参政议政、建言献策等方式反映非公有制企业的合理诉求，搭建政企沟通平台。在互联网不断发展完善的今天，建立多元化、多样化、多层次的公共服务网络，通过网络技术构建法律服务交易平台，采用"自营"和"外包"形式研发标准化和精品化的法律服务产品，提高法律服务效率与质量，确保非公企业合法权益受到及时保护和救济。

（五）进一步加强普法教育

以守法诚信为重点，抓好法治教育引导，继续推动非公企业法治文化建设主题活动，引导企业家强化法治意识，自觉学法、懂法、守法、信法、用法，增强法治思维，建立现代企业制度，依法诚信经营。要充分发挥企业家的主体作用，遵循法治理念，践行法治精神，遵守法治规则，为服务"四个全面"战略布局贡献力量。

总之，近年来为推动民营经济健康发展，党和政府积极营造良好的法治环境，民营经济法律地位有了很大的提升。我们相信，民营企业在党的阳光雨露滋润下，通过自身努力，政治上自信，发展上自强，守法上自觉，将迎来更辉煌的明天。

课题指导：林金宗
课题成员：林金宗　许天津
　　　　　徐永良　李昇谦
　　　　　洪　薇　沈在锟
课题执笔：李昇谦
完成时间：2017年10月

厦门市民营企业发展法治环境及其完善

厦门市工商联

民营企业发展的法治环境是国家公共政策的一个重要方面，其状况对于民营企业生存和发展有着直接的影响。在当前经济下行压力大的形势面前，我市民营经济仍展现出其生机和活力，经济总量继续扩大，GDP 占比约 50.5%，拉动经济增长贡献加大，社会贡献持续提高，企业科技含量稳步提升。但是，我市民营经济依然呈现规模较小、骨干企业少的特点。课题组采取问卷调查、座谈、交流等形式，试图展示当前民营企业发展法治环境的状况，分析存在的问题，为进一步优化企业法治环境、改善公共服务、促进民营企业发展提供参考。

一、厦门市民营企业发展法治环境现状

（一）外部法治环境状况

民营企业外部法治环境主要涉及两个方面：一是民营企业相关的法律政策框架及其运作状况；二是民营企业与外部利害关系人之间的关系，如企业与客户、债权人、相关机关、社区及社会其他组织的关系等。其中，重点和难点问题是政府与企业的关系。企业家对这些问题的整体倾向性看法可以从一个侧面反映目前民营企业发展中法治环境诸环节的状况、政府和中介机构的服务效能的状况以及相关国家工作人员及中介人员的整体素质。

调查显示，目前厦门民营企业发展外部法治环境呈现以下主要特点：

1. 总体看来，企业对政府服务效能的积极评价大于消极评价

调查显示，民营企业发展的法律、政策框架基本令人满意，但仍存在与市场经济的发展不相适应的地方，突出问题如下：

（1）不公平竞争问题。参与座谈的 35 家企业中有 13 家提到遭遇不公平竞争问题，回收问卷中有 48.21% 的企业认为市场竞争环境很不公平，他们认为竞争环境的不公平与政府的政策和政府工作人员的观念意识有关。具体表现在四个方面：一是政府采购和投资偏袒大企业。市财政投资的项目基本上都是由市属国有企业代建，民营企业几乎没有机会参与。二是市场准入标准不平等。目前厦门市政基础设施领域，如污水处理、保障性住房建设等，基本上还是处于以国有企业为主导的局面，民营企业进入这些

领域十分困难。三是政策享受不平等。一方面是不同所有制享受的政策待遇不同，如民营医院只要是医保定点单位，收费不得高于公立医院收费标准，但是民营医院却没办法享受公立医院享有的政府经费补贴及医疗用房与设备的政府投入等；政府药品储备优先考虑国有药企，民营药企难以公平进入公立医院的药房托管等等。再如为保民生，粮油企业都要执行政府限价，在成本上涨的时候国有粮油企业享有政府补贴，而民营企业却享受不到补贴。另一方面是，在地企业享受不了总部经济对外招商的优惠政策。

2. 政策落地仍然是民营企业法治环境建设的重点和难点

我市民营企业发展外部法治环境诸环节总体看来，特别是2014年"44条"政策出台后，企业对立法和法治宣传教育比较满意，但认为最薄弱的环节是政策落地、政府服务问题。企业认为在政府服务上，厦门曾以高效见长，如今效率反成了"软肋"。一是政府部门办事效率不高。企业认为我市政府部门在办事规范方面一流，但办事效率却不敢恭维。一个项目从申请到给地，要花一年左右时间。从拿到地再到动工，要再花一年半的时间。二是政策落实难。我市不乏扶持民企做大做强的政策，但是政策落地难，出现了企业为奖励去包装项目的现象；还有一些企业反映获评省级先进等荣誉，由于厦门财政单列，省里往往不发给奖励金，希望市里配套发放。此外，由于市、区、街道之间的协调不力，导致对企业的承诺无法兑现的事情也时有发生。三是公共服务平台维护升级不及时。如我市的ICC软件平台，曾经作为公共服务平台洼地吸引了许多创业型软件企业，但是由于升级维护跟不上，现在该平台的吸引力已不及杭州、北京等地。四是对一些新兴行业扶持政策落地慢。如电商行业在高速发展，各地政府非常重视，我市有发展电商的产业优势、人才优势、地理优势，但不仅没有吸引到周边的企业，反而还有企业走出去，主要是我市电商扶持政策落地很慢，激励力度小。

3. 司法不公现象依然存在，执行难仍是焦点

在企业外部法治环境建设中，司法环节的问题也不容忽视。企业家反映，审理经济纠纷案件中司法不公依然存在，在司法和行政执法中，执行力度差。尤其是跨省、市、县的案件执行中，地方保护主义、执行难仍是一大难题，企业家对此痼疾深表不满，"赢了官司输了钱"的无奈困扰着他们。财产权法律体系中权利保护有所不足，主要是物权、债权两个方面。在金融法、税法方面，融资的法律形式单调、市场化程度低，私营企业重复缴税等规定不尽合理。此外，中介机构服务水平参差不齐，社会信用机制不尽如人意。

（二）内部法治环境状况

企业内部治理制度是民营企业管理制度中的重要组成部分，可以为企业的顺利运行创造良好的条件，增加经济效益，提高企业的竞争力。我市民营企业内部治理总体上趋势向好，但中小企业仍然存在一些问题。被测民营企业中，有20多个企业其职工持有股份，职工既是劳动者，又是股东，与企业之间既有劳动和社会保险关系，又有股权关系。因公司法对职工持股的形式无统一规定，实践中职工持股的形式多样化，企业与职工关系的调整受到更多重视。与此相关，对企业与职工关系的重视还体现在企业家对企业微观法治环境及平安企业建设的责任中。

1. 民营企业控制环境有待加强

部分企业对企业的文化软环境建设重视不够，过度重视企业的盈利和生产的管理。民营企业的一线员工素质不高，管理者对一线员工素质的培训也不够重视，企业员工没有较强的法律意识以及社会责任感，民营企业整体的价值观念不够积极，内部控制也缺少良好的建设环境与氛围。同时，个别员工也缺少对企业的认同感，不认真遵守企业的相关管理制度和规范，企业缺少能够保障控制系统正常运行的统一规范和准则。除此之外，公平、科学的人力资源政策对控制环境也具有重要的影响作用，民营企业多采用人际关系以及松散型的员工招聘方式，并未对员工进行严格的制度约束，其中存在的亲属关系导致大量的人才流失，以至于阻碍了人力资源的发展。

2. 企业内部活动不够全面

首先，我国的民营企业缺少全面的、系统的、科学的内部控制程序与建设，经常把内部控制体系与少数的业务规章制度等同起来，过度重视事后控制，主要进行补救工作，往往在发生一些违规违章等状况后，再进行惩处，并未做好预防准备，以至于加大了内部控制的成本，而且取得的效果也不够显著。其次，在民营企业中，员工职责分配不清，而且实物管理规则也不够完善，往往会忽略报废制度以及跟踪管理的建设，对购买环节过于重视，但缺少对新型计算机系统应用所带来的风险以及问题的足够认识，以至于内部控制力度较差。

3. 风险意识差，缺少信息交流

民营企业对风险的控制力度还不够强。在民营企业的生产经营过程中，产生风险的因素是多种多样的，如在对经营手段进行使用时会形成相应的财务风险，经营策略也会形成一定的风险，而在多种风险下，企业员工的素质得不到提升，企业缺少强烈的风险意识，在控制活动中没有专门应对风险的管理机构，一人独裁以及亲属关系的经营管理模式，导致民营企业没有明确的层级分解，没有合理的组织结构，对各个部门之间的沟通与协作造成了相对的负面影响。

4. 监督制度不够完善

大部分民营企业缺少完善的监督管理制度，其监督活动对企业生产经营中的内部控制并未起到明显的积极作用，企业的管理者以及员工对检查以及必要的监督具有一种抗拒感，并没有用正确的心态面对监督工作。内部的监督活动是民营企业进行内部控制的一种特殊的体现形式，具有至关重要的作用。现阶段，很多民营企业并未建立相应的内部审计部门，一些大型企业中虽设有内部审计部门，但是在人际关系、利益关系以及雇佣关系等多方面原因的影响下，审计部门很难实现监督工作的真实性、公正性以及客观性，因此，其检查、监督以及评价的有效作用也不能够得到充分的发挥。同时，民营企业内部审计部门的重要地位并未得到应有的重视，缺少完善的内部审计制度，内部审计力度较低，独立性不够，相关审计人员的素质比较差，对于内部控制中存在的一些不足与问题不能及时发现并采取有效的措施进行解决，以至于民营企业的内部控制力度不够强。

（三）民营企业家的法律观及民营企业法律需求

通过考察民营企业家的法律意识、诉讼观及其法律需求等，发现目前企业家对企业法治环境建设的看法和需求表现如下：

1. 民营企业家对法律素养较为重视

调查发现，企业家普遍认为法律素养对事业的帮助很大或较大。有的企业家直言其法律知识和能力不适应事业需要，迫切需要提高。可喜的是，被测者对未来知识经济社会、法治社会中法律、科技及外语诸方面知识和能力的作用给予了充分的重视，展现出企业家的战略眼光和强烈的求知欲。关于通过法律途径维护企业权利，过半数企业家首选非诉途径，对诉讼的选择居于协商、调解之后，有的还辅之以人情关系；企业家一般不采取上访途径。

2. 民营企业的法律需求旺盛

对企业业务涉及的常见法律问题、当前企业家亟待了解的法律、未来企业扩张法律形式的选择、企业获取法律服务的途径等进行考察发现，企业业务涉及的常见法律问题第一是合同法、担保法、证券法、票据法等调整交易行为的法律，占78%；第二是劳动法和社会保障法；第三是公司法等市场主体法；第四是税法、工商管理法、行政许可法等行政法；第五是反不正当竞争法、产品质量法等经济法。其中，当前企业家亟待了解的法律知识依次为劳动法和社会保障法、合同法等调整交易行为的法律，WTO规则，公司法等市场主体法以及反不正当竞争法等经济法。从问卷调查情况看，企业家对我国民营经济发展的前景充满信心，意图抓住机遇大力发展企业。他们对未来企业扩张的法律形式选择较多的是合并、收购及新设企业，有的还打算采取分立、买壳上市或者合资经营等形式。当问及"如果您拟进行兼并收购，您对总体经济条件类似的两个目标企业更倾向于哪个？"，在拟进行兼并收购的企业家中，选择国有企业的占2/3，选择非国有企业的占1/3。这预示有关方面的法律服务将在未来一定时期内保持旺盛的需求。

二、健全完善民营企业法治环境的建议

针对当前我市民营企业发展法治环境的基本状况和存在的问题，提出以下建议。

（一）进一步在法律上为民营企业的发展提供保障

政策层面上采取措施，提高支持民营经济发展的可操作性。发挥厦门特区立法方面的优势，贯彻党中央、国务院、省委省政府关于民营企业权益平等、公平，以及产权保护政策法规的配套法规，使得民营企业与公有制企业享有同等待遇，健全财产权保护法律体系，强化对物权、债权、知识产权等财产权的保护。深入进行金融法制和税制改革，优化税种结构和税率，避免重复纳税，公平税赋。在完善立法过程中，吸收国内地方法律改革的成功经验，进行法律创新。例如，在公司法、企业法改革的实践中，山东、广东、北京等省市政府颁布了一系列地方法规、政策，对市场准入制度进行创新，取得了实效。放宽管制措施要与社会信用体系的建设紧密结合起来，健全相关立法，堵塞法律漏洞。凡国家、省已废止的以及违背市场经济公平竞争原则、不利于投资开放的各类限制及收费要坚决取消。清理规范后由政府统一公示涉及投资领域的行政法规和规章以及收费项目和标准，任何单位不得以任何理由突破。

（二）改进政府对民营企业的服务和监管，提升司法公正和效率

在企业发展法治环境建设中，应当贯彻国际社会所倡导的政府与企业、企业与社会职责分担的原则，进一步明确职责分担的内容，充分调动各方面的积极性。关键所在是科学界定政府的权责。一方面，继续改进政企关系，优化行政权力结构，简化和规范行政审批制度，消除过多的制约，给予民营企业更多的发展空间。另一方面，政府须承担起提供公共服务的责任，健全社会信用体系，大力维护市场公平竞争秩序，树立"诚信政府"的意识和形象，提高服务效能。行政执法机关站在经济体制改革和政治体制改革的第一线，有条件的部门可以积极探索、总结改革的路子和成果，为立法提供参考，以实现行政法治与经济民主相互促进。从权利制约的角度来说，应当继续加强依法行政和司法公正的监督，强化行政

执行力、司法执行力以及人大对法律的监督力度；同时提高执法人员、司法人员的综合素质和执法能力，配合以律师等其他法律职业的整顿，杜绝关系案、腐败案。按照市场化的要求发展和规范中介机构，为企业提供优质服务。首先，应当发展和规范各类行业协会、商会等行业管理组织和企业自律性组织，充分发挥其指导、约束功能，加强行业信用体系建设。对于法律赋予企业自治的领域，依照法律的原则规定或法律的精神，指导企业诚信地行使权利和履行义务，自我约束，实现利益最大化；同时要加强监督，防范和惩戒企业的违法、违规行为。其次，应当发展和规范各类专业服务机构。民营企业创业和发展涉及多方面的社会专业组织，金融服务机构、财会服务机构、法律服务机构、职业介绍所、信息咨询服务机构等中介机构将承担政府放权后的大部分社会服务功能。各类机构都要依法健全服务体系，提高服务质量和效率，提升行业信用水平。要在完善企业投融资法律制度的前提下，进一步疏通投融资渠道，金融机构、个人等非政府部门积极参与，为民营企业创业和发展提供财富资源。

（三）加强民营企业内部控制建设

1. 创建良好的内部控制环境

（1）完善企业内部的治理机构，明确对员工、管理者、经营者以及股东等控制目标，防止高管层中出现职务相融的现象，在民营企业中建立与之相符的财务管理体系，从而明确管理的职责，对绩效进行合理的评价，对资源进行合理配置，加强成本控制，降低风险。

（2）根据实际情况建立科学的组织机构，对管理者的行为举止以及思想观念、管理观念进行充分的考虑，建立科学的组织结构，使管理人员的特点得到反映，使企业内部的职责分配方式与相关机构能够相互协调相互制约，处理好分权与集权的关系，建立有效的内部控制制度。

（3）要明确内部控制的重要性。提高民营企业管理者以及所有员工对于内部控制的重要性的认识，提高企业的内部控制意识，遵守相关制度，为内部控制工作的有序进行提供保障，处理好各环节的关系，加强事前以及事中的控制。

（4）营造良好的内部控制文化氛围。民营企业决策者应该遵守规章制度，同时建立相关的职业诚信机制，提高员工的诚信精神以及敬业精神，培养其职业道德，创造良好的内部控制氛围。

2. 积极创建有效的风险控制系统信息沟通渠道

（1）民营企业的管理者应该提高风险意识，对可能出现风险的工作环节给予高度的重视，建立有效的风险控制系统以及相关风险研究与管理机构，加强企业对风险的控制力度，制定具体的风险预防计划，并根据实际情况进行及时调整，采取相关措施进行有效的解决。（2）要建立财务、资金以及预算管理机构，在财务各个工作环节中积极贯彻合理的经营理念以及管理制度，对民营企业提供有效的抉择依据，并创建统一的现代化信息管理体系，实现网络化、信息化、集成化以及智慧价值化的管理，促进企业与相关对象的信息交流。

3. 加强内部控制建设与监督力度

（1）进一步完善使内部控制机制。可以实行内部控制批准制度、责任制，员工工作轮换制以及财务总监委派机制。明确有权批准相关事宜的部门以及人员的职责，规定批准程序的范围、额度以及条件，明确员工应负的责任，实行有效的奖惩制度。同时，要强化资金流动以及财务管理过程的控制，对下属企业的财务总监的责任进行明确，使其不受管理层限制，对公司的财务状况进行真实的反映。

（2）要进行企业内部控制的监理、检查以及评价工作，建立事后监督机构，对业务活动进行定期的检查，实现管理的规范化，并将检查信息向有关部门进行及时的反馈，建立完善的审计部门，提高审计部门的权威性以及独立性，提高审计效率，对民营企业内部控制中的问题进行准确、快速的把握，进一步提高审计监督的质量。

课题指导：陈永东　邱加海
课题执笔：杨　力　林必升
完成时间：2017年1月

"一带一路"倡议下厦门民营企业"走出去"的对策研究

厦门市总商会

当前全球经济持续低迷,动荡加剧,中国的和平崛起引起世界的关注,如何依托中国稳定繁荣的经济实力,与中国一起打造合作与共赢的利益共同体,也是许多国家的愿望,这为中国企业走出去带来了重大的机遇。"一带一路"倡议是近年来我国对外开放最重要的战略之一,既是我国经济走向世界的需要,也是我国拓展国际战略格局、实施大国外交的需要。在推动"一带一路"倡议中,国家相关部门及各地市不断出台具体举措,持续推进的实施路线非常清晰,取得的成效令人刮目相看。2014—2016年,中国同"一带一路"沿线国家贸易总额超过3万亿美元,中国企业已经在20多个国家建设56个经贸合作区,截至2017年5月,中欧班列已累计开行3000多列,覆盖21个省区市,到达欧洲11个国家的29个城市。

厦门积极响应国家战略部署,2014年11月就正式出台了"一带一路"建设计划,并在2016年政府工作报告和"十三五"规划中再次强调,要加快推进"一带一路"支点城市建设,进一步拓展对外经贸,加快引进来与走出去,打造更具竞争力的总部基地。当前,厦门正处转型升级的重要时期,土地资源紧张,劳动力成本高企,发展空间面临较大限制,走出去已成为经济发展的重要抓手之一。厦门民营企业走出去面临着许多瓶颈问题,"一带一路"倡议和自贸试验区为厦门民营企业走出去创造了良机,但目前还未发挥足够效应。

一、现状分析

随着国家"一带一路"倡议的实施,厦门企业"走出去"步伐也在加快。统计数据显示,2016年厦门备案对外投资项目359个,增长1.7倍;投资额55.35亿美元,增长1.5倍,其中中方投资总额53.38亿美元,增长1.5倍,实际投资总额29.75亿美元,增长4.1倍,对"海丝"沿线国家和地区投资10.66亿美元,增长1.3倍;实现对外承包劳务合同总金额1.72亿美元,增长41.3%;实现营业额1.9亿美元,增长4.7%。全年实现进出口5091.55亿元,其中出口3094.22亿元,进口1997.33亿元;中欧(厦门)班列开行超百列,累计货值14.10亿元,并通过海峡联运延伸至台湾。截至2017年4月,厦门市累计有境外投资的企业共755户,其中东南亚地区投资企业达到119户,这些企业多数为进出口贸易类企业。

由于没有专门的统计口径,厦门民营企业对外投资情况目前没有最新的数据,但近年来民营企业投资快速增长。"十二五"期间,厦门民间资本投资总额由 2010 年的 385.14 亿元增加至 2014 年的 776.79 亿元,2011—2014 年累计完成民间投资 2329.23 亿元,平均每年完成投资 582.3 亿元,年均增长 19.2%,高于同期全社会固定资产投资年均增速 7.5 个百分点,显现了较强的发展势头。2017 中国民营企业 500 强榜单中,福建民营企业共 10 家,其中厦门的 2 家民营企业上榜,分别是均和(厦门)福建省有限公司和厦门禹洲集团股份有限公司。然而,从 2016 年情况看,厦门民营企业的对外贸易形势不容乐观,全年民营企业进出口总值 1992.60 亿元,下降 6.2%,其中出口 1503.0 亿元,下降 10.7%。

二、面临的问题

虽然近年来厦门出台了多项政策鼓励企业走出去,但民营企业由于自身特点,在资金、资源、人脉等各方面,跟大型国有企业相比,还是处于相对弱势,在走出去战略中面临不少困难。

(一)境外投资信息渠道不畅

近年来,我市为推动企业走出去,已经采取了许多措施。2016 年 8 月份,我市又设立"厦门境外投资服务平台",成立"厦门走出去服务联盟",在财税、金融、法律、风险、文化、劳工等方面为厦门市走出去企业提供投资管理、政策解读、招商信息、风险解析,以及金融、财税、法律等"一站式"信息服务。但这些信息多数是常规的国内官方资讯,涉及投资人在投资国当地如何跟政府官员协调,如何解决民众纠纷,如何以更有效的方式获取当地金融机构支持等,需要更接地气的信息,往往在国内难以掌握。

(二)国际投资运营人才匮乏

国际投资最重要的还是要有人来具体执行,这个人不仅要懂得当地通行的语言,懂得经营管理,还要懂得如何沟通协调当地的各方关系,具备这样综合素质的人才,在我市非常难找。课题组在走访金牌橱柜(国内行业龙头企业、国际知名企业)时,企业高管就提到了这个问题,表示目前公司实施海外战略,人才是遇到的瓶颈问题之一。业内人士分析,目前我国多数国际投资人才都往江浙、上海、广东等地聚集,在吸引人才政策上,他们有更多的优势,包括住房问题、资金扶持等,如江苏的"引凤工程",专门面对海外留学生,从 2010 年开始每年举办一届,吸引了大量海外博士及优质创业型硕士等高层次华裔人才。

(三)投资风险压力较大

我市民营企业对外投资增大的同时,风险也在集聚,这些风险包括政治风险、法律风险、劳工风险、文化风险、语言风险等等,防不胜防。由于跟国有企业相比,缺乏政府做直接的后盾,风险评估体系也相对不完善,民营企业在境外投资的风险面前抗变能力显然要弱一些。近年来中国企业在不少国家的投资遇到政治风险和其他因素而遭受重大损失,让一些厦门民营企业感到担忧。如 2013 年墨西哥"龙城"项目,中国铁建投入数百万美元中标,却因一些政治势力反对而被政府取消;中铝与蒙古 ETT 公司的长期煤炭贸易协议,因 2013 年蒙古单方面毁约要求提高煤炭价格,导致中铝的前期投资很难收回;泰国高速铁路系统项目建设,也因 2014 年政变而陷入僵局。

(四)海外项目融资难

由于跨国投资项目在海外,如果在国内融资再汇到投资国,成本高很多,但即使是愿意多支付这些成本，对外投资的项目融资也面临重重困难。一方面，跨境抵押贷款很难实现银行贷款是当前的重要难题之一，一些企业反映，用海外的房产、设备作为抵押不容易获银行批准。另一方面，海外投资面临政治、宗教、法律等诸多不可控因素，前景不确定性非常大，银行也不太愿意借款。此外，海外投资还涉及国家相关部门监管的问题，银行融资手续相对繁杂，一些项目甚至要跟中央部门协商，融资程序相当麻烦。而在投资国当地融资，则由于所在国的政策法规限制，外国人借款受到严格控制，有些条款对借款方存在不公平情况，额度低、成本高，要融资也很困难。民营企业本来融资就比国有企业难，在跨国融资方面，更是缺乏有力支撑。

（五）政府鼓励政策力度不足

民营企业对外投资，需要更多政府的关注和引导，但目前在辅导政策方面，还较少针对民营企业的海外投资专门培训机制，对如何防范境外各类投资陷阱，提升国际经营管理水平，增强走出去的核心竞争力，还有待引导。政府在鼓励企业走出去的时候，扶持补贴力度还较弱，如，对参加国际会展的展位补贴，封顶2万元，一些知名民营企业参加大型国际会展往往投入超过100万元，这2万元的补贴，很难起到鼓励作用，领起来还手续繁杂；对在海外开展广告宣传的，目前还没有相关补贴政策。

三、对策建议

当前"一带一路"倡议已成为中国连接世界的重要桥梁，厦门打造支点城市的目标，也为企业"走出去"带来了难得的机遇。建议重视和发挥民营企业的作用，积极完善政策，搭建桥梁，助推厦门民营企业走出去。

（一）以"一带一路"沿线国家为重点建立海外侨商协会投资联系网络

我市民营企业在对外投资中，经常遇到信息不对称，文化和法律背景不熟悉等问题，这些通过官方渠道往往不容易解决。如，课题组在调研中了解到，在东南亚某国，一些华人商会的实力非常强大，他们私下要见国家总统或高官，常常一个电话就解决，但如果通过使领馆等正式外交途径，可能要经过非常复杂的程序，还未必能见到。一些与当地民众的纠纷，当地华人商协会或侨团往往也能通过自己的渠道，有效化解，但如果通过官方渠道，常常会是华人吃亏。因此，发挥海外庞大的华人华侨商协会作用，是民营企业走出的重要举措。建议我市尽快梳理海外华人华侨商协会信息资料，由市委统战部、市外侨办、市商务局、市总商会等部门整合各自资源，确定一个具体负责与海外华商协会联系的部门，形成稳定而密切的联系机制。可考虑以"一带一路"沿线国家为重点，在主要国家确定一至两个华商协会作为联络代表，授予牌匾，每年提供少量工作经费，使他们成为厦门民营企业"走出去"保驾护航的重要力量。

（二）以海外工业园区为抓手带领民营企业走出去

当前我国正推动的"一带一路"倡议，机遇与挑战并存，既要考虑合作双方共同发展的经济因素，又要考虑如何消除各类政治、外交等综合因素。安全有效地实现海外投资，是许多民营企业拓展海外战略时必须重点考虑的问题，而基础设施和工业园，是处理各类关系的利益交叉点之一。课题组在深圳调研时了解到，深圳采取海外建立工业园区，以园区为载体引导企业进行投资，这一做法非常值得借鉴。具体的操作模式是，商务局、发改委等相关部门，带动一些重点企业，对合适的目标投资国进行认真考察，经过协商，在投资国选定一个适合投资的区域，建立一个工业园，然后以这个工业园为依托，引导深圳市的企业加入园区不同领域和项目的投资，从而将雪球滚大。建议我市学习这一好的做法，由商务局、外侨办、经信局等部门牵头，甄选出我市一些具有较大投资能力的企业，包括国有和民营企业，形成先头部队，在我市"一带一路"沿线圈定的重点国家，协商设立符合我市产业优势的工业园区，并以此为载体，筛选出一些合适的项目面向我市民营企业招商，切实有效地带领民营企业走出去。在初期启动的时候，厦门民营联合投资公司可以作为重要的投资主体之一，因为其具备较强的经济实力，汇聚了我市民营企业的精英，在国际投资和企业经营管理上可集中更多的经验。

（三）借鉴"引凤工程"等做法鼓励国际投资人才来厦工作

吸引国际投资人才，重要的一个举措是吸引具有专业水平的国际精英华人华侨。"引凤工程"项目全称为"海外留学人员江苏行考察联谊活动"，由江苏省政府资助支持，致公党江苏省委主办，美国安生文教交流基金会协办，从2010年开始，该项目每年举办一届，在积极引进海外杰出人才回国创新创业方面起到了积极的作用，得到了中央领导的高度肯定。我市民营企业本来就面临人才短缺问题，在跨国投资人才方面，吸引力就更不足。建议市人力资源部门、留学人员服务中心、市外侨办、市侨联、致公党市委等部门联合创建吸引海外留学人才的活动，借助侨乡优势，依托"九八"投洽会的契机，每年召开一场的海外高层次人才厦门民企对接会，由各涉侨部门发挥各自的联系优势，鼓励有回国发展意愿的海外高层次华人华侨参加会议，为我市民营企业聚集国际投资精英搭建平台。同时，在人才政策上，给予民营企业公平公正待遇，让民营企业的人才跟国有企业人才享受同样的住房、子女教育等待遇，从就业环境上提升民营企业的吸引力。

（四）依托自贸试验区优势拓展海外融资服务

自贸试验区是对接"一带一路"建设的重要载体，投融资便利化是其核心因素之一。我市的自贸试验区，金融体制改革是重中之重，已实现许多机制体制的突破和创新。建议紧紧抓住我市自贸试验区的政策优势，在推动民营企业境外投资项目融资上提供便利。一是大力拓展"全球授信"模式，降低跨境贷款成本。厦门片区已积累了成功经验，中国银行厦门分行联动中银香港为区内企业办理海外直贷9600万元人民币；渣打银行厦门分行联合台湾渣打银行为企业办理无抵押无担保的纯信用跨境人民币贷款1亿元，均采用"全球授信"模式，既降低企业成本，使企业获取了比大陆金融机构更低的利率，还提高了审批效率。应推动我市"走出去"民营企业通过这样的模式，从香港、新加坡等地金融机构获取贷款，利息更低，速度更快。二是发挥自贸试验区内投资基金众多的优势，为厦门民营企业走出去提供融资助力。自贸试验区和国家"一带一路"建设实施以来，厦门片区不仅成立了首期规模30亿元的股权投资基金，也吸引了众多投资机构和私募资金，建议经信局、金融办等部门积极搭建投资对接渠道，在民营企业海外融资项目和厦门投资机构之间牵线搭桥。三是充分运用好自贸试验区厦门片区融资租赁产业政策。根据2016年8月厦门发布的最新政策，厦门片区鼓励融资租赁产业发展，最高给予3000万元补贴，必将有力推动融资租赁产业聚集。可积极引导我市对外投资的民营企业的一些海外投资项目，有意识地选择融资租赁方式进行大型设备采购，以缓解需要大量投入资金的压力。

（五）加大鼓励对外投资政策力度

民营企业走出去，需要政府加大力气扶一把。一是建立民营企业走出去辅导机制。由市经信局、商务局等部门定期召开我市民营企业走出去专题辅导，系统介绍我市鼓励对外投资的相关政策，并请"走出去联盟"成员中的专业服务机构分期分主题介绍对外投资中需要了解的知识。二是建立并定期发布海外投资风险预警。从政府部门工作渠道了解到的海外国家的投资环境出现的风险情况,包括政治更迭、战争、事故、灾害等,可能对我们的投资带来威胁的,应尽快通报相关信息,并在中小企业在线网站上专栏发布,使民营企业在海外投资多一道保护线,尽可能减少各类风险带来的损失。三是加大民营企业对外投资的补贴政策。如,参加国际知名品牌的会展,在商务部相关名录中备案的,可改按摊位费实际费用的一定比例进行补贴,明确政府的鼓励态度。摊位费只是会展费用中的小部分,整个展会投入可能是摊位费的3~4倍,补贴即使达到摊位费的一半也不算多,如果一个龙头企业走出去了,往往可带动一片,整个产业链都可以跟出去。

课题指导：陈永东　蓝　萍
课题执笔：吴　岗　蔡　宏
完成时间：2017年9月

厦门民营经济融入"一带一路"建设的路径和方向研究

厦门市工商联

　　2013年9月和10月，国家主席习近平访问中亚和东盟国家时相继提出建设"丝绸之路经济带"和"21世纪海上丝绸之路"构想。2014年两会期间，李克强总理在《政府工作报告》中介绍当年重点工作时指出要抓紧规划建设"一带一路"，此后，"一带一路"倡议开始纳入国家发展层面。2015年5月，国家发展改革委、外交部、商务部联合发布了《推动共建丝绸之路经济带和21世纪海上丝绸之路的愿景与行动》，"一带一路"战略加速推进。厦门是一带一路的起点，在"一带一路"建设中具有重要地位。民营经济的可持续发展已关乎厦门经济能否"求突破、上台阶"、提升区域综合竞争力的问题，"一带一路"为厦门民营经济发展带来了重要的战略契机，沿着"一带一路""走出去"是厦门民营经济未来发展的新引擎。

一、"一带一路"概况

　　"一带一路"是"丝绸之路经济带"和"21世纪海上丝绸之路"的简称。

　　"一带"即"丝绸之路经济带"。西线，从中国西部新疆出发（出口）穿过中亚进入俄罗斯，此间建立"新亚欧大陆"和"中蒙俄经济合作走廊"。沿线国家有：蒙古、俄罗斯以及塔吉克斯坦、乌兹别克斯坦、土库曼斯坦以及土耳其等10多个国家和地区。然后从俄罗斯进入欧洲，沿线国家有：波兰、白俄罗斯、德国、法国、匈牙利、奥地利、意大利、英国等20多个国家和地区。南线，从中国南方出发进入东南亚—南亚，建立"中国—中南半岛经济合作走廊"，沿线国家有越南、缅甸、泰国、马来西亚、新加坡、印度、斯里兰卡、孟加拉国等30多个国家和地区；在中亚和西亚之间仍可建立"中国—中亚—西亚经济合作走廊"；然后再从西亚（波斯湾）地区进入地中海等国家和地区，构成"丝绸之路经济带"。

　　"一路"即"21世纪海上丝绸之路"。从"海上丝绸之路核心区"福建东南沿海（厦门）出发进入南海，向东进入太平洋；向西进入印度洋，跨过地中海进入欧洲。"海上丝绸之路"主要是以海上沿岸国家港口为节点，共同建设通畅、安全、高效的海路运输大通道。

　　"一带一路"建设的成功将拉近世界各国的距离，促进各国经济合作互利共赢、共同繁荣、共同富裕，进而建立起和平、安宁的世界经济、政治新秩序。

二、"一带一路"给厦门民营经济带来的重大机遇

（一）涉及国家众多

"一带一路"沿线涉及 65 个国家（包括中国），2013 年中国与"一带一路"国家的贸易额超过 1 万亿美元，占中国外贸总额的 1/4。2014—2016 年，中国与沿线国家贸易总额约 20 万亿元人民币，增速高于全球平均水平。2016 年对外贸易总额为 71885.5 亿美元，占全球贸易总额的 21.7%。

（二）经济潜力巨大

"一带一路"沿线国大多为发展中国家和新兴经济体，经济总量巨大，经济增速较快。2016 年"一带一路"沿线 64 个国家 GDP 之和预测为 12.0 万亿美元，占全球 GDP 的 16.0%，份额相比 2015 年降低 0.4 个百分点。见表 1。

表 1 "一带一路"沿线国家统计表

区域	国家	GDP 总量（亿美元）	GDP 全球占比（%）	2015 年增速（%）	2014 年增速（%）	2013 年增速（%）	2012 年增速（%）	CAGR（%）
东亚	蒙古国	117.18	0.02	12.32	11.65	7.88	2.36	8
	新加坡	2927.34	0.40	3.67	4.67	3.26	2.01	3
	马来西亚	2962.84	0.40	5.47	4.69	6.01	4.97	5
	印度尼西亚	8589.53	1.17	6.03	5.56	5.02	4.79	5
	缅甸	628.77	0.09	7.33	8.43	8.70	7.03	8
	泰国	3952.97	0.54	7.23	2.70	0.82	2.82	3
	越南	1914.54	0.26	5.25	5.42	5.98	6.68	6
	菲律宾	2924.51	0.40	6.68	7.06	6.22	5.91	6
西亚	伊朗	3900.39	0.53	-6.61	-1.91	4.34	0.38	-1
	土耳其	7179.32	0.98	2.13	4.19	3.02	3.98	3
	以色列	2994.13	0.41	2.38	4.38	3.16	2.51	3
南亚	印度	20730.02	2.82	5.62	6.64	7.24	7.56	7
	巴基斯坦	2710.50	0.37	3.84	3.68	4.05	4.04	4
	孟加拉	2065.31	0.28	6.26	6.04	6.31	6.81	6
	斯里兰卡	812.47	0.11	9.14	3.40	4.88	4.79	6
中亚	哈萨克斯坦	1843.61	0.25	5.00	6.00	4.30	1.16	4

续表

区域	国家	GDP总量（亿美元）	GDP全球占比（%）	2015年增速（%）	2014年增速（%）	2013年增速（%）	2012年增速（%）	CAGR（%）
独联体	俄罗斯	13260.16	1.81	3.52	1.28	0.71	-3.73	0
	乌克兰	905.24	0.12	0.24	-0.03	-6.55	-9.87	-4
	白俄罗斯	546.09	0.07	1.56	1.26	3.28	3.65	2
中东欧	波兰	4747.75	0.65	1.73	1.02	1.72	-3.89	0
	捷克	1851.56	0.25	-0.80	-0.48	2.71	4.54	1
	罗马尼亚	1779.56	0.24	0.64	3.53	2.96	3.75	3
	保加利亚	489.53	0.07	0.24	1.28	1.55	2.97	2

（三）有巨大的人口红利

2016年"一带一路"沿线国家共有32.1亿（不包括中国）人口，占全球总人口的43.4%，从劳动力情况看，沿线国家大多未出现人口老龄化现象，劳动力充沛。

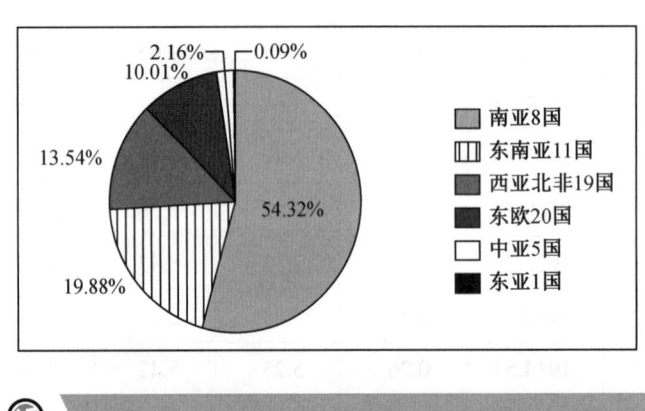

图1 "一带一路"各区域人口占比情况

（四）沿线国家消费潜力巨大

"一带一路"沿线国家城镇化水平较高，2015年城镇化增长了0.61个百分点，比世界平均水平高0.15个百分点。如图2所示，自1973年以来，"一带一路"沿线国家城镇化发展速度都要快于世界平均速度，且差距在不断扩大，1973年相差0.02个百分点，2012年最大扩大到0.17个百分点。

图2 "一带一路"沿线国家城镇化增速与世界比

数据来源:世界银行WDI数据库。

(五)沿线国家基础设施相对落后带来巨大机遇

"一带一路"沿线国家基础设施水平在全球位于中下程度。根据世界银行物流绩效指数中的基础设施指标,当前"一带一路"沿线仍有3亿左右的人口没有获得改善的饮用水源,每百人的互联网用户数仅为38.66户,比世界平均水平低5.34户。"一带一路"沿线国家铁路总里程48.03万公里,人均密度1.05公里/万人,比世界少0.39公里/万人;机场数占全球的14%,却承载了超过全球37%的航空客运量和货运量。在境外经贸合作区建设方面,我国企业先后在20个沿线国家建设了56个境外经贸合作区,目前累计投资超过185亿美元,为东道国创造了超过11亿美元的税收和18万个就业岗位。

(六)厦门具有独特的区位优势

厦门是中国最早设立的经济特区之一,海陆空交通便利,对外开放度较高,人居环境优越,产业转型起步较早,经济社会保持持续健康发展。厦门又是一带一路的起点,近年来厦门抓住"一带一路"机遇,发挥自贸试验区优势,拓展了与东南亚、欧洲的贸易通道,已成为双向开放的重要枢纽。

厦门将申请中国—东盟海上合作基金,力争开展2~3个合作示范项目,引导3~5家渔业企业参与"海丝"建设,打造8条海丝精品文化旅游线路。

厦门积极响应国家"一带一路"倡议,已在出台的《厦门市关于贯彻落实丝绸之路经济带和21世纪海上丝绸之路建设战略的行动方案》33个重点项目基础上,滚动生成了一批合作项目,目前确定推进39个重点项目,以点带面,全面对接福建自贸试验区发展,深度拓展国际区域合作,加快上述《行动方案》的落实。

三、厦门民营经济在"一带一路"中面临的问题

(一)经济结构不尽合理

民营经济个体组织形式上呈现偏小的劣势。尽管近几年也出现了一些规模较大的私营企业,但绝大部分私营企业的规模还较小,实力较弱,频繁出现歇业、关闭等情形,并且那些规模较大的私营企业,

在资产规模、整体实力方面与同行业国有、港澳台、外资企业仍有较大差距。

相对来说，厦门民营经济结构比较单一，主要集中在房地产、食品加工、餐饮住宿三大传统产业，而高新技术等有市场竞争力的产业发展不足。私营工业企业主要从事农副食品加工、食品制造、纺织服装业、纸制品业、印刷业、塑料制品业，涉足轻工领域居多，并且明显缺乏诸如石狮服装业、莆田城郊制鞋业、福鼎皮衣业等具有一定影响力的民营工业群体。

同时，除了政府扶持力度不够、融资担保渠道不畅、内资和外资企业的国民待遇有差异之外，最关键的是厦门的文化背景不利于私营企业的发展。

（二）整体竞争力较弱

很多时候，民营企业因为不了解当地国家的政治生态、管理方式、法律语言和风土人情，很容易"水土不服"；在陌生的国度里，民营企业恶性竞争、互相蚕食对方市场的"多输"情形也在屡屡上演。

从"2017中国民营企业500强榜单"发布来看，来自厦门市的均和（厦门）福建省有限公司和厦门禹洲集团股份有限公司上榜，这表明厦门民营经济基本处于分散状态，专业化程度不高，竞争力不强。

（三）存在安全保障和内外协调问题

"一带一路"沿途国家众多，发展差异、文化差异、认知差异巨大，部分国家间矛盾重重，区域内外存在众多不确定因素。中亚、西亚等局部地区面临域内外恐怖主义、宗教极端主义和民族分裂主义等非传统安全的长期严峻挑战，我国在外企业和人身安全面临威胁，海外利益保护问题突出，亟须沿途国家和地区共同应对。

（四）缺乏有效的电子商务平台

对外贸易都离不开安全、便捷、高效的电子商务平台，目前缺乏具有国际规模和知名度的跨境电子商务平台是厦门在参与"一带一路"建设中需要解决的一个紧迫问题。

（五）资金不足，管理方式较为落后

我市民营企业发展过程中存在着融资难、人才流失严重等困难，以及由此引发的民营企业技术创新难等问题。"走出去"民营企业遭遇融资瓶颈，许多民营企业很难筹资或者根本无法筹集资金。

我市民营企业经营资金相对不足，科技投入强度不足，技术含量较低，企业的产业层次难以提高。绝大多数个体经济、私营企业是以血缘、亲缘、人缘关系组建和发展起来的，家族式特征十分明显，这就导致相当一部分企业在管理上带有较强的随意性，急功近利，缺少长远规划等，难以持久、稳定、做大做强。甚至一些个体私营企业容易产生假冒伪劣、粗制滥造、不重信誉、欺诈经营的作为。

四、厦门民营经济融入"一带一路"的路径和方向

（一）引导民营优势企业深度融入"一带一路"

厦门民营经济在抢抓"一带一路"发展机遇时，政府要积极引导民营优势企业主动了解、主动参与、主动作为，分别制订具体实施方案，找准优势，谋求合作共赢，深度融入"一带一路"。

一是政府应建立各地商务部门、侨务部门、民营企业和侨商之间的有效沟通与服务合作机制，充分利用海外华商资源，定期举办各种学习交流会、投资贸易洽谈会、商品推介会、境外投资考察项目等，

为民营企业与侨商对接搭建平台。

二是重点推介厦门"小而精"的成长型企业。厦门现有一批如制药、轻纺服装、机械电子等相当成熟的行业,并具有较强的竞争力,可成为本市民营企业向"一带一路"沿线国家推介的重点。

三是厦门应以其高颜值重点以旅游、生态经济接轨"一带一路",对已经开发的旅游项目进行深度挖掘,复制中东欧的酒庄游、极限运动游、蜜月婚礼游,向中东欧、德国、法国、意大利和俄罗斯等沿线国家寻求合作发展。

四是针对"一带一路"沿线发展中国家产业基础薄弱、市场需求大的特点,将本市纺织、建材等传统优势产业的非核心部分转移出去,开拓市场空间,同时能够更专注于核心资源的利用和新产品、新技术的研发,形成纺织机械、技术、服务等全产业链的产品出口。

五是鼓励民营企业开拓市场、对外投资,同时积极对接国家"一带一路"基金和中国—东盟投资合作基金,支持"海丝"重点项目建设。鼓励民营企业到"海丝"国家和地区参展、办展、设立贸易中心,并鼓励企业参与东盟国家资源性、农业类项目合作。

(二)实施管理创新,建设高层次承载平台

创新不仅仅是企业创新,还包括管理体制创新,做实开放承载平台。

一要做大做强交通装备制造等传统优势产业,并向产业链高端延伸,走科技含量高、适用领域宽、市场前景好的内涵式发展道路。围绕区域经济社会发展的特殊需求,实施总体均衡式发展战略和局部非对称式发展策略,培育发展战略性新型产业,合理布局,形成阶梯型经济增长极。

二要建设实体性平台。依托保税港区在扩大开放中的窗口作用,尽早实现"高效率、低成本、可预见"的目标。

三要发展服务性平台。打造民营服务平台,建立政府资助重点行业协会发展和购买服务机制。

四要加大金融平台建设力度,加快发展跨境电子商务,关注认证中心建设,重视会展业、人力资源等生产性服务体系建设。

(三)选择"走出去"的模式

一是应优先考虑走向经济社会相对稳定,综合国际竞争力较强,与我国合作关系良好的国家和地区。审慎选择政局不稳、政府负债率高、经济落后的国家和地区,如伊拉克、叙利亚等。

二是探索运用PPP模式"走出去"。可以优先考虑交通基础设施互联互通的项目如公路、铁路、桥梁、港口、机场。根据自身状况自由参与PPP的某一个环节,资金充裕的企业可以参与融资环节,拥有技术优势的企业可以参与工程设计和施工环节,拥有管理经验的企业可以参与项目管理和后期运营环节,这样有利于企业分散风险。

三是要积极推动厦门高端装备制造业在参与"一带一路"建设上有所作为;积极鼓励文化产业对外扩张;引导科研院所走出去,大力加强出口基地建设,为面向"一带一路"的产品和服务研发、产品生产等创造良好条件。

(四)创新服务机制,提高服务效能

一是组织项目推介会,着力提升信息服务水平。可以通过组织项目推介会的形式,引导企业主动走出国门,推销自己的产品和服务;也可以邀请相关国家、地区的企业、人士来渝内洽谈,充分对接他们的产品服务需求;利用人民币跨境支付系统上线运行有利时机,积极发挥金融机构优势,为企业提供金

融支持。

  二是保障民营企业在海外的利益不受损害。定期召开民营企业"走出去"风险防范座谈会，邀请律所、企业、学者等就海外风险防范交流经验，提供解决方案。在做好国际安保方面，采取共建的方式，整合各种安保资源筹建国际安保服务中心，向走向海外的会员企业提供覆盖全球的安全顾问、危机处理、特种保镖、重点护卫等国际安保服务。

  课题指导：蓝　萍
  课题执笔：林媛媛
  完成时间：2017年10月

营造最优营商环境
促进厦门市民营经济发展

厦门大学经济学院

营商环境的优化,对于激发市场活力,促进市场主体倍增具有重要作用。哪里的营商环境好,企业就到哪里发展,资金就到哪里聚集。为了解民营企业对我市营商环境的具体评价和诉求,进一步优化我市营商环境,去年以来,市工商联联合我市六区工商联开展了我市企业负担情况调查,民营投资环境情况调查,制造业、贸易行业营商环境调查,扶持民营经济政策落实情况调查,旨在通过多种方式的调查研究,了解民营企业对我市营商环境的总体评价,发现营商环境存在的一些问题和不足,并提出营造最优营商环境促进我市民营经济发展的的对策建议。在全市工商联系统的大力协作下,我们发动多家团体会员和广大民营企业,前后共召开五场座谈会,以抽样方式200多家选取企业开展调查,被调查企业中制造业企业数量最多,以中小型企业为主,覆盖农林牧渔业、制造业、金融业、商贸流通业、科技服务业等13个行业。根据调研情况,总体汇报如下:

一、厦门市在优化营商环境方面的主要做法和成效

近年来,为调动民营经济活力,优化营商环境,我市贯彻落实党中央、国务院及福建省有关政策,出台了系列有力措施,促进了民营经济发展。

(一)制定政策,营造宽松政策环境

2014年6月,我市就以市委、市政府名义印发了《关于促进民营经济健康发展的若干意见》(厦委发〔2014〕9号),针对当时民营企业发展的热点、难点和重点问题,从扩大民间资本投资范围、减轻民营企业税费负担、缓解民营企业融资难、缓解民营企业用地难、推动民营企业做大做强、推动民营企业自主创新、营造民营企业良好创业环境、优化民营企业发展环境、发挥党建保障作用等9个方面,出台了44条具体条文,努力优化政策环境、市场环境、政务环境和舆论环境,大力扶持创业创新,推动民营企业做大做强、转型升级。随后,市直各职能部门纷纷出台实施细则,落实完善《意见》内容。今年来在分行业走访我市代表性的民营企业,召开多场专题座谈会,对我市100多家商协会的代表企业开展问卷调查,把《意见》的九方面措施与现在福建省及上海、天津、重庆、广东、深圳、东莞等周边省市的相关政策进行比对的基础上,对《意见》进行了初步修订,并四次征求企业及市直相关责任单位意见做了相应的吸收和修改,近期将确定第四轮征求意见后的修订稿报市委、市政府研究确定。

（二）开展"降成本、优环境"专项行动

2015年来部署开展"降成本、优环境"专项行动，提出将厦门打造成为"全国企业经营成本最低、营商环境最优的城市"的工作目标。开展"地毯式"清查，涉及全市70家单位，目前已基本形成涉企收费台账。完善企业调研及问题反馈机制，由行业主管部门牵头对制造业、建筑业、商贸业等主要行业，以及通关、物流、人工、环保等重点领域进行企业调研，形成相关调研报告。同时，通过市政府网站、中小企业在线网站等平台，开展民意征集活动，收集企业反馈意见。滚动出台政策，在2015年出台实施20项降成本措施的基础上，2016年出台两批11个方面的政策，每年可为企业减负60亿元。经过几轮降费，我市目前社保的费率在全国范围内都是比较低的。

（三）建立权力责任清单、民间投资负面清单管理机制

编制完成"行政权力清单"，同步建立清单动态调整和长效管理机制，精简行政权力4521项，保留市本级实际行使4294项，精简率达51.28%；完成市级"公共服务事项清单"，决定保留市级事项409项；完成"责任清单"，市级43个部门共明确责任事项6849项。根据国家发展改革委《产业结构调整指导目录》(2011年本)(修正)、国土资源部《禁止用地项目目录》(2012年本)，以及相关行业、产业和工艺限制政策，并结合我市实际，编制印发《厦门市内资准入特别管理措施（负面清单）指导目录》(2015年)，清单外的项目均允许和鼓励民间资本投资。

（四）认真落实上级下放事项承接工作，大力推进事项精简延伸下放

2015年，上级继续推动多批行政审批和公共服务事项的取消、下放、调整，经统计涉及市级对应事项共144项，其中取消15项、下放78项、调整51项，除下放事项中有3项外，其余均已经对应衔接落实。经过六轮审批制度改革，我市共保留市级行政许可事项197项。全面取消"非行政许可审批"。2015年按照国务院"五个再砍掉一批"和省政府"六个一律"的要求，继续推进简政放权，推动市级行政审批和公共服务事项下放141项，精简市级审批服务事项154项。

（五）推动"多规合一"，开展建设项目审批流程改革

结合自贸区建设，我市部署推动"多规合一"改革和建设领域审批流程再造，推行"一份办事指南，一张申请表单，一套申报材料，完成多项审批"的审批模式，最大限度提升建设项目审批效能。改革后，从项目建议书至施工许可核发，总审批时限由原来的180个工作日缩短至49个工作日；前期工作总时限压缩了1/3以上，大大提高了办事效率。此项改革已获得国务院常务副总理张高丽同志的肯定，要求厦门市进一步完善，并向全国复制推广"厦门经验"。

（六）强化对民营企业的服务

成立市民营经济工作领导小组，每年召开一次民营经济工作会议，总结分析民营经济运行情况，部署全市民营经济工作任务，检查促进民营经济健康发展相关政策的落实情况，及时根据新形势、新情况修订有关政策。建立市领导与民营企业家的对话交流机制，每半年召开一次座谈会，听取民营企业家的反映与建议，及时帮助民营企业解决发展中遇到的问题。建立民营骨干企业库，首批确定30家民营骨干企业，统筹资源予以支持，促进企业做强做大。

以上措施的实施，极大地优化了市场环境，激发了民营经济发展的活力和创造力。截至2016年年底，全市私营企业达22.43万户，同比增长23.3%。2016年民营经济实现增加值1913.71亿元，增长

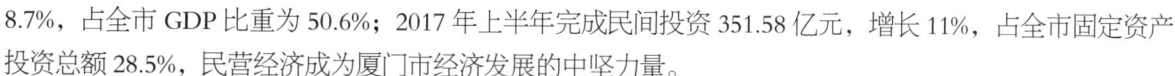

8.7%，占全市 GDP 比重为 50.6%；2017 年上半年完成民间投资 351.58 亿元，增长 11%，占全市固定资产投资总额 28.5%，民营经济成为厦门市经济发展的中坚力量。

二、厦门市营商环境存在的一些问题和不足

调研中发现，企业总体上认为我市政府部门的服务效率和办事透明度都比较高，法律环境较完善，乱收费现象少，对我市的营商环境比较满意。同时，也提出了一些问题和不足，具体如下：

（一）发展环境方面

（1）民间资本仍不能平等进入各个行业。虽然对民营企业实施准入负面清单，清单以外的内容"非禁即入"，但在现实操作中仍变相存在种种准入障碍。民营与国有在准入、担保保证金、逾期代偿时都是双重标准。在招投标市场准入方面，许多行业对企业的资金规模、行业资质、从业经验等方面都有一定的限制条件，民营中小企业有时直接被取消参与资格，或成为事实上的"陪标人"。民营医院、学校、文化、养老机构也存在与公立的两套标准，政府药品储备优先考虑国企，特种经营权民企受到限制，民企难以公平进入公立医院投资。民办学校在招生指标和毕业文凭方面存在歧视。对待本土企业和引资企业"内外有别"，有一种"外来的和尚会念经"的观念，重外轻内。

（2）扶持政策落实情况不尽如人意。厦门近几年强调重视民营经济发展，相继制定出台了一系列鼓励支持民营经济发展的政策措施，如《促进我市民营经济健康发展的若干意见》等，但是企业总体上觉得政府对民营经济的发展总是"雷声大、雨点小"，许多政策措施难以真正具体落实。有的政策只有原则上规定，缺乏细化和强制性规定，有些部门互相推诿扯皮、落实监管不力，导致不少好政策被束之高阁。如针对当前民营企业发展的热点、难点和重点问题而出台的"民营 44 条"，在其出台两周年的落实情况调查中 29.44% 的样本企业认为政策过于原则，特别是财税扶持政策对比福建省和周边地市缺乏突破创新；36.81% 的企业认为政策操作性不强、落实不到位；13.89% 的企业认为手续繁琐、成本高；12.50% 的企业则认为政策不完善需补充完善。这些反映说明，总体上，民营企业对政策的"获得感"不强。再如"小微企业减半征收所得税优惠"政策，本应是普惠性政策，但仍有高达 72.39% 的样本企业无法享受，其中，62% 的企业不符合条件，36.944% 的企业因手续繁杂而放弃。

（3）服务民营经济的政务环境有待改善。在政府服务上，厦门曾以高效见长，如今效率反成了"软肋"。相关部门由于受体制和自身利益的影响，缺乏为中小微民营经济"主动服务""靠前服务"的意识。如调研中 54% 的受访企业认为工商登记手续"便捷"或"很便捷"，但消防、建设、规划、环保和土地等相关事项办理手续还有待进一步规范和简化。同时，由于市、区、街道之间的协调不力，导致对企业的承诺无法兑现的事情时有发生。而周边及中西部地区，招商引资热情高，经常都是主要领导亲自推动，办理相关业务走绿色通道，省时又省事，项目很快就能落地。有些企业对我市政府部门的评价是：在办事规范方面一流，但办事效率却不敢恭维。

（二）融资环境方面

近年来政府一直致力于改善企业的融资环境，各金融机构也在积极改善对民营企业的金融服务，成立中小企业信贷服务部门，开发新的金融产品，争取民营企业这块不太好吃的"蛋糕"。但很多民营企业还是面临资金短缺、生产经营难以为继的困境。

（1）企业从银行获取贷款难度较大，对企业发展造成较大影响。调研显示，有 33% 的企业打算在未

来6个月内增加投资，但在这部分企业中，有60%的企业认为获取银行贷款"很困难"或"困难"，可以预见，这将对企业发展造成不良影响。

（2）科技服务业对长期投资需求大，但获取银行贷款困难。调研显示，农林牧渔业中有67%、科技服务业中有50%的企业需要长期投资，但获取银行贷款普遍困难，所有受访的科技服务业企业都表示从银行获取贷款存在困难。这一现状不利于我市发展科技服务业。

（3）民营企业融资难度大于国有企业。调查显示，有65%的受访企业认为国企在贷款融资方面比民营企业更有优势。导致企业融资难的主要原因有融资渠道少、抵押折扣率高和贷款额度小等。

（4）存在各种不合理服务收费。融资环节的各种担保费、评估费、审计费、保险费、财务顾问费等中介服务收费居高不下，银行还经常以要求企业购买相关理财产品等形式变相收费，有些银行还要求贷下来的银行款需按贷款金额的20%定存在银行。一些本来属于银行客户服务范围的业务，如只需打个证明、盖个章的行为，银行都要收取高昂的费用，如开具质保函：企业不仅要按银行要求提供100%的保证金（若企业有信用额度可略低），不管金额大小，每份还要收取400元的手续费；开具企业资信证明，则要被收200元的手续费/次。此类费用积少成多，对相关需求企业来说也是一种极大的负担。

（三）税负环境方面

（1）总体税收负担较重。当前厦门民营企业的总体税费负担水平在30%以上，再加上各种生产成本的上升，严重挤压了企业的利润空间。在当前生产要素成本趋同的情况下，税费负担的大小也就成了企业选择地域的主要条件之一。当前，厦门原来作为特区所拥有的税收政策优势已经丧失，内陆很多地区拥有了比厦门更优惠、更灵活的税收优惠政策，经济很多地区对民营经济的招商力度非常大，为吸引民营企业投资，往往会给予很多诱人条件，许予"零地价、税收返还、财政奖励"等重磅优惠政策。如西部大开发中许多地方提供长达十年的税收地方留成部分返还的优惠，广西北部湾经济区甚至在西部大开发政策基础上直接免征地方分享的所得税，入区企业所得税率仅为9%。我市一些企业将部分业务迁至西部地区，主要就是因为西部地区的税收优惠政策。

（2）一些优惠政策"获得感"不强。我市某金融企业将总部迁到上海，除了上海具备较为健全的金融行业配套资源外，还有着更为优惠的金融税收政策，企业迁至上海后每年将节省30%的税收。在产业园区建设方面，除了零地价，一些地方的政府进一步提出每建设一平方米厂房补贴300元的优惠。企业以利为本，为了生存，不得不"举家搬迁"，这也是造成近段时间我市部分民营资本外流、企业外迁的重要原因。如高管退税，根据《厦门市进一步激励人才创新创业的若干措施》规定，企业聘用年薪超过30万的中高端人才，符合厦门市重点产业发展目录的，三年内可按缴纳个人所得税地方留存部分的25%给予奖励，但是申请的人才必须在职。企业认为限制条件太多，而且实际能申请到的费用很少，以30万年薪为例，共缴纳5万的个税，地方留存部分2万，25% 只有5000元，看似很好的政策，其实力度非常有限。

（四）人才和用工环境方面

（1）厦门市拥有发展高技术企业的人才环境优势，但享受过高层次人才引进政策的企业数量少。科技服务业中认为雇用员工困难的企业比例仅有25%，这得益于厦门地区的各大高校提供了较好的人才培育环境，企业引进的人才以毕业生和在职人员为主。但享受过高层次的人才引进政策的企业数量少，企业认为我市目前人才政策大多针对专家、博士这类人才，而企业所需的高管较难套用。44%的受访企业享受过吸引毕业生人才政策，27%的受访企业享受过引进在职人才政策，但享受过其他各项高层次人才引进政策的企业比例很低。

（2）技术型企业人才流失问题比较严重，高房价与低工资的矛盾是人才型员工流失的主要因素。科技服务业尽管雇用员工较容易，但人才型员工的流失情况也较为严重的。在科技服务业企业中，有25%的企业认为人才型员工的流失情况较严重。高房价与低工资的矛盾是人才型员工流失的主要因素。47%的受访企业认为人才型员工流失的原因是工资待遇缺乏竞争力，57%的受访企业认为原因是房价太高。

（3）高房价、高社保成为企业的沉重负担。一是高房价。2016年以来房价疯狂上涨，而企业的薪酬无法同步上涨，如2015年厦门上市民营企业中有12家的人均薪酬低于10万，更不用说千千万万的小微企业了，这让不管是蓝领还是白领甚至是金领都认为在厦门安家无望，纷纷离开厦门。据统计，厦门36家上市公司中有13家员工数量在减少，占比超过1/3。二是高社保。五险一金比例偏高，目前单位和个人最低缴交比例费46.3%，按去年社平工资为基数每月需缴纳五险一金2481.68元，虽然2017年以来我市出台政策降低养老保险、工伤等社保费率，但是对于用工数量较多的制造业企业来说，仍然是杯水车薪。缴费方式一刀切，不管职工是否愿意都需要按照规定打包缴纳"五险一金"，有些农民务工变动较为频繁，或务工一段时间后回家务农，只好被迫退保，而退保时原每个月缴纳的500多元的社保费只能退100多元，这无形中加重了企业的负担。

（五）对外贸易环境方面

（1）部分认证的办理周期过长。企业认为贸促会认证费用较高，办理周期（20天）较长；邀请外国客商来厦实地考察，官方邀请函办理困难，人数限制严格。另外国际汇率变动、美国经济制裁、国家间反倾销、部分政府对商品产地证的特殊要求都需要政府对相关信息及时传递和有效提示，减少企业的交易成本。

（2）出口退税函调过于频繁，代理机构存在垄断服务。为了应对骗税，国税部门实行出口退税函调，由我市税务部门发函请异地税务部门协查企业持有的进项税票及其业务是否真实，且以此作为企业退税的先决条件。但该调查需要较长时间，发函一来一回使退税时间延长1~3月，且过程存在不确定性。许多企业认为税务部门因为个别骗税企业而展开大范围全方位的发函，给出口企业资金方面造成很大的压力，有的企业同一客户在前一次函调还没有结束时税务部门又对第二单业务发出口函调，增加了出口企业的工作量，还造成合作下家的不信任及出口企业经营的困难。有的企业认为，这样打击骗税的同时也损伤了规范经营企业的利益，这是"一人生病，大家都吃药"。也有的企业反映，同样都是国家税务总局发的通知规定，其他地区执行力度没有这么大。部分企业还反映，我市小微企业须通过两家税务师事务所办理出口退税，但是服务不尽如人意，代理费用过高，在受理企业业务时服务意识和效率都有待提高。

（3）会展补贴相较于深圳、泉州、温州较少，国际参展成本高，阻碍企业国际市场的开拓。如对石材出口参展费用补贴，我市最高只能获50%的补贴，而泉州却能得到100%的补贴，相差50%，有的企业通过关联企业将厦门出口的业务转移到泉州申请补贴。2012年，温州发布规定，对企业参展补贴提高标准，多个项目进行全额补贴，其他也允许提高到80%，而我市一直沿用2009年制定的办法，补贴标准一般按50%把握。即使是我市规定标准的补贴，有时政府部门也没有完全兑现，如关于参展补贴，有多家企业在规定时间申报，最后有关部门竟然回复"今年的经费指标用完了，没有经费发放补贴"，导致政府失信于企业。

（4）金融业、科技服务业"走出去"程度较低。厦门金融业、科技服务业等现代服务业外向程度过低，科技服务业中有进出口业务的企业在其行业内比例仅为13%，金融业的这一比例为22%。企业普遍缺乏开拓海外市场的动力，已有海外业务的企业中，只有42%的企业有计划开拓新的海外市场，而没有海外业务的企业中,只有10%的企业准备开拓海外市场。阻碍这类民营企业进军海外的原因主要是不了解海外投资环境。在受访企业中,有29%的企业认为进军海外市场最主要的困难是不了解海外投资环境,其他的原因包括经验不足、风险较大。

(5)民营企业主要依靠自身力量应对国际贸易纠纷,缺乏集体力量。在应对国际贸易纠纷时,企业主要依靠自身力量,商会发挥作用小,同行合作少。有62%的受访企业是依靠自身力量处理国际贸易纠纷的。

(六)法律环境方面

1. 约一半的企业没有自己的法律部门,但律师事务所的数量和提供的服务都令其满意。企业的营业规模是影响企业是否设立法律部门的主要原因,在营业收入100万以下的企业中,只有24%的企业有自己的法律部门,而营业收入5亿以上的企业全部都有自己的法律部门。对于没有法律部门的企业,其处理法律事务完全依靠第三方的法律服务单位如律师事务所。受访企业对法律服务单位的数量和质量都表示满意,调查显示,有60%的受访企业认为企业周边的法律服务单位的数量"很多"或"比较多",90%的受访企业认为第三方法律服务单位提供的服务质量"满足"或"基本满足"企业需要。

2. 法律环境较好,大部分法律纠纷都能通过法律途径解决。政府在调解法律纠纷中也发挥了较大作用。大部分法律纠纷都能通过法律途径解决。有自己的法律部门的企业中,只有5%的企业表示曾经通过非诉讼途径解决法律纠纷。没有法律部门的企业主要依靠调解和诉讼解决法律纠纷,有29%的企业曾经依靠政府调解处理法律纠纷,政府在调解法律纠纷中发挥了较大作用。

三、进一步优化营商环境,促进厦门市民营经济发展的对策建议

(一)简政放权,提升政府服务水平

(1)简政放权,提高政务服务效率。积极落实国家行政审批制度改革,加快推进"负面清单"管理制度改革,以有效激活市场活力。立足方便企业的观念,进一步削减行政审批手续,缩短政务服务流程,提高办事效率,极大地增强市场开放的透明度。如企业办理厂房抵押贷款或期满转贷都需要办理抵押登记,手续办理需要15~20天,会给企业形成巨大资金压力;有关资质审批,也应简化手续,如有关网络游戏的审批,希望有绿色通道,以适应产品生命周期短的特殊情况。

(2.强化监督,确保政策落地。一是简化申报材料。深入研究运用大数据、信息化手段简化行政服务材料清单,减少企业申报重复提交材料,提升政府办事效率和补贴申领效率,实现"企业少跑路,信息多服务"。二是强化监督做好政策落地。加强对政策落实情况、执行情况的监督检查力度,对行政不作为、乱作为、慢作为的予以责任追究。

(3)探索解决民营企业用地难问题。有效保障企业用地需求,将民营企业用地纳入年度用地计划。民营企业投资符合国家产业发展方向的大项目,统筹安排新增建设用地指标。同时鼓励节约集约用地。适当规划建设多层标准化厂房,对租用政府投资多层标准化厂房的小型微型企业,3年内给予租金优惠。对建设3层以上标准化生产线厂房的,在保证设施专用的前提下,由同级财政给予一定补助。适当提高用工规模较大的工业企业在厂区内建职工宿舍的比例限制,解决员工住宿问题。对房地产等比较关注土地市场的行业以外的民营企业,适当放宽建设用地制度,简化审批条件。广泛告知民营企业相关建设用地政策,有效解决民营企业用地难的问题。

（二）清费减负，优化发展环境

（1）制定减负清单，强化监督执行。一是要制定减负清单。将近年来国家省市出台的减负政策汇编成册，公开印发给相关部门和各个企业，并指导企业用足用好各项政策。二是要落实部门责任。2016年以来，市政府制定印发了多批关于减轻企业负担的通知，明确了部门责任，并明确要建立常态化的工作机制，做到成熟一批出台一批，持续推进企业减负工作。建议下一步由市政府督查室对相关责任落实情况进行一次督查，对不作为、慢作为问题进行追责。三是要强化执行监督。设立惠企政策的咨询投诉热线电话，为企业提供更方便快捷的政策宣传、咨询解答、投诉受理等服务。

（2）高度重视房地产疯涨对实体经济的负面效应。房地产暴涨间接导致企业投资、运营成本飙升，尤其是造成人才引进困难，已经成为民间投资特别是实体经济的重大障碍。虽然我市出台了一系列措施抑制房价，但是收效并不明显，目前我市的房价水平与深圳相当，但是产业发展水平及收入水平明显不能跟深圳同日而语。重庆市在保持经济高速发展的同时保持房价稳定很值得借鉴。建议政府一方面严抓调控政策落地，另一方面也应该通过加大配置人才房、建设经济适用房和公租房等方式，帮助企业降低职工生活成本，促进人才引进；特别建议政府允许企业自建员工公寓，通过多种形式，积极作为，化解高房价对企业发展造成的不利影响。

（3）降低企业社保缴纳基数，采取灵活的参保方式，加大实业企业高管个税优惠力度，减轻企业负担。政府可以通过承担更多本市居民社会保障职能，让外来务工人员自行选择参保项目（社保关系转移接续问题也影响着他们参保缴费的积极性）及方式，为企业减负，让企业有利可图，这样才能吸引更多民间资本投资实业；参照深圳、上海的做法，适当提高实业企业的高管个税奖励比例，用于其在本市购买或租赁汽车、自住住房、办公用房，参加专业领域培训及兴办企业等支出。

（4）推进政策创新，改善税收环境。在法律、政策允许的范围内，进行政策创新，充分考虑民营企业的困难，制定科学的财税扶持政策，推动各项税收政策的透明。对企业认为我市对一些标准的认定及政策执行比其他地区严格（科技企业的认定标准及出口退税政策执行比其他地方更严格），各种税前抵扣项目执行不够灵活，税收服务存在差别待遇等问题，应深入调研，进行政策创新以有效解决问题。对因"营改增"税负增加的行业，建议有关部门要兑现即征即返的承诺，提高返还的时效，降低返还门槛。

（三）建立多层次的融资体系，优化民营企业融资环境

（1）鼓励国有商业银行加大对民营企业信用支持的份额和力度。鼓励银行积极寻找、培育和扶持优良民营企业客户群，对一些规模相对较大、信誉较好的民营企业实行授信制度，简化审批程序；对一些关系密切的民营企业可实行联保贷款方式，努力满足民营企业合理的信贷需求。

（2）鼓励民间资本筹集和吸纳社会闲置资金，投资建立起更多的小额贷款公司。拓展小贷公司的融资渠道，制定小贷公司的监管标准和风险管控要求，增加小贷公司的贷款能力；合理界定民间融资和非法集资的界限，规范民间借贷行为。

（3）鼓励民营企业从资本市场直接融资。积极鼓励民营企业在国内外上市；加强债券市场建设，支持经营效益好、偿还能力强的民营企业利用短期融资券、中期票据、中小企业集合票据、资产支持票据等品种进行融资；鼓励民营企业特别是高科技企业充分利用基金、风险投资、PE、VC等融资工具。

（4）完善对民营企业贷款周转的管理。加大财政对企业转贷应急资金的投入，完善企业转贷应急机制，人行、银监、金融办等部门应加快推动完善信贷政策、优惠贷款管理，通过提前续贷审批、设立循环贷款、实行年度审核制度等措施，减少企业"过桥"融资成本；督查金融机构落实关于小微企业不良贷款容忍度的监管政策，并配套完善的责任制度。

（四）进一步推进国际贸易便利化

（1）进一步提升退税办理效率并简化手续。缩短出口退税时间。企业希望国税部门能进一步简化退税商品的报关分类，便利报关；从实际最小需要出发确定出口函调范围和规模，落实各项退税便民措施，缩短退税时间，允许更多具有条件的中介公司从事退税中介业务，并督促退税中介公司改进服务，提高工作效率。积极争取海关总署支持，优化海关特殊监管区域内海关编码。

（2）整合海关特殊监管区的管理平台，大幅减少贸易通关的时间成本。建议由政府牵头，对海关特殊监管区域的各类管理平台进行梳理整合，形成统一的海关特殊监管区域的管理平台，使得特殊监管区内企业的备案、数据管理、数据调拨等方面统一。进一步优化海关特殊监管区域的通关模式、查验模式。如，海沧保税港现有的通关模式、查验模式时效性差，企业希望通关环节再减少一些，便利一些，最好采用保税区的模式；海关东渡办的转关手续再简便些，采用保税区的转关模式；尽快出台保税区物流企业迁往海沧的具体时间规划和方案。

（3）扩大支持出口的经费规模，引导保险业服务中小企业，增强我市贸易业的风险承担能力。一是通过追加预算等形式，扩大支持企业出口的专项经费规模，保证"应补尽补"，保证政府承诺的对出口企业的补贴全部能满足企业申请要求，修改企业参展费用补贴的办法，提高补贴比例。二是改进外贸金融服务。加大政府支持力度，降低收费标准，引入商业金融机构开展短期和长期出口信用保险业务，进一步拓展面向小微企业的保险业务，扩大保险覆盖范围。

（五）围绕产业发展进一步完善人才保障政策，让年轻人进得来、留得住、有盼头

（1）针对我市优先发展的行业和重点领域，加强人才的培育和留住政策研究。对年纳税额达一定规模的企业，政府提供一定数量的经济适用房指标，由企业主导分配给企业中、高端人才；在外来工生活密集区的城乡结合部，政府规划部分用地，建设劳工公寓，配套娱乐设施及生活活动中心，以较低的房租提供给企业员工租用。适当提高用工规模较大的工业企业在厂区内建职工宿舍的比例限制，解决员工住宿问题。

（2）围绕跨岛发展，完善岛外人才发展相关配套。针对部分企业转移到岛外新城发展的现状，引入社会资本做好阶段性的人才公寓和廉租房配套工程，利用半市场化方式运作这部分房屋，服务企业迁移工作并为新城聚敛人气；同时，运用租金优惠、政策补贴等手段，加强生活配套以及医疗、教育资源倾斜，尤其是子女入学要有实打实的措施，让政策红利"看得见、够得到"，切实消除优秀人才的顾虑，集中精力创新创业，打造厦门率先发展的比较优势，为我市经济转型升级打下坚实基础，进一步积蓄发展动能。

（六）完善法律环境建设，维护安全、稳定、公平的市场秩序

（1）加强对产权的保护。调查显示，现在很多私营企业家都办了移民并将财产转移国外，反映出其对安全感的缺乏。如果厦门能利用地方立法优势，在保护产权上有实实在在的"先行先试"举措，让厦门成为营商保护最好的地方，就能吸引更多的民营企业到厦门来发展，就能取得先发优势，并对全国起到很好的示范作用。

（2）完善保护和服务民营企业的工作机制。司法和执法部门要树立平等保护和服务民营企业发展的观念，坚持在适用法律和服务标准方面一律平等。转变以国有企业为中心的观念，增强对民营企业的平等对待、平等保护意识，并落到实处，为民营企业的发展提供良好的司法环境。建立起平等保护和服务的工作机制，确保民营企业法律地位、法律适用以及法律措施的平等对待。在司法和执法工作中要做到

中立公正、不偏不倚，确保法律面前人人平等。深刻认识民营企业是纳税人，是国家税收的重要来源，端正司法执法态度，严格依法履行职责，服务民营企业发展。

（3）依法维护公平有序的市场秩序。按照权利平等、机会平等、规则平等的原则，实行统一市场准入制度，从法律角度对市场准入加以明确和解释，严厉打击为保护垄断而设障、使其他市场主体无法获得准入的违法行为，以解决多年来民间资本和民营企业无法进入垄断行业的"玻璃门"和"弹簧门"现象，为这些行业注入竞争活力，也为民营企业提供新的发展机会和空间。

（4）提高民营企业法律意识。民营企业参与市场竞争必须遵守相关的法律法规，其对法律法规的认知能力直接关系到其利益的保护。因此，企业经营管理人员需要学习与生产经营相关的产品质量、合同、税收、消费者权益保护等方面的法律法规，提高企业的整体素质。加快民营企业内部法律部门的建设，通过企业法律部门与对方当事人沟通，能够有效解决纠纷。民营企业还要树立正确的诉讼观念，针对市场交易过程中的矛盾与纠纷，以及与企业员工内部的纠纷等，开展调解、仲裁等非诉救济途径的应用，不仅节约司法救济成本，也为处于弱势地位的民营企业提供更广阔的法律保护途径。

课题指导：蓝　萍
课题执笔：王　彧
完成时间：2017 年 8 月

营造一流营商环境
提升厦门市国际贸易便利化水平

厦门市工商联

在外部市场需求低迷、出口成本上升、贸易摩擦频发、国内工业生产放缓等不利因素影响下，2015年我市累计实现进出口总额832.91亿美元，比上年同期下降0.2%，规模以上工业企业出口总交货值下降5.4%，外贸经济形势面临严峻挑战。

市工商联根据"提升厦门城市国际化水平"专题协商的要求和部署，3月份以来，在全市工商联系统、厦门大学经济与贸易系的大力协作下，对我市代表性的货代企业、船代企业、报关行、大型贸易公司、跨境电子商务协会进行实地考察与访谈调研。

一、调研内容

主要包括：（1）企业贸易成本（主要是物流成本、渠道成本、税务管理、外汇管理）；（2）我市的通关环境（通关监管流程、货物检验标准、商品归类验放、现有海关特殊监管区域政策满意度及升级发展意见建议）；（3）跨境电商领域成为政策高地、时效高地和成本高地，跨境电商在使用跨境支付、物报关报检、使用跨境物流（空运海运陆运铁运），缴纳行邮税，以及在货源采购、系统设计、仓储管理、运营体系等方面相较国内电商的差异；（4）进一步提升我市贸易便利化水平的意见建议。

二、厦门市在贸易便利化方面存在的不足和提升空间

总体上，企业认为目前我市贸易便利化措施已经较为完善，无论是收费负担的减轻、相关项目的效率提高等，在这两年都有了很大的进步。但企业认为政府的政策措施与当前的出口环境变化仍有差距，与企业期望仍有差距。主要表现在以下方面：

（一）无纸化通关缺乏配套，电子单据跨部门使用难，制度性摩擦成本高

一是因为当前的无纸化改革，企业反馈"方便不明显"。海关单证审核只是从看纸质单证变成看屏幕，虽然简化随附单证，但企业仍需扫描上传单证资料，现场查验要自行打印单证辅助作业，加工贸易核销、退运货物办理等环节仍要求企业提交纸质报关单证。二是部门间无纸化协作不同步。目前的监管证件电子化程度不高，尚有约十余种监管证件未实现电子数据联网核查；国税、银行、政府商务等部门

仍要求企业提交海关签章的纸质单证办理相关业务；港口、堆场等物流部门仍需凭纸质放行单据办理手续，信息化程度有待提升。如在厦门出口退税所需提供的资料中有一联是出口货物纸质报关单的六联之一，许多贸易企业在出港码头已经实现无纸化办公，该单据一般以电子备案形式存在，为提交纸质单据备案以退税，贸易企业需花费较长时间催单，不仅增加了额外工作量，还降低了工作效率。希望通过政府相关部门间的沟通，实现此类单据的联网记录，省去退税备案时候的这些工作。

（二）出口退税商品分类过细、审批时间长、程序多，增加贸易企业的经营成本

首先是退税商品的分类过细。以服装类商品为例，目前退税率基本是16%，但是在报关申请退税时，对商品种类需要进一步细化分类（虽然分类后退税率不变），如婴儿套装中，上下装需要分开报关，这给物流企业增加了时间成本。其次是退税函调过于频繁。为了应对骗税，国税部门实行出口退税函调，由税务部门发函请异地税务部门协查厦门企业持有的进项税票及其业务是否真实，以此作为厦门企业退税的先决条件。但该调查需要较长时间，发函一来一回使退税时间延长1~3月，且过程存在不确定性。企业认为税务部门因为个别骗税企业而展开大范围全方位的发函，给出口企业资金方面造成很大的压力，有的企业同一客户在前一次函调还没有结束时税务部门又对第二单业务发出函调，增加了出口企业的工作量，还造成合作下家的不信任及出口企业经营的困难。企业反映，同样都是国家税务总局发的通知规定，其他地区执行力度都不及厦门，这样打击骗税同时也损伤了规范经营企业的利益。再次是退税中介机构服务意识和效率有待提高。中小企业须通过我市两家税务师事务之一办理出口退税手续，企业认为其服务不尽如人意，手续费过高，退税时间长，服务意识和效率都有待提高。

（三）海关特殊监管区功能定位不明确，部分港区通关模式不佳、工作理念陈旧

目前厦门海关特殊监管区域主要包括东渡港区、象屿保税区、象屿保税物流园区、海沧保税港区、翔安保税物流中心及大嶝对台贸易市场等，部分港区存在通关模式不佳、工作理念陈旧的问题。一是海沧保税港区通关模式问题。海沧保税港现有的通关模式、查验模式时效性差，报关要报三次，送货等待时间长（要查验才能放行），企业反映整个通关时间比保税区要多用4~5天，希望通关环节再便利一些，最好能采用象屿保税区的通关模式。二是海关东渡办的转关手续不够简便。目前海关东渡办转关材料需要两个科室审核，查验需要三个科室审核，保税区每天都有固定的时间（如每天的上午十点）送往下个科室，而东渡办要等材料积累到一定量才能送往下一个科室，企业很难掌握具体的审批时效，总体上比保税区要多用两天左右的时间。三是我市政府呼吁保税区物流企业迁往海沧，但是没有具体的时间规划和方案，怎么迁移、迁移到哪、采用什么样的通关模式，目前尚不明确，企业反映无法做出相应的决策。

（四）对出口企业的参展等补贴与其他城市有差异且落实力度不够，影响企业的竞争力

如对石材出口参展费用补贴，厦门最高只能获50%的补贴，而泉州却能得到100%的补贴，相差50%，有的企业通过关联企业将厦门出口的业务转移到泉州申请参展补贴。2012年，温州发布规定对企业参展补贴提高标准，多个项目进行全额补贴，其他也允许提高到80%，而我市一直沿用2009年制定的办法，补贴标准一般按50%把握。但即使是符合我市规定标准的补贴，有时也没有完全兑现，如我市网商协会有多家会员企业在规定时间申报补贴，但是因为经费指标用完了，没有经费发放补贴，导致政府失信于企业。

（五）相关优惠政策宣导不到位，影响企业政策解读和优惠落实

当前很多厦门出口企业对原产地优惠政策不够了解，甚至存在认识上的误区，对我国签订的各类贸易协定不够敏感，尤其是最近几年签订的各类区域性自由贸易区协定，并未从中看到关税减免带来的商机，有时甚至只因客户要求才申领，并不是主动申领优惠原产地证书。由于优惠原产地证所带来的效益由进口商享受，其作用容易让厦门出口商忽略，因此，很多国内出口商并没有认识到优惠原产地证书这一"有价证券"的含金量，在与外商签订外贸合同时也没有把它作为促进出口的"利器"。有的出口企业虽然知道客户索要原产地证书是为了减免关税，但认为关税减免只由进口商单方面享受，自己享受不到，如果客户不提，自己又何必多此一举。这些误区正说明了对自由贸易区关税优惠政策宣贯的迫切性和重要性。出口企业需要在签订合同前就知道相关政策，寻找正确的途径查阅优惠关税幅度，从而通过预先提高成交价格和出口数量来分享进口商的退税，共享贸易利得。

三、营造一流营商环境，进一步推进厦门市国际贸易便利化的对策

进一步推进国际贸易便利化，是当前适应经济新常态，提升我市外贸行业竞争力的迫切要求，也是我市营造国际一流营商环境，提升厦门城市国际化水平的现实需要。建议：

（1）构建"以服务企业为中心"的大数据平台，完善电子单证跨部门流通机制，完善无纸化通关配套，大幅度降低企业通关的人力成本。构建口岸执法部门各方共同参与的新型口岸通关大数据平台，打破部门信息封锁和割据藩篱为目标，真正实现口岸执法部门之间的信息互通、监管互助和执法互认。围绕无纸化通关作业的主线，推动"单一窗口"申报数据的简化和标准化，统一申报标准，将各类进出口单证及各类许可、管制信息按照与各进出境管理机构兼容的统一标准进行格式化和数字化，依托统一平台实现一点接入、数据共享、执法主体一口对外。在服务企业方面，除通关现场第三方服务代理机构的数据预录入外，还应进一步丰富数据发送方式和渠道，开设网上通关大厅，办事人员通过 PC 或者手机 APP 移动客户端登录，实现 7×24 小时受理通关请求。

（2）进一步提升退税办理效率并简化手续，完善出口企业帮扶机制，强化我市贸易业政策环境优势。缩短出口退税时间。企业希望国税部门能进一步简化退税商品的报关分类，便利报关；从实际最小需要出发确定出口函调范围和规模，切实为企业着想，落实各项退税便民措施，缩短退税时间，允许更多具有条件的中介公司从事退税中介业务，并督促退税中介公司改进服务，提高工作效率。

（3）复制保税区通关模式，优化海关部门工作机制，大幅减少贸易通关的时间成本。建议由政府牵头，将现有的6类海关特殊监管区域各类管理政策进行梳理整合，按照各自的资源禀赋和比较优势来明确其主导功能定位，实施各有侧重的资源配置，大力推动政策互补和要素集聚；进一步优化海关特殊监管区域的通关模式、查验模式。如，海沧保税港现有的通关模式、查验模式时效性差，企业希望通关环节再减少一些，便利一些，最好采用保税区的模式；海关东渡办的转关手续再简便些，采用保税区的转关模式；尽快出台保税区物流企业迁往海沧的具体时间规划和方案。

（4）加大出口贸易专项补贴规模，引导保险业服务中小企业，增强我市贸易业的风险承担能力。一是通过追加预算等形式，扩大支持企业出口的专项经费规模，保证"应补尽补"，保证政府承诺的对出口企业的补贴全部能满足企业申请要求。建议修改参企业展费用补贴的办法，将补贴普遍提高至80%。二是改进外贸金融服务。以出口信用保险为例，人保厦门分公司拓展小微企业出口信保业务是2017年以来厦门市投保企业数显著增加的主要拉动力。但不少企业认为保险费水平过高，各地普遍实施了不同比例

的保费补贴，建议在规范补贴行为的同时，加大政府支持力度，降低收费标准，并引入商业金融机构开展短期和长期出口信用保险业务，进一步拓展面向小微企业的保险业务，扩大保险覆盖范围。

(5) 继续完善跨境电商政策体系，优化通关、物流等关键环节，努力形成我市发展跨境电商的"厦门优势"。一是继续简化跨境电商外汇管理和税务管。统筹协调国税、外汇管理局等口岸相关部门，理顺通关监管流程，分类指导"一般出口""特殊区域出口""直购进口"和"保税进口"四种新型通关监管模式，满足企业需求；发挥象屿、海沧两个片区跨境电商产业园载体的主体作用，支持海沧电商园区开展跨境电商业务。二是简化优化跨境电商物流流程。以企业及市场需求为切入点，检验检疫部门尽快出台分类管控的具体操作流程。在统一库存管理的模式下，实现一般贸易、分送集报和个人物品三种通关模式；尽快出台个人包裹清关后进入跨境电商园区验放的个人物品的申报和操作流程（包括申报系统的使用和接口）；尽快出台个人物品退换货简易流程，实现快捷、低成本运作。

(6) 探索建立多维度的政策宣导机制，寓政策宣导于各部门日常监管服务中，努力畅通政策到企业的有效传递。应加强贸易便利化措施的常态化和机制化建设。近年来我国陆续推出的稳定外贸增长政策都是在外贸出口面临较大困难的背景下形成的，包括了部分短期性和应急性措施。政府部门应及时将其中一些具备条件的内容逐步转化成为常态化措施。如厦门海关已发布公告，海关特殊监管区域"货物自行运输"、"批次进出、集中申报"作业模式、"汇总征税"等上海自贸区实验成功经验复制推广至厦门海关。希望厦门海关能继续完善公告里提出的海关特殊监管区域"货物自行运输"、"批次进出、集中申报"作业模式、"汇总征税"等改革措施的操作细则，使这些贸易便利化措施尽快在厦门海关特殊监管区域落地实施。同时，海关等政府相关部门还可进一步利用自己的政策信息优势、网络优势，主动走近企业，对外贸企业进行政策指导，特别是针对企业的管理层和决策层，力求做到用活、用足、用好区域性优惠关税政策。比如商检部门可以积极推动出口企业用好用活原产地政策。

课题指导：王　沁
课题成员：刘海星　叶红莲　武力超
课题执笔：叶红莲
完成时间：2016 年 4 月 30 日

关于调动民企参与慈善公益事业积极性的调研

厦门市工商联

一、国内企业参与慈善公益活动发展情况

根据《企业公益蓝皮书（2015）》的数据显示，企业家占据更多的财富和社会资源，他们的财富观念、捐赠水平、捐赠动机、从事公益活动的方式、公益活跃度，无论对于中国慈善事业的发展，还是对社会问题的解决都具有十分重要的影响。2014年度，财富排名前100位的企业家中，只有26位企业家有明确的年度捐赠数额，有74位富豪企业家未有捐赠行为。26位企业家捐赠总额为165.59亿元，平均每位企业家捐赠6.37亿元。《企业公益蓝皮书》指出2015年中国企业家公益发展水平较低，超过半数企业家公益指数为零分。

《2015年中国企业家公益行为研究报告》以我国财富排名前100位的企业家为研究对象，通过对其捐赠理念、捐赠方式和额度、公益成效的分析，发现我国企业家公益行为存在以下特征：（1）不同行业企业家捐赠总额、慷慨度呈两极分化，互联网行业最慷慨；（2）马云排名第一，超过七成企业家捐赠额为零；（3）中国企业家捐赠占财富总额比例不到1%，捐赠水平与西方发达国家相比差距较大；（4）从整体来看，我国企业家公益发展水平较低，超过半数企业家公益指数为零分；（5）在公益理念方面，中国企业家"能力越大，责任越大"的意识仍然欠缺；（6）在公益参与方面，中国企业家以直接捐赠财物为主，倡导成立公益组织或参与重要公益活动逐步成为最新趋势；（7）企业家尝试建立个人公益基金会，公益管理逐步专业化。

二、国内企业家做慈善公益的方式与动机

根据《2015年中国企业家公益行为研究报告》统计显示，公益捐赠是企业家参与公益最主要也是最直接的方式，主要以直接捐赠、捐赠股权、捐赠服务或者时间（威信或影响力捐赠）三种捐赠方式为主；捐赠的领域较多，包括文化教育、扶贫、弱势群体帮扶、公共服务、环境保护以及医疗卫生等领域。其中，文化教育领域最受企业家青睐，其次为扶贫、弱势群体帮扶。

中国社会科学院在对"公司与社会公益"项目的研究中，将企业捐赠动机归纳为三类：（1）单纯的慈善目的；（2）将捐赠行为视为一种增进企业经济利益的工具；（3）追求慈善与经济利益双赢。

通过对比研究发现，中小企业慈善捐赠主要动机为：对所处社区的回报、商业利益，以及领导者个

人的慈善兴趣。另外，企业家追求社会责任参与社会慈善活动是企业家的一种自利动机，不过这种动机是一种广义的自利动机，既包括追求货币收入，也包括追求非货币收益，如荣誉感、社会尊重等。

三、国内企业家较少参与慈善公益事业的原因

霍达在《中国企业家慈善行为与政府管制》一文中认为影响我国企业家慈善行为水平低下的主要因素是社会环境、慈善机构、政府管理以及企业自身。具体而言是：社会大众的慈善意识淡薄；慈善机构的目标模糊、人才匮乏、筹资渠道单一、基金的保值增值存在问题；政府对社会职能包办过多、法律法规不健全、税收政策不能有效落实；而对于企业自身而言，慈善观念、经济因素以及内部管理的不到位，都成为企业有效慈善行为的绊脚石。

企业家进行捐赠时有"内部驱动力"与"外部驱动力"，"内部驱动力"即企业家从企业发展以及各种利益相关者角度出发进行捐赠的动机，包括高层领导的重视、企业战略规划、吸引客户及消费者、树立品牌效应等；"外部驱动力"即外部机构的捐赠动员及企业的从众心理，包括政府、慈善机构、媒体的捐赠动员以及其他企业的捐赠影响。我国企业家慈善行为驱动力主要来自政府动员、社团劝募和社区申请等外部驱动，企业家的慈善行为带有明显的行政色彩，捐赠指向策略性不强、动机模糊，缺乏自愿性、独立性，属于被动捐赠。

中国企业家捐赠的动因与目前中国企业所处的发展阶段有关，他们刚刚结束自己的原始积累，在此之前大部分企业家最关心的是怎样增加自己的财富，怎样让企业更好地发展，没有多余精力用于慈善事业，即中国还没有形成稳定的有大额捐赠能力的阶层。依据精英理论的说法，企业家、私营企业主捐资非政府组织（NGO）其实是一种精英类型的转换，即从经济精英转化为社会精英。当前中国企业家对NGO的捐赠不太热心，一个重要原因就是他们的经济精英地位还没有稳固，还没有更多的精力向社会精英转化。

四、厦门市民营企业家做慈善公益的整体状况与出发点

福建地区相对其他省市而言民企居多，由于宗教信仰等习俗，厦门市民营企业家短期参与慈善活动的比例较高，基本上是从企业开始壮大发展时，因为政府倡导而开始参与慈善活动。

根据走访调研厦门市部分民营企业家，发现厦门市民营企业家做慈善的出发点不尽相同，大致可以归于以下几个原因：（1）因为闽南地区宗教信仰的原因，有布施意识；（2）完成企业社会责任；（3）通过慈善手段给企业创造品牌美誉度等附加价值；（4）政府倡导下的被动捐赠。

厦门市企业捐赠的方向以教育、救急、扶贫济困为主，其中教育事业每年捐赠数额占所有的捐赠数额的60%~80%。有部分发展规模较大的企业已成立企业慈善基金，例如建安基金、侯昌财慈善基金、女企慈善基金、三广福慈善基金等，更系统性地参与慈善活动。例如建安基金，每年用于教育事业的捐赠为当年捐赠额度的70%左右，其他用于建设公共设施、帮扶贫困家庭；女企慈善基金，则用于环保、希望小学建设、孤寡老人扶助、两癌患者救助、自闭症儿童救助、救急等六个方向，并且成立了独立的子基金用于每个项目的长期运行。

但由于没有良好的慈善环境，没有建设积极的舆论环境，以及大多数民企还处于发展阶段，没有更多的精力与经济参与慈善活动，企业家长期参与慈善活动的为数较少。

五、调动民营企业家参与慈善公益活动积极性的建议

（一）税收利好政策刺激

我国企业的慈善捐赠与国家税收政策之间存在一定的相关度，但与国外相比相关度还较低。不同企业的行为反应存在差异，对于企业捐赠行为，我国的税收政策总体上应当给予一定的鼓励。这是因为：第一，中国幅员辽阔，地区之间的发展不平衡，在经济欠发达地区，政府的财力有限，难以处理好所有社会问题，需要企业和社会各方面力量的共同投入；第二，目前我国的很多企业还处于起步阶段，在其发展初期，企业的实力不强，参与社会公益事业的能力有限，需要国家在政策上给予支持；第三，企业在自己熟悉的领域参与社会公益活动可以节省社会交易成本，促进社会资源的有效配置，提高全社会的经济效益和社会效益。

当然税收优惠应当是有限度的，对税收抵免政策的实施必须加强管理和审查，防止个别企业借机偷逃税款。

（二）针对痛点颁布相应的法律政策

对于长期被诟病的监管不严、信息不透明不公开等问题，刚刚颁布的《慈善法》作了规定，希望能从立法上强化信息公开制度，形成一个更加规范和透明的捐赠环境，使捐赠人的合法权益有法律保障，进而更好地鼓励有能力的捐赠人积极参与慈善事业。

（三）以群体效应带动

企业家如果能够通过自己的声誉和威望，让更多的人认识到公益事业的必要性，进而影响其他人一起参与到慈善事业中来，就可以扩大慈善捐赠的辐射范围，使更多的人受益。企业家通过捐赠时间或服务的形式来影响他人，可以帮助自己获取更多的社会资本和政治关系，搭建自己的社会网络，帮助企业获得更好的发展。研究发现，社会一般会认为时间捐赠比金钱捐赠更有意义，时间捐赠更好地体现了捐赠主体对受捐人的情感和道德价值。

（四）注重人才培养

我国慈善行业发展不过三十余年，大部分慈善行为还停留在初级阶段，即以捐钱捐物为主要方式，没有更高层次的慈善行为，慈善行业的专业人才还处于极度匮乏的状态。如何更有效地提升慈善活动质量，更深层次地给予帮助，更专业地运作慈善项目，需要政府层面在培养专业人才方面给予支持。

课题指导：王　沁
课题执笔：冯佐行　潘彬彬
完成时间：2016年9月30日

关于引导年轻一代非公有制经济人士健康成长的思考

思明区工商联

习近平总书记在2015年中央统战工作会议上提出要求：要引导非公有制经济人士特别是年轻一代致富思源、富而思进，做到爱国、敬业、创新、守法、诚信、贡献。作为党与非公有制经济人士之间的纽带与桥梁，工商联（商会）务必按照总书记的要求，把年轻一代非公有制经济人士作为重点团结、帮助对象，关注其思想动态和发展状况，从支持、鼓励、引导、帮助入手，不断增强年轻一代非公有制经济人士对中国特色社会主义的信念，对党和政府的信任，对企业发展的信心和对社会的信誉。为此，思明区工商联（商会）走访了几位本会青年企业家和政府有关单位，完成如下调研报告。

一、年轻一代非公有制经济人士健康成长的重要性和必要性

年轻一代非公有制经济人士在新的历史条件下肩负着经济发展新常态下转型升级、新老交替的重任

（一）从非公有制经济发展历程看

中国非公有制经济发展大致经历了四个阶段。初始阶段（1978—1992年），是理论上的"有益补充"与实践中的初步发展时期。这一时期"草根创业"开始兴起，刘永好、鲁冠球、宗庆后、曹德旺等一大批非公有制经济企业家群体诞生。第二阶段（1992—2002年），是理论上的"重要组成部分"与实践中的快速发展时期。第三阶段（2002-2012年），是理论上的"毫不动摇"与实践中的跨越式发展时期。第四阶段（2012年以来），是理论上的"三个平等"与实践中的转型发展时期。通过近40年的发展历程我们看到，第一代创业者已渐步入高龄，中国大量企业面临际代转移，一些民企正面临"接班荒"。如"娃哈哈"宏胜饮料集团宗庆后、新希望六合公司刘永好、福耀玻璃的曹德旺等都急迫面临"交班与接班"问题。有的接班人经过努力学习实践初掌帅印、初展风采，如"娃哈哈"的宗馥莉、新希望的刘畅，又如我区属民企德润公司的王文建、鼓浪屿食品厂的曾华山、百江集团的吴光淼等一批继承者在父辈的培育下较顺利地接手了企业，并在发展的道路上稳健前行。但也有交接不顺的民企，如福耀玻璃的曹德旺，由于其子曹晖觉得"这不是人干的活"，不太愿意接班，使曹德旺觉得"接班人这盘棋下得有点大"的愁与困。许多实例看出培养并交班年轻一代企业家的重任已严峻地摆在眼前。

（二）从非公有制经济的规模与作用上看

非公有制经济经济在近40年的发展已成为我国社会主义市场经济重要组成部分，在国民经济构成中GDP占总量60%+，税收比重超50%，提供就业岗位超80%，新增就业人数占90%。这些数据说明培养政治上有觉悟，经济上有实力，社会上有影响，效益上有贡献的年轻一代非公有制经济人士是当前我国经济社会工作的一个重要任务，对这年轻一代的教育引导工作已上升到党和国家的战略层面。

二、年轻一代非公有制经济人士的基本特征

顾名思义，年轻一代非公有制经济人士可理解并归纳为：非公有制企业生存发展中已顺利接班和正在磨练准备接班的下一代年轻非公有制企业主及新发展的青年创业非公有制企业主。按其自然构成分为继承和创业两大类型。

从课题调研组调阅思明区商会青委会数位企业家的履历表看出，这一范畴成员的明显优势为：

（一）年纪轻且学历较高

他们大多出生于70年代末到80年代，除个别几位超过40岁，大多数都在不惑之年以下，而且学历大多为大学本科，有较丰富的专业知识。如厦门游动网络公司总经理付宁、厦门南讯软件副总裁方敏等，他们的计算机网络通讯专业造就他们在本专业业务管理上得心应手。

（二）创业热情高，有独立见解能力，注重自主创新

调研组走访几位年轻企业家，对他们有想法、能作为、敢创新的举动颇有感触。如厦门鼓浪屿食品厂总经理曾华山，自从接班以来，就秉承前辈"艺精德善"、发扬光大"老字号"的影响与声誉把企业发展与鼓浪屿旅游产业结合起来，把老厦门的人文情怀与产品的品质相结合，在推广鼓浪屿名胜的同时，促进"鼓浪屿馅饼"这一老字号产品更加光彩夺目，创新了营销模式。

（三）思维活跃，有初生牛犊不怕虎的气概

如自己创建莱趣音乐餐吧的林小桑，原先在行政单位工作，他思想开放，能根据自己的爱好，结合现阶段年轻人的喜好追求，独创一格，创立莱趣自驾俱乐部，密切与周边地区旅游业联系。在短短几年时间里，不仅开设了以自驾聚点为主的莱趣音乐餐吧，形成了自驾游产业链，还在福建、江西、浙江等地都设有形象店，扩大影响，扩大规模。

三、年轻一代非公有制经济人士的思想状况

经调研组走访和参阅有关资料，清楚看到改革开放以来，人们思想观念的独特性、差异性、多样性明显增强，而年轻一代非公有制经济人士由于来源构成、文化程度、生活阅历等不同，其世界观、人生观、价值观与其父辈也有一定差异。

（一）十分关注"四个全面"，认同党的改革开放举措，但认识不深

调研座谈中了解到，年轻一代非公有制经济人士十分理解并拥护、支持"四个全面"建设与实践。他们感受到诸多"四个全面"带来的正面影响，但一部分人对"四个全面"的理解还是停留在较为肤浅

的概念层面。如对"全面依法治国"这一方略,落到微观个案还觉得当前法制环境不很健全。对"权大还是法大"这一伪命题认识不透彻,对"财产保护、政策多变"有担忧。这说明这一范畴人士是关注、拥护并愿意投身"四个全面"的推进的,但认识还停留在较浅显的表面,个别认识还存在误区。

(二)热爱祖国热爱党,认同社会主义核心价值观,但又容易受西方思潮影响

调研中,我们明显感觉到:爱党爱国是这一代人的主流价值取向,他们坚信中国共产党是实现中华民族伟大复兴的中国梦的领导核心。但谈及非公有制企业组建基层党组织问题时,有的却没有明确回答,对企业党建觉得可有可无。这从一方面也印证了目前我国非公有制企业党建状况。据统计资料看,全国非公有制企业建立党组织的占53.1%,只占了一半多。可看出这一范畴人士认同社会主义核心价值观,但深入领会"民主""自由"又夹杂着对西方自由民主的偏好,反映出其对主流意识形态有看法,容易受西方思潮的影响。

四、目前年轻一代非公有制经济人士存在的"短板"

与第一代创业者相比,由于经历、思想状况的差异,年轻一代非公有制经济人士存在着不同程度的"短板"。

(1)年轻一代非公有制经济人士相对老一辈非公有制经济人士而言,较注重崇尚自我价值的实现,思想开放程度较高,因而忽略了集体观念。其中,少部分乐于自我表现,乐于追赶时尚和追求财富,由于价值取向多元,自我意识较强,造成社会认同度较低。

(2)较之"创一代",年轻一代虽然学历较高,但管理经验不够丰富。由于缺乏对企业管理的实践经验,多数人缺乏吃苦耐劳、艰苦创业的精神,人脉资源不够广泛,企业文化传承缺位,抵御风险能力较弱。

(3)年轻一代非公有制经济人士政治动机比较多元,他们既有出于对本企业的利益考虑,也有出于对社会、经济发展的考虑;既有经济上的目的,也有政治上的追求,表现出对党和国家的深刻认识的不足,社会责任感明显比"创一代"低。

五、当前加强引导培养年轻一代非公有制经济人士需注意的问题

在调研组走访几位年轻企业家过程中,我们听到他们反映的几个问题:

(1)政府在政策宣传方面不够广泛深入,造成有些企业对党和政府的非公有制经济政策了解得不够透彻,无法用好、用足政府在扶持企业发展上的一系列利好政策。

(2)企业在引进青年才俊方面感觉配套政策不够完备,人才流失现象时有发生,有些民企急需的专业人才短缺。

(3)有关职能部门与企业之间的互动较欠缺,如经贸、财税、工商、卫生检验等与企业发展息息相关的部门,应加强与企业良性互动,贴近企业、了解企业,为企业释疑解惑,使政企沟通渠道顺畅无阻。

(4)工商联(商会)可多搭建政企之间、企业之间的交流平台,通过交流互动,为企业发展提供新思路新点子。

(5)在非公有制企业中加强党建工作。我区属非公有制企业还有一些单位尚未建立基层党组织,这一问题急需解决。加强党建工作,包括建立工会、共青团、妇联等职工组织,不但对企业发展可起到保

驾护航的提速作用，对引导、培养年轻一代非公有制经济人士也有着不可替代的作用。

六、引导培养年轻一代非公有制经济人士的措施与办法

年轻一代非公有制经济人士队伍是当前非公有制经济领域的中流砥柱，他们的素质、品质决定整个非公有制经济发展的规模与速度，注重引导、强化该队伍建设是党和政府面临的重要任务。调研组经过走访调研，提出以下几点意见供参考。

（一）营造良好环境，创造发展空间

社会环境、经济氛围是年轻一代非公有制经济人士成长的"土壤"和"雨露"，为年轻一代非公有制经济人士营造良好的成长环境是关键。调研组走访中了解到，许多年轻企业家希望党和政府在政策扶持方面多加关注。如思明区商会青委会主任王文建说得好：年轻一代非公有制经济人士创业成功条件离不开天时地利人和，天时是适逢我市处于高速发展和经济高增长期，地利是企业发展符合本地区经济发展的需要，人和是良好的创业环境，它包含政府的扶持、金融税务等服务平台的完善。所以政府要有针对性地向企业传递优惠扶持政策，引导企业正确理解、充分用好政策。

（二）加强培训教育，提高思想境界

从培训入手，办好培训班是提高非公有制经济人士思想素质和驾驭企业能力的直接有效手段。《经济日报》曾以"新生代企业家，如何拿稳接力棒"为题报道了厦门市思明区从2013年开始承办面向全国闽商的"创二代"培训班，旨在培养这批年轻人的国家信念，把他们培养成将个人使命、社会责任和国家命运紧紧相连的，具有远大志向、宽阔胸襟和国家情怀的新一代企业家。举办培训班的目的明确，量身定制课程，集文化、商业、公益三位一体的特色课程，不重"创富高招"，更重"修心正气"的思品人格塑造。培训班让参训的年轻一代企业家把振兴家族企业的个人追求与实现中华民族伟大复兴的中国梦结合起来，在创业创新的时代背景下成为时代潮流的先锋。该培训班三年多举办5期培训，324位全国闽商"青二代"、"创二代"在全国各地业绩斐然，取得了预期效果。

（三）搭建交流平台，强化互助合作

搭建切合实际的年轻一代非公有制经济人士交流平台是促进其共同提高的有效措施。组建让同一范畴、同一追求目标，又有共同语言、兴趣的年轻人有互助互爱、取长补短、共同提高的交流平台，是培养年轻一代非公有制经济人士的措施之一。调研组在走访过程中看到，思明区商会青委会就能围绕党的有关方针政策，围绕青年企业家的兴趣爱好适时开展活动，交流经验和想法，传达贯彻上级布置的工作任务，推动青年企业家统一思想共同进步。还有一个群团组织引起课题组的注意，就是以思明区商会青委会成员为骨干、由闽商创二代自发成立自主管理自我发展的福建青年闽商促进会。他们有共同的目标、相同的原则和相似的价值观，通过这一平台聚在一起。该组织由省内大型非公有制经济企业接班人、青年企业经营者组成，以学习和公益为内容，旨在为青年闽商树立新形象，营造"亲""清"政商关系，弘扬闽商拼搏精神，成为青年闽商学习型组织的践行者、经济转型创新的参与者和推动者。该会还自发设立"青年闽商书屋"捐赠给贫困地区的学生，取得了很好的反响。

（四）做好党建工作，加强"四信"宣传

加强非公有制企业的党建工作，提高思想宣传工作力度，把"四信"精神烙刻于青年企业家思想中。

调研组在走访中了解到，凡是有基层党组织和工会、妇联等职工团体的企业，其思想宣传工作就较到位。在这方面，思明区委也十分重视，近几年来重点推进城市基层党建，提高党建引领能力，同时还逐步推广，让党建搭上互联网快车，开启"互联网+"党建新模式，提升党建工作的影响力和感召力。而当前"四信"教育就是党引导培养年轻一代非公有制经济人士的重点内容。信念是企业家的追求和动力，我们需要积极引导年轻一代非公有制经济人士不断增强对中国特色社会主义的信念、对党和政府的信任、对企业发展的信心、对社会的信誉（简称"四信"），这样才能让年轻一代非公有制经济人士不仅在事业上接班，更在思想上接班，传承父辈"爱国、敬业、创新、守法、诚信、贡献"的精神风貌，使企业更好更健康地发展。

当前，我们迎来了非公有制经济健康发展、快速增长的春天，良好的经济社会环境为非公有制经济人士，特别是年轻一代的创新、创业、健康发展提供了良好机遇，搭建了广阔的平台。党和政府把引导、培养年轻一代非公有制经济人士作为一项重要的工作，各级各地工商联（商会）更要依靠社会支持完成好党赋予的这项光荣任务。而作为年轻一代非公有制经济人士，需要坚定理想信念，把握发展机遇，积极投身改革发展潮流，把企业发展与国家繁荣、社会进步统一起来，实现个人梦、企业梦与中国梦完美融合，为实现中华民族伟大复兴谱写最美音符，奏出精彩乐章。

课题指导：林金宗
课题成员：林金宗　许天津　李昇谦
　　　　　洪　薇　季　薇
课题执笔：李昇谦
完成时间：2017年10月

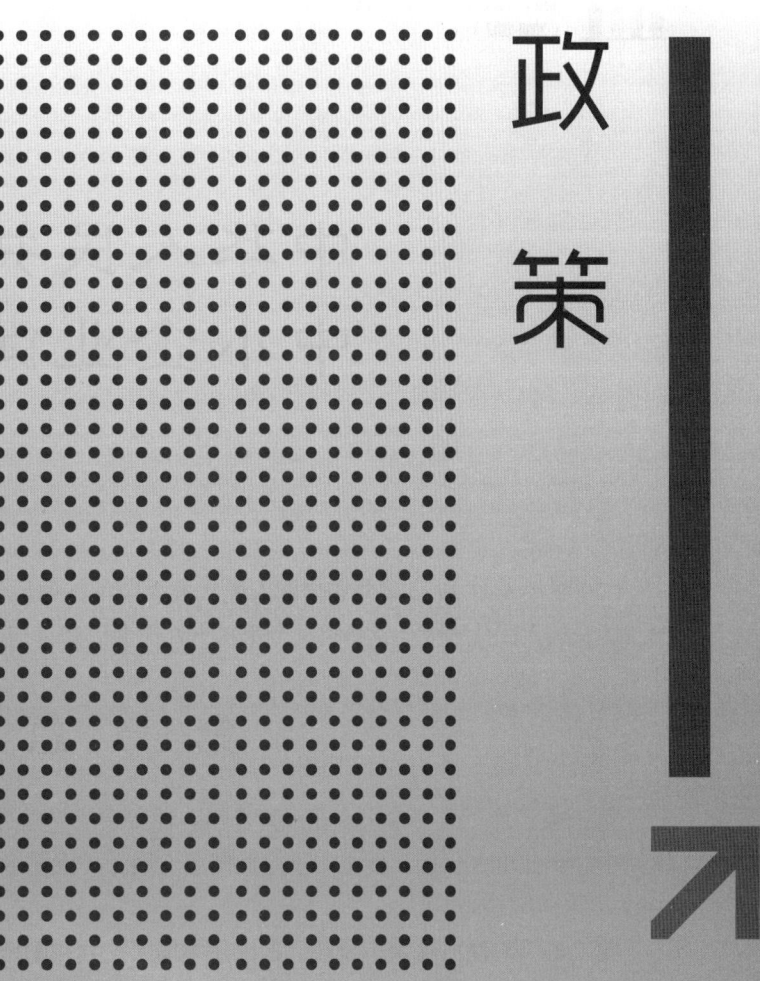

政策

ZHENG CE

中华人民共和国中小企业促进法

(2002年6月29日第九届全国人民代表大会常务委员会第二十八次会议通过，2017年9月1日第十二届全国人民代表大会常务委员会第二十九次会议修订自2018年1月1日起施行)

第一章 总 则

第一条 为了改善中小企业经营环境，保障中小企业公平参与市场竞争，维护中小企业合法权益，支持中小企业创业创新，促进中小企业健康发展，扩大城乡就业，发挥中小企业在国民经济和社会发展中的重要作用，制定本法。

第二条 本法所称中小企业，是指在中华人民共和国境内依法设立的，人员规模、经营规模相对较小的企业，包括中型企业、小型企业和微型企业。

中型企业、小型企业和微型企业划分标准由国务院负责中小企业促进工作综合管理的部门会同国务院有关部门，根据企业从业人员、营业收入、资产总额等指标，结合行业特点制定，报国务院批准。

第三条 国家将促进中小企业发展作为长期发展战略，坚持各类企业权利平等、机会平等、规则平等，对中小企业特别是其中的小型微型企业实行积极扶持、加强引导、完善服务、依法规范、保障权益的方针，为中小企业创立和发展创造有利的环境。

第四条 中小企业应当依法经营，遵守国家劳动用工、安全生产、职业卫生、社会保障、资源环境、质量标准、知识产权、财政税收等方面的法律、法规，遵循诚信原则，规范内部管理，提高经营管理水平；不得损害劳动者合法权益，不得损害社会公共利益。

第五条 国务院制定促进中小企业发展政策，建立中小企业促进工作协调机制，统筹全国中小企业促进工作。

国务院负责中小企业促进工作综合管理的部门组织实施促进中小企业发展政策，对中小企业促进工作进行宏观指导、综合协调和监督检查。

国务院有关部门根据国家促进中小企业发展政策，在各自职责范围内负责中小企业促进工作。

县级以上地方各级人民政府根据实际情况建立中小企业促进工作协调机制，明确相应的负责中小企业促进工作综合管理的部门，负责本行政区域内的中小企业促进工作。

第六条 国家建立中小企业统计监测制度。统计部门应当加强对中小企业的统计调查和监测分析，定期发布有关信息。

第七条 国家推进中小企业信用制度建设，建立社会化的信用信息征集与评价体系，实现中小企业信用信息查询、交流和共享的社会化。

第二章　财税支持

第八条　中央财政应当在本级预算中设立中小企业科目，安排中小企业发展专项资金。

县级以上地方各级人民政府应当根据实际情况，在本级财政预算中安排中小企业发展专项资金。

第九条　中小企业发展专项资金通过资助、购买服务、奖励等方式，重点用于支持中小企业公共服务体系和融资服务体系建设。

中小企业发展专项资金向小型微型企业倾斜，资金管理使用坚持公开、透明的原则，实行预算绩效管理。

第十条　国家设立中小企业发展基金。国家中小企业发展基金应当遵循政策性导向和市场化运作原则，主要用于引导和带动社会资金支持初创期中小企业，促进创业创新。

县级以上地方各级人民政府可以设立中小企业发展基金。

中小企业发展基金的设立和使用管理办法由国务院规定。

第十一条　国家实行有利于小型微型企业发展的税收政策，对符合条件的小型微型企业按照规定实行缓征、减征、免征企业所得税、增值税等措施，简化税收征管程序，减轻小型微型企业税收负担。

第十二条　国家对小型微型企业行政事业性收费实行减免等优惠政策，减轻小型微型企业负担。

第三章　融资促进

第十三条　金融机构应当发挥服务实体经济的功能，高效、公平地服务中小企业。

第十四条　中国人民银行应当综合运用货币政策工具，鼓励和引导金融机构加大对小型微型企业的信贷支持，改善小型微型企业融资环境。

第十五条　国务院银行业监督管理机构对金融机构开展小型微型企业金融服务应当制定差异化监管政策，采取合理提高小型微型企业不良贷款容忍度等措施，引导金融机构增加小型微型企业融资规模和比重，提高金融服务水平。

第十六条　国家鼓励各类金融机构开发和提供适合中小企业特点的金融产品和服务。

国家政策性金融机构应当在其业务经营范围内，采取多种形式，为中小企业提供金融服务。

第十七条　国家推进和支持普惠金融体系建设，推动中小银行、非存款类放贷机构和互联网金融有序健康发展，引导银行业金融机构向县域和乡镇等小型微型企业金融服务薄弱地区延伸网点和业务。

国有大型商业银行应当设立普惠金融机构，为小型微型企业提供金融服务。国家推动其他银行业金融机构设立小型微型企业金融服务专营机构。

地区性中小银行应当积极为其所在地的小型微型企业提供金融服务，促进实体经济发展。

第十八条　国家健全多层次资本市场体系，多渠道推动股权融资，发展并规范债券市场，促进中小企业利用多种方式直接融资。

第十九条　国家完善担保融资制度，支持金融机构为中小企业提供以应收账款、知识产权、存货、机器设备等为担保品的担保融资。

第二十条　中小企业以应收账款申请担保融资时，其应收账款的付款方，应当及时确认债权债务关系，支持中小企业融资。

国家鼓励中小企业及付款方通过应收账款融资服务平台确认债权债务关系，提高融资效率，降低融资成本。

第二十一条　县级以上人民政府应当建立中小企业政策性信用担保体系，鼓励各类担保机构为中小企业融资提供信用担保。

第二十二条　国家推动保险机构开展中小企业贷款保证保险和信用保险业务，开发适应中小企业分散风险、补偿损失需求的保险产品。

第二十三条　国家支持征信机构发展针对中小企业融资的征信产品和服务，依法向政府有关部门、公用事业单位和商业机构采集信息。

国家鼓励第三方评级机构开展中小企业评级服务。

第四章　创业扶持

第二十四条　县级以上人民政府及其有关部门应当通过政府网站、宣传资料等形式，为创业人员免费提供工商、财税、金融、环境保护、安全生产、劳动用工、社会保障等方面的法律政策咨询和公共信息服务。

第二十五条　高等学校毕业生、退役军人和失业人员、残疾人员等创办小型微型企业，按照国家规定享受税收优惠和收费减免。

第二十六条　国家采取措施支持社会资金参与投资中小企业。创业投资企业和个人投资者投资初创期科技创新企业的，按照国家规定享受税收优惠。

第二十七条　国家改善企业创业环境，优化审批流程，实现中小企业行政许可便捷，降低中小企业设立成本。

第二十八条　国家鼓励建设和创办小型微型企业创业基地、孵化基地，为小型微型企业提供生产经营场地和服务。

第二十九条　地方各级人民政府应当根据中小企业发展的需要，在城乡规划中安排必要的用地和设施，为中小企业获得生产经营场所提供便利。

国家支持利用闲置的商业用房、工业厂房、企业库房和物流设施等，为创业者提供低成本生产经营场所。

第三十条　国家鼓励互联网平台向中小企业开放技术、开发、营销、推广等资源，加强资源共享与合作，为中小企业创业提供服务。

第三十一条　国家简化中小企业注销登记程序，实现中小企业市场退出便利化。

第五章　创新支持

第三十二条　国家鼓励中小企业按照市场需求，推进技术、产品、管理模式、商业模式等创新。

中小企业的固定资产由于技术进步等原因，确需加速折旧的，可以依法缩短折旧年限或者采取加速折旧方法。

国家完善中小企业研究开发费用加计扣除政策，支持中小企业技术创新。

第三十三条　国家支持中小企业在研发设计、生产制造、运营管理等环节应用互联网、云计算、大数据、人工智能等现代技术手段，创新生产方式，提高生产经营效率。

第三十四条　国家鼓励中小企业参与产业关键共性技术研究开发和利用财政资金设立的科研项目实施。

国家推动军民融合深度发展，支持中小企业参与国防科研和生产活动。

国家支持中小企业及中小企业的有关行业组织参与标准的制定。

第三十五条　国家鼓励中小企业研究开发拥有自主知识产权的技术和产品，规范内部知识产权管理，提升保护和运用知识产权的能力；鼓励中小企业投保知识产权保险；减轻中小企业申请和维持知识产权的费用等负担。

第三十六条　县级以上人民政府有关部门应当在规划、用地、财政等方面提供支持，推动建立和发展各类创新服务机构。

国家鼓励各类创新服务机构为中小企业提供技术信息、研发设计与应用、质量标准、实验试验、检验检测、技术转让、技术培训等服务，促进科技成果转化，推动企业技术、产品升级。

第三十七条　县级以上人民政府有关部门应当拓宽渠道，采取补贴、培训等措施，引导高等学校毕业生到中小企业就业，帮助中小企业引进创新人才。

国家鼓励科研机构、高等学校和大型企业等创造条件向中小企业开放试验设施，开展技术研发与合作，帮助中小企业开发新产品，培养专业人才。

国家鼓励科研机构、高等学校支持本单位的科技人员以兼职、挂职、参与项目合作等形式到中小企业从事产学研合作和科技成果转化活动，并按照国家有关规定取得相应报酬。

第六章　市场开拓

第三十八条　国家完善市场体系，实行统一的市场准入和市场监管制度，反对垄断和不正当竞争，营造中小企业公平参与竞争的市场环境。

第三十九条　国家支持大型企业与中小企业建立以市场配置资源为基础的、稳定的原材料供应、生产、销售、服务外包、技术开发和技术改造等方面的协作关系，带动和促进中小企业发展。

第四十条　国务院有关部门应当制定中小企业政府采购的相关优惠政策，通过制定采购需求标准、预留采购份额、价格评审优惠、优先采购等措施，提高中小企业在政府采购中的份额。

向中小企业预留的采购份额应当占本部门年度政府采购项目预算总额的百分之三十以上；其中，预留给小型微型企业的比例不低于百分之六十。中小企业无法提供的商品和服务除外。

政府采购不得在企业股权结构、经营年限、经营规模和财务指标等方面对中小企业实行差别待遇或者歧视待遇。

政府采购部门应当在政府采购监督管理部门指定的媒体上及时向社会公开发布采购信息，为中小企业获得政府采购合同提供指导和服务。

第四十一条　县级以上人民政府有关部门应当在法律咨询、知识产权保护、技术性贸易措施、产品认证等方面为中小企业产品和服务出口提供指导和帮助，推动对外经济技术合作与交流。

国家有关政策性金融机构应当通过开展进出口信贷、出口信用保险等业务，支持中小企业开拓境外市场。

第四十二条　县级以上人民政府有关部门应当为中小企业提供用汇、人员出入境等方面的便利，支持中小企业到境外投资，开拓国际市场。

第七章　服务措施

第四十三条　国家建立健全社会化的中小企业公共服务体系，为中小企业提供服务。

第四十四条　县级以上地方各级人民政府应当根据实际需要建立和完善中小企业公共服务机构，为中小企业提供公益性服务。

第四十五条　县级以上人民政府负责中小企业促进工作综合管理的部门应当建立跨部门的政策信息互联网发布平台，及时汇集涉及中小企业的法律法规、创业、创新、金融、市场、权益保护等各类政府服务信息，为中小企业提供便捷无偿服务。

第四十六条　国家鼓励各类服务机构为中小企业提供创业培训与辅导、知识产权保护、管理咨询、信息咨询、信用服务、市场营销、项目开发、投资融资、财会税务、产权交易、技术支持、人才引进、对外合作、展览展销、法律咨询等服务。

第四十七条　县级以上人民政府负责中小企业促进工作综合管理的部门应当安排资金，有计划地组织实施中小企业经营管理人员培训。

第四十八条　国家支持有关机构、高等学校开展针对中小企业经营管理及生产技术等方面的人员培训，提高企业营销、管理和技术水平。

国家支持高等学校、职业教育院校和各类职业技能培训机构与中小企业合作共建实习实践基地，支持职业教育院校教师和中小企业技术人才双向交流，创新中小企业人才培养模式。

第四十九条　中小企业的有关行业组织应当依法维护会员的合法权益，反映会员诉求，加强自律管理，为中小企业创业创新、开拓市场等提供服务。

第八章　权益保护

第五十条　国家保护中小企业及其出资人的财产权和其他合法权益。任何单位和个人不得侵犯中小企业财产及其合法收益。

第五十一条　县级以上人民政府负责中小企业促进工作综合管理的部门应当建立专门渠道，听取中小企业对政府相关管理工作的意见和建议，并及时向有关部门反馈，督促改进。

县级以上地方各级人民政府有关部门和有关行业组织应当公布联系方式，受理中小企业的投诉、举报，并在规定的时间内予以调查、处理。

第五十二条　地方各级人民政府应当依法实施行政许可，依法开展管理工作，不得实施没有法律、法规依据的检查，不得强制或者变相强制中小企业参加考核、评比、表彰、培训等活动。

第五十三条　国家机关、事业单位和大型企业不得违约拖欠中小企业的货物、工程、服务款项。

中小企业有权要求拖欠方支付拖欠款并要求对拖欠造成的损失进行赔偿。

第五十四条　任何单位不得违反法律、法规向中小企业收取费用，不得实施没有法律、法规依据的罚款，不得向中小企业摊派财物。中小企业对违反上述规定的行为有权拒绝和举报、控告。

第五十五条　国家建立和实施涉企行政事业性收费目录清单制度，收费目录清单及其实施情况向社会公开，接受社会监督。

任何单位不得对中小企业执行目录清单之外的行政事业性收费，不得对中小企业擅自提高收费标准、扩大收费范围；严禁以各种方式强制中小企业赞助捐赠、订购报刊、加入社团、接受指定服务；严禁行业组织依靠代行政府职能或者利用行政资源擅自设立收费项目、提高收费标准。

第五十六条　县级以上地方各级人民政府有关部门对中小企业实施监督检查应当依法进行，建立随机抽查机制。同一部门对中小企业实施的多项监督检查能够合并进行的，应当合并进行；不同部门对中小企业实施的多项监督检查能够合并完成的，由本级人民政府组织有关部门实施合并或者联合检查。

第九章　监督检查

第五十七条　县级以上人民政府定期组织对中小企业促进工作情况的监督检查；对违反本法的行为及时予以纠正，并对直接负责的主管人员和其他直接责任人员依法给予处分。

第五十八条　国务院负责中小企业促进工作综合管理的部门应当委托第三方机构定期开展中小企业发展环境评估，并向社会公布。

地方各级人民政府可以根据实际情况委托第三方机构开展中小企业发展环境评估。

第五十九条　县级以上人民政府应当定期组织开展对中小企业发展专项资金、中小企业发展基金使用效果的企业评价、社会评价和资金使用动态评估，并将评价和评估情况及时向社会公布，接受社会监督。

县级以上人民政府有关部门在各自职责范围内，对中小企业发展专项资金、中小企业发展基金的管理和使用情况进行监督，对截留、挤占、挪用、侵占、贪污中小企业发展专项资金、中小企业发展基金等行为依法进行查处，并对直接负责的主管人员和其他直接责任人员依法给予处分；构成犯罪的，依法追究刑事责任。

第六十条　县级以上地方各级人民政府有关部门在各自职责范围内，对强制或者变相强制中小企业参加考核、评比、表彰、培训等活动的行为，违法向中小企业收费、罚款、摊派财物的行为，以及其他侵犯中小企业合法权益的行为进行查处，并对直接负责的主管人员和其他直接责任人员依法给予处分。

第十章　附　则

第六十一条　本法自 2018 年 1 月 1 日起施行。

关于营造企业家健康成长环境弘扬优秀企业家精神更好发挥企业家作用的意见

(中共中央、国务院，2017年9月8日)

企业家是经济活动的重要主体。改革开放以来，一大批优秀企业家在市场竞争中迅速成长，一大批具有核心竞争力的企业不断涌现，为积累社会财富、创造就业岗位、促进经济社会发展、增强综合国力作出了重要贡献。营造企业家健康成长环境，弘扬优秀企业家精神，更好发挥企业家作用，对深化供给侧结构性改革、激发市场活力、实现经济社会持续健康发展具有重要意义。为此，提出以下意见。

一、总体要求

1. 指导思想

全面贯彻党的十八大和十八届三中、四中、五中、六中全会精神，深入贯彻习近平总书记系列重要讲话精神和治国理政新理念新思想新战略，着力营造依法保护企业家合法权益的法治环境、促进企业家公平竞争诚信经营的市场环境、尊重和激励企业家干事创业的社会氛围，引导企业家爱国敬业、遵纪守法、创业创新、服务社会，调动广大企业家积极性、主动性、创造性，发挥企业家作用，为促进经济持续健康发展和社会和谐稳定、实现全面建成小康社会奋斗目标和中华民族伟大复兴的中国梦作出更大贡献。

2. 基本原则

——模范遵纪守法、强化责任担当。依法保护企业家合法权益，更好发挥企业家遵纪守法、恪尽责任的示范作用，推动企业家带头依法经营，自觉履行社会责任，为建立良好的政治生态、净化社会风气、营造风清气正环境多作贡献。

——创新体制机制、激发生机活力。营造"亲""清"新型政商关系，创新政企互动机制，完善企业家正向激励机制，完善产权保护制度，增强企业家创新活力、创业动力。

——遵循发展规律、优化发展环境。坚持党管人才，遵循市场规律和企业家成长规律，完善精准支持政策，推动政策落地实施，坚定企业家信心，稳定企业家预期，营造法治、透明、公平的政策环境和舆论环境。

——注重示范带动、着力弘扬传承。树立和宣传企业家先进典型，弘扬优秀企业家精神，造就优秀企业家队伍，强化年轻一代企业家的培育，让优秀企业家精神代代传承。

二、营造依法保护企业家合法权益的法治环境

3. 依法保护企业家财产权。全面落实党中央、国务院关于完善产权保护制度依法保护产权的意见，认真解决产权保护方面的突出问题，及时甄别纠正社会反映强烈的产权纠纷申诉案件，剖析侵害产权案例，总结宣传依法有效保护产权的好做法、好经验、好案例。在立法、执法、司法、守法等各方面各环节，加快建立依法平等保护各种所有制经济产权的长效机制。研究建立因政府规划调整、政策变化造成企业合法权益受损的依法依规补偿救济机制。

4. 依法保护企业家创新权益。探索在现有法律法规框架下以知识产权的市场价值为参照确定损害赔偿额度，完善诉讼证据规则、证据披露以及证据妨碍排除规则。探索建立非诉行政强制执行绿色通道。研究制定商业模式、文化创意等创新成果的知识产权保护办法。

5. 依法保护企业家自主经营权。企业家依法进行自主经营活动，各级政府、部门及其工作人员不得干预。建立完善涉企收费、监督检查等清单制度，清理涉企收费、摊派事项和各类达标评比活动，细化、规范行政执法条件，最大程度减轻企业负担、减少自由裁量权。依法保障企业自主加入和退出行业协会商会的权利。研究设立全国统一的企业维权服务平台。

三、营造促进企业家公平竞争诚信经营的市场环境

6. 强化企业家公平竞争权益保障。落实公平竞争审查制度，确立竞争政策基础性地位。全面实施市场准入负面清单制度，保障各类市场主体依法平等进入负面清单以外的行业、领域和业务。反对垄断和不正当竞争，反对地方保护，依法清理废除妨碍统一市场公平竞争的各种规定和做法，完善权利平等、机会平等、规则平等的市场环境，促进各种所有制经济依法依规平等使用生产要素、公开公平公正参与市场竞争、同等受到法律保护。

7. 健全企业家诚信经营激励约束机制。坚守契约精神，强化企业家信用宣传，实施企业诚信承诺制度，督促企业家自觉诚信守法、以信立业，依法依规生产经营。利用全国信用信息共享平台和国家企业信用信息公示系统，整合在工商、财税、金融、司法、环保、安监、行业协会商会等部门和领域的企业及企业家信息，建立企业家个人信用记录和诚信档案，实行守信联合激励和失信联合惩戒。

8. 持续提高监管的公平性规范性简约性。推行监管清单制度，明确和规范监管事项、依据、主体、权限、内容、方法、程序和处罚措施。全面实施"双随机、一公开"监管，有效避免选择性执法。推进综合监管，加强跨部门跨地区的市场协同监管。重点在食品药品安全、工商质检、公共卫生、安全生产、文化旅游、资源环境、农林水利、交通运输、城乡建设、海洋渔业等领域推行综合执法，有条件的领域积极探索跨部门综合执法。探索建立鼓励创新的审慎监管方式。清除多重多头执法，提高综合执法效率，减轻企业负担。

四、营造尊重和激励企业家干事创业的社会氛围

9. 构建"亲""清"新型政商关系。畅通政企沟通渠道，规范政商交往行为。各级党政机关干部要坦荡真诚同企业家交往，树立服务意识，了解企业经营情况，帮助解决企业实际困难，同企业家建立真诚互信、清白纯洁、良性互动的工作关系。鼓励企业家积极主动同各级党委和政府相关部门沟通交流，通过正常渠道反映情况、解决问题，依法维护自身合法权益，讲真话、谈实情、建诤言。引导更多民营企业家成为"亲""清"新型政商关系的模范，更多国有企业家成为奉公守法守纪、清正廉洁自律的模范。

10. 树立对企业家的正向激励导向。营造鼓励创新、宽容失败的文化和社会氛围，对企业家合法经营中出现的失误失败给予更多理解、宽容、帮助。对国有企业家以增强国有经济活力和竞争力等为目标、在企业发展中大胆探索、锐意改革所出现的失误，只要不属于有令不行、有禁不止、不当谋利、主观故意、独断专行等情形者，要予以容错，为担当者担当、为负责者负责、为干事者撑腰。

11. 营造积极向上的舆论氛围。坚持实事求是、客观公正的原则，把握好正确舆论导向，加强对优秀企业家先进事迹和突出贡献的宣传报道，展示优秀企业家精神，凝聚崇尚创新创业正能量，营造尊重企业家价值、鼓励企业家创新、发挥企业家作用的舆论氛围。

五、弘扬企业家爱国敬业遵纪守法艰苦奋斗的精神

12. 引导企业家树立崇高理想信念。加强对企业家特别是年轻一代民营企业家的理想信念教育和社会主义核心价值观教育，开展优良革命传统、形势政策、守法诚信教育培训，培养企业家国家使命感和民族自豪感，引导企业家正确处理国家利益、企业利益、员工利益和个人利益的关系，把个人理想融入民族复兴的伟大实践。

13. 强化企业家自觉遵纪守法意识。企业家要自觉依法合规经营，依法治企、依法维权，强化诚信意识，主动抵制逃税漏税、走私贩私、制假贩假、污染环境、侵犯知识产权等违法行为，不做偷工减料、缺斤短两、以次充好等亏心事，在遵纪守法方面争做社会表率。党员企业家要自觉做遵守党的政治纪律、组织纪律、廉洁纪律、群众纪律、工作纪律、生活纪律的模范。

14. 鼓励企业家保持艰苦奋斗精神风貌。激励企业家自强不息、勤俭节约，反对享乐主义，力戒奢靡之风，保持健康向上的生活情趣。企业发展遇到困难，要坚定信心、迎接挑战、奋发图强。企业经营成功，要居安思危、不忘初心、谦虚谨慎。树立不进则退、慢进亦退的竞争意识。

六、弘扬企业家创新发展专注品质追求卓越的精神

15. 支持企业家创新发展。激发企业家创新活力和创造潜能，依法保护企业家拓展创新空间，持续推进产品创新、技术创新、商业模式创新、管理创新、制度创新，将创新创业作为终身追求，增强创新自信。提升企业家科学素养，发挥企业家在推动科技成果转化中的重要作用。吸收更多企业家参与科技创新政策、规划、计划、标准制定和立项评估等工作，向企业开放专利信息资源和科研基地。引导金融机构为企业家创新创业提供资金支持，探索建立创业保险、担保和风险分担制度。

16. 引导企业家弘扬工匠精神。建立健全质量激励制度，强化企业家"以质取胜"的战略意识，鼓励企业家专注专长领域，加强企业质量管理，立志于"百年老店"持久经营与传承，把产品和服务做精做

细，以工匠精神保证质量、效用和信誉。深入开展质量提升行动。着力培养技术精湛技艺高超的高技术人才，推广具有核心竞争力的企业品牌，扶持具有优秀品牌的骨干企业做强做优，树立具有一流质量标准和品牌价值的样板企业。激发和保护老字号企业企业家改革创新发展意识，发挥老字号的榜样作用。

17. 支持企业家追求卓越。弘扬敢闯敢试、敢为天下先、敢于承担风险的精神，支持企业家敏锐捕捉市场机遇，不断开拓进取、拼搏奋进，争创一流企业、一流管理、一流产品、一流服务和一流企业文化，提供人无我有、人有我优、人优我特、人特我新的具有竞争力的产品和服务，在市场竞争中勇立潮头、脱颖而出，培育发展壮大更多具有国际影响力的领军企业。

七、弘扬企业家履行责任敢于担当服务社会的精神

18. 引导企业家主动履行社会责任。增强企业家履行社会责任的荣誉感和使命感，引导和支持企业家奉献爱心，参与光彩事业、公益慈善事业、"万企帮万村"精准扶贫行动、应急救灾等，支持国防建设，在构建和谐劳动关系、促进就业、关爱员工、依法纳税、节约资源、保护生态等方面发挥更加重要的作用。国有企业家要自觉做履行政治责任、经济责任、社会责任的模范。

19. 鼓励企业家干事担当。激发企业家致富思源的情怀，引导企业家认识改革开放为企业和个人施展才华提供的广阔空间、良好机遇、美好前景，先富带动后富，创造更多经济效益和社会效益。引导企业家认识把握引领经济发展新常态，积极投身供给侧结构性改革，在振兴和发展实体经济等方面作更大贡献。激发国有企业家服务党服务国家服务人民的担当精神。国有企业家要更好肩负起经营管理国有资产、实现保值增值的重要责任，做强做优做大国有企业，不断提高企业核心竞争力。

20. 引导企业家积极投身国家重大战略。完善企业家参与国家重大战略实施机制，鼓励企业家积极投身"一带一路"建设、京津冀协同发展、长江经济带发展等国家重大战略实施，参与引进来和走出去战略，参与军民融合发展，参与中西部和东北地区投资兴业，为经济发展拓展新空间。

八、加强对企业家优质高效务实服务

21. 以市场主体需求为导向深化"放管服"改革。围绕使市场在资源配置中起决定性作用和更好发挥政府作用，在更大范围、更深层次上深化简政放权、放管结合、优化服务。做好"放管服"改革涉及的规章、规范性文件清理工作。建立健全企业投资项目高效审核机制，支持符合条件的地区和领域开展企业投资项目承诺制改革探索。优化面向企业和企业家服务项目的办事流程，推进窗口单位精准服务。

22. 健全企业家参与涉企政策制定机制。建立政府重大经济决策主动向企业家问计求策的程序性规范，政府部门研究制定涉企政策、规划、法规，要听取企业家的意见建议。保持涉企政策稳定性和连续性，基于公共利益确需调整的，严格调整程序，合理设立过渡期。

23. 完善涉企政策和信息公开机制。利用实体政务大厅、网上政务平台、移动客户端、自助终端、服务热线等线上线下载体，建立涉企政策信息集中公开制度和推送制度。加大政府信息数据开放力度。强化涉企政策落实责任考核，充分吸收行业协会商会等第三方机构参与政策后评估。

24. 加大对企业家的帮扶力度。发挥统战部门、国资监管机构和工商联、行业协会商会等作用，建立健全帮扶企业家的工作联动机制，定期组织企业家座谈和走访，帮助解决企业实际困难。对经营困难的企业，有关部门、工商联、行业协会商会等要主动及时了解困难所在、发展所需，在维护市场公平竞

争的前提下积极予以帮助。支持再次创业，完善再创业政策，根据企业家以往经营企业的纳税信用级别，在办理相关涉税事项时给予更多便捷支持。加强对创业成功和失败案例研究，为企业家创新创业提供借鉴。

九、加强优秀企业家培育

25. 加强企业家队伍建设规划引领。遵循企业家成长规律，加强部门协作，创新工作方法，加强对企业家队伍建设的统筹规划，将培养企业家队伍与实施国家重大战略同步谋划、同步推进，鼓励支持更多具有创新创业能力的人才脱颖而出，在实践中培养一批具有全球战略眼光、市场开拓精神、管理创新能力和社会责任感的优秀企业家。

26. 发挥优秀企业家示范带动作用。总结优秀企业家典型案例，对爱国敬业、遵纪守法、艰苦奋斗、创新发展、专注品质、追求卓越、诚信守约、履行责任、勇于担当、服务社会等有突出贡献的优秀企业家，以适当方式予以表彰和宣传，发挥示范带动作用。强化优秀企业家精神研究，支持高等学校、科研院所与行业协会商会、知名企业合作，总结富有中国特色、顺应时代潮流的企业家成长规律。

27. 加强企业家教育培训。以强化忠诚意识、拓展世界眼光、提高战略思维、增强创新精神、锻造优秀品行为重点，加快建立健全企业家培训体系。支持高等学校、科研院所、行业协会商会等开展精准化的理论培训、政策培训、科技培训、管理培训、法规培训，全面增强企业家发现机会、整合资源、创造价值、回馈社会的能力。建立健全创业辅导制度，支持发展创客学院，发挥企业家组织的积极作用，培养年轻一代企业家。加大党校、行政学院等机构对企业家的培训力度。搭建各类企业家互相学习交流平台，促进优势互补、共同提高。组织开展好企业家活动日等形式多样的交流培训。

十、加强党对企业家队伍建设的领导

28. 加强党对企业家队伍的领导。坚持党对国有企业的领导，全面加强国有企业党的建设，发挥国有企业党组织领导作用。增强国有企业家坚持党的领导、主动抓企业党建意识，建好、用好、管好一支对党忠诚、勇于创新、治企有方、兴企有为、清正廉洁的国有企业家队伍。教育引导民营企业家拥护党的领导，支持企业党建工作。建立健全非公有制企业党建工作机制，积极探索党建工作多种方式，努力扩大非公有制企业党的组织和工作覆盖。充分发挥党组织在职工群众中的政治核心作用、在企业发展中的政治引领作用。

29. 发挥党员企业家先锋模范作用。强化对党员企业家日常教育管理基础性工作，加强党性教育、宗旨教育、警示教育，教育党员企业家牢固树立政治意识、大局意识、核心意识、看齐意识，严明政治纪律和政治规矩，坚定理想信念，坚决执行党的基本路线和各项方针政策，把爱党、忧党、兴党、护党落实到经营管理各项工作中，率先垂范，用实际行动彰显党员先锋模范作用。

各地区各部门要充分认识营造企业家健康成长环境、弘扬优秀企业家精神、更好发挥企业家作用的重要性，统一思想，形成共识和合力，制定和细化具体政策措施，加大面向企业家的政策宣传和培训力度，狠抓贯彻落实。国家发展改革委要会同有关方面分解工作任务，对落实情况定期督察和总结评估，确保各项举措落到实处、见到实效。

关于进一步做好民间投资有关工作的通知

国办发明电〔2016〕12号

各省、自治区、直辖市人民政府，国务院各部委、各直属机构：

党中央、国务院高度重视促进非公有制经济和民间投资健康发展。习近平总书记强调，公有制经济和非公有制经济都是社会主义市场经济的重要组成部分，都是我国经济社会发展的重要基础。毫不动摇鼓励、支持、引导非公有制经济发展，保证各种所有制经济依法平等使用生产要素、公平参与市场竞争、同等受到法律保护。李克强总理指出，要尊重和维护企业市场主体地位，不断深化改革，推动政策落地见效，稳定市场预期，进一步调动民间投资积极性，激发民间投资潜力和创新活力。针对近期民间投资增速有所回落，为促进民间投资健康发展，国务院部署开展了促进民间投资政策落实专项督查和第三方评估调研。6月22日，国务院常务会议听取了专项督查和第三方评估调研情况汇报，对做好民间投资有关工作提出进一步要求。为深入贯彻落实党中央、国务院领导同志重要指示精神和国务院常务会议部署，经国务院同意，现就有关事项通知如下：

一、充分认识促进民间投资健康发展的重要意义

近几年来，非公经济实力不断增强，已成为稳定我国经济的重要基础。非公经济创造了60%左右的国内生产总值、80%左右的社会就业，民间投资已占到全社会固定资产投资的60%以上。促进民间投资健康发展，既利当前又惠长远，对稳增长、保就业具有重要意义，也是推进结构性改革特别是供给侧结构性改革的重要内容。

各省（区、市）人民政府、各有关部门要全面贯彻党的十八大和十八届二中、三中、四中、五中全会精神，牢固树立新发展理念，认真落实中央经济工作会议和《政府工作报告》部署，按照国务院常务会议要求，推动《国务院关于创新重点领域投融资机制鼓励社会投资的指导意见》（国发〔2014〕60号）、《国务院关于鼓励和引导民间投资健康发展的若干意见》（国发〔2010〕13号）、《国务院关于鼓励支持和引导个体私营等非公有制经济发展的若干意见》（国发〔2005〕3号）各项政策落实，促进民间投资回稳向好，更好发挥民间投资主力军作用。

二、认真抓好督查和评估调研发现问题的整改落实

促进民间投资政策落实专项督查和第三方评估调研发现，在部分地区、部分领域，存在着政策措施不落地、政府职能转变不到位、民营企业融资难融资贵、难以享受同等"国民待遇"、企业成本高负担重等突出问题。各省（区、市）人民政府、各有关部门要"对号入座"，逐项检查，及时整改，举一反三研究完善相关配套政策和实施细则，切实加强和改进本地区、本部门、本系统促进民间投资各项工作，确保取得实效，并于8月15日前将阶段性整改结果和下一步整改工作重点报送国务院办公厅，抄送国家发展改革委。

国家发展改革委要会同有关部门成立督导组，从7月中旬开始，对民间投资体量大、同比增速下降较快和近期民间投资增速滞后的省（区、市），组织开展重点督导。

三、继续深化简政放权、放管结合、优化服务改革

本届政府成立以来，以简政放权为"先手棋"，不断推动政府职能转变，激发了企业活力。但一些民营企业反映，部分地区仍然存在重审批、轻监管、少服务等问题，相关行政审批链条未见明显缩短、审批效率没有明显提高，"双随机、一公开"未全面推开，重复检查较多，政府服务缺位。各省（区、市）人民政府、各有关部门要进一步清理行政审批事项，及时破除各种关卡，该取消的行政审批事项要坚决取消，该给市场的权力要尽快放给市场。全面推行"双随机、一公开"监管模式。加快构建权责明确、透明高效的事中事后监管体系。聚焦薄弱环节，全面提升政府服务能力和水平。

今年下半年，国务院审改办要会同有关部门，对"放管服"改革落实情况进行专项检查。

四、努力营造一视同仁的公平竞争市场环境

国务院关于促进非公有制经济和民间投资健康发展的相关文件，已明确对各类市场主体实施公平准入等原则和一系列政策措施。但民营企业普遍反映，在市场准入条件、资源要素配置、政府管理服务等方面，仍难以享受与国有企业同等的"国民待遇"。各省（区、市）人民政府、各有关部门要对照国家政策要求，坚持一视同仁，抓紧建立市场准入负面清单制度，进一步放开民用机场、基础电信运营、油气勘探开发等领域准入，在基础设施和公用事业等重点领域去除各类显性或隐性门槛，在医疗、养老、教育等民生领域出台有效举措，促进公平竞争。

各省（区、市）人民政府要针对自行出台的政策，开展全面自查，坚决取消对民间资本单独设置的附加条件和歧视性条款，加快健全公平开放透明的市场规则，切实营造权利平等、机会平等、规则平等的投资环境。有关自查情况于8月15日前一并报送国务院办公厅，抄送国家发展改革委。

五、着力缓解融资难融资贵问题

近年来国务院连续出台一系列措施缓解中小微企业融资难融资贵问题，取得了积极成效。但融资难

融资贵依然是民营企业反映强烈的突出问题之一，民营企业申请贷款中间环节多、收费高、难度大，一些银行惜贷、压贷、抽贷、断贷行为时有发生。银监会要抓紧会同有关部门开展专项检查，督促银行业金融机构严格落实支持实体经济发展的各项政策措施。要切实做到"三个不低于"，即对小微企业贷款增速不低于各项贷款平均增速、小微企业贷款户数不低于上年同期户数、小微企业申贷获得率不低于上年同期水平；要坚决查处银行涉企乱收费；要引导金融机构运用大数据等新技术，创新适合中小微企业的融资模式，推动大型商业银行扩大服务中小微企业业务。各省（区、市）人民政府要主动作为，积极推动改进金融服务，拓宽民营企业融资渠道，降低融资成本，推进政府主导的省级再担保机构基本实现全覆盖。

全国工商联、新华社等要加强对民营企业融资状况调研评估，及时反映企业诉求。

六、切实降低企业成本负担

国务院要求有关方面开展正税清费，实施"营改增"改革试点等工作，目的是降低企业负担，规范税费制度。但民营企业反映，目前一些措施还不够落实，未能充分享受国家出台的优惠政策，有的地方各种评估收费多，甚至仍然存在乱收费、乱摊派情况。各省（区、市）人民政府、各有关部门要加大工作力度，进一步抓好固定资产加速折旧、小微企业所得税优惠、阶段性降低"五险一金"费率等政策落实。要抓紧对涉企收费情况进行全面自查、集中清理，坚决砍掉不合理收费和中介服务环节。

财政部要会同国家发展改革委等有关部门，抓紧开展涉企收费清理情况专项检查，推动降低企业成本，切实减轻企业负担。审计署要将涉企收费审计作为政策落实跟踪审计的重点内容进行跟踪。

财政部要会同有关部门抓紧部署清理政府对企业各种欠款的专项工作。各省（区、市）人民政府、各有关部门要在规定时间内依法依规解决拖欠各类企业的工程款、物资采购款以及应返未返保证金等问题。

七、强化落实地方政府和部门的主体责任

各省（区、市）人民政府、各有关部门要切实履行主体责任，把调动民间投资积极性、促进民间投资健康发展摆上重要议事日程，主要负责同志要负总责、亲自协调，分管负责同志要具体抓督促落实，有效解决民营企业反映的突出问题。

各省（区、市）人民政府、各有关部门要针对政府违约和政策不落实等问题，建立问责机制，提高政府公信力。要按照建立"亲""清"政商关系要求，完善政企沟通机制，充分听取民营企业意见建议，主动改进工作。凡对企业实事求是反映问题进行打击报复的，要依法依规处理，从严追究直接责任人和有关领导人员责任。

八、加大政策解读和舆论宣传力度

各省（区、市）人民政府、各有关部门要健全完善政策发布和政策解读的信息公开机制，及时回应

社会关切，进一步营造民间投资良好舆论环境。要加大政府信息数据开放力度，畅通为民营企业提供信息服务的有效渠道。要重视总结推广政府管理服务中的好做法、好经验，曝光不作为、乱作为案例。要主动唱响中国经济光明论，释放积极信号，提振发展信心，稳定和改善市场预期。

各省（区、市）人民政府、各有关部门要按照本通知精神，进一步做好民间投资有关工作，重要情况及时报告国务院。

国务院办公厅
2016年7月1日

关于修订印发《高新技术企业认定管理办法》的通知

国科发火〔2016〕32号

各省、自治区、直辖市及计划单列市科技厅（委、局）、财政厅（局）、国家税务局、地方税务局：

根据《中华人民共和国企业所得税法》及其实施条例有关规定，为加大对科技型企业特别是中小企业的政策扶持，有力推动大众创业、万众创新，培育创造新技术、新业态和提供新供给的生力军，促进经济升级发展，科技部、财政部、国家税务总局对《高新技术企业认定管理办法》进行了修订完善。经国务院批准，现将新修订的《高新技术企业认定管理办法》印发给你们，请遵照执行。

科技部　财政部　国家税务总局
2016年1月29日

高新技术企业认定管理办法

第一章　总　则

第一条　为扶持和鼓励高新技术企业发展，根据《中华人民共和国企业所得税法》（以下称《企业所得税法》）、《中华人民共和国企业所得税法实施条例》（以下称《实施条例》）有关规定，特制定本办法。

第二条　本办法所称的高新技术企业是指：在《国家重点支持的高新技术领域》内，持续进行研究开发与技术成果转化，形成企业核心自主知识产权，并以此为基础开展经营活动，在中国境内（不包括港、澳、台地区）注册的居民企业。

第三条　高新技术企业认定管理工作应遵循突出企业主体、鼓励技术创新、实施动态管理、坚持公平公正的原则。

第四条　依据本办法认定的高新技术企业，可依照《企业所得税法》及其《实施条例》、《中华人民共和国税收征收管理法》（以下称《税收征管法》）及《中华人民共和国税收征收管理法实施细则》（以下称《实施细则》）等有关规定，申报享受税收优惠政策。

第五条 科技部、财政部、税务总局负责全国高新技术企业认定工作的指导、管理和监督。

第二章 组织与实施

第六条 科技部、财政部、税务总局组成全国高新技术企业认定管理工作领导小组（以下称"领导小组"），其主要职责为：

（一）确定全国高新技术企业认定管理工作方向，审议高新技术企业认定管理工作报告；

（二）协调、解决认定管理及相关政策落实中的重大问题；

（三）裁决高新技术企业认定管理事项中的重大争议，监督、检查各地区认定管理工作，对发现的问题指导整改。

第七条 领导小组下设办公室，由科技部、财政部、税务总局相关人员组成，办公室设在科技部，其主要职责为：

（一）提交高新技术企业认定管理工作报告，研究提出政策完善建议；

（二）指导各地区高新技术企业认定管理工作，组织开展对高新技术企业认定管理工作的监督检查，对发现的问题提出整改处理建议；

（三）负责各地区高新技术企业认定工作的备案管理，公布认定的高新技术企业名单，核发高新技术企业证书编号；

（四）建设并管理"高新技术企业认定管理工作网"；

（五）完成领导小组交办的其他工作。

第八条 各省、自治区、直辖市、计划单列市科技行政管理部门同本级财政、税务部门组成本地区高新技术企业认定管理机构（以下称"认定机构"）。认定机构下设办公室，由省级、计划单列市科技、财政、税务部门相关人员组成，办公室设在省级、计划单列市科技行政主管部门。认定机构主要职责为：

（一）负责本行政区域内的高新技术企业认定工作，每年向领导小组办公室提交本地区高新技术企业认定管理工作报告；

（二）负责将认定后的高新技术企业按要求报领导小组办公室备案，对通过备案的企业颁发高新技术企业证书；

（三）负责遴选参与认定工作的评审专家（包括技术专家和财务专家），并加强监督管理；

（四）负责对已认定企业进行监督检查，受理、核实并处理复核申请及有关举报等事项，落实领导小组及其办公室提出的整改建议；

（五）完成领导小组办公室交办的其他工作。

第九条 通过认定的高新技术企业，其资格自颁发证书之日起有效期为三年。

第十条 企业获得高新技术企业资格后，自高新技术企业证书颁发之日所在年度起享受税收优惠，可依照本办法第四条的规定到主管税务机关办理税收优惠手续。

第三章 认定条件与程序

第十一条 认定为高新技术企业须同时满足以下条件：

（一）企业申请认定时须注册成立一年以上；

（二）企业通过自主研发、受让、受赠、并购等方式，获得对其主要产品（服务）在技术上发挥核心支持作用的知识产权的所有权；

（三）对企业主要产品（服务）发挥核心支持作用的技术属于《国家重点支持的高新技术领域》规定的范围；

（四）企业从事研发和相关技术创新活动的科技人员占企业当年职工总数的比例不低于10%；

（五）企业近三个会计年度（实际经营期不满三年的按实际经营时间计算，下同）的研究开发费用总额占同期销售收入总额的比例符合如下要求：

1. 最近一年销售收入小于5,000万元（含）的企业，比例不低于5%；
2. 最近一年销售收入在5,000万元至2亿元（含）的企业，比例不低于4%；
3. 最近一年销售收入在2亿元以上的企业，比例不低于3%。

其中，企业在中国境内发生的研究开发费用总额占全部研究开发费用总额的比例不低于60%；

（六）近一年高新技术产品（服务）收入占企业同期总收入的比例不低于60%；

（七）企业创新能力评价应达到相应要求；

（八）企业申请认定前一年内未发生重大安全、重大质量事故或严重环境违法行为。

第十二条　高新技术企业认定程序如下：

（一）企业申请

企业对照本办法进行自我评价。认为符合认定条件的在"高新技术企业认定管理工作网"注册登记，向认定机构提出认定申请。申请时提交下列材料：

1. 高新技术企业认定申请书；
2. 证明企业依法成立的相关注册登记证件；
3. 知识产权相关材料、科研项目立项证明、科技成果转化、研究开发的组织管理等相关材料；
4. 企业高新技术产品（服务）的关键技术和技术指标、生产批文、认证认可和相关资质证书、产品质量检验报告等相关材料；
5. 企业职工和科技人员情况说明材料；
6. 经具有资质的中介机构出具的企业近三个会计年度研究开发费用和近一个会计年度高新技术产品（服务）收入专项审计或鉴证报告，并附研究开发活动说明材料；
7. 经具有资质的中介机构鉴证的企业近三个会计年度的财务会计报告（包括会计报表、会计报表附注和财务情况说明书）；
8. 近三个会计年度企业所得税年度纳税申报表。

（二）专家评审

认定机构应在符合评审要求的专家中，随机抽取组成专家组。专家组对企业申报材料进行评审，提出评审意见。

（三）审查认定

认定机构结合专家组评审意见，对申请企业进行综合审查，提出认定意见并报领导小组办公室。认定企业由领导小组办公室在"高新技术企业认定管理工作网"公示10个工作日，无异议的，予以备案，并在"高新技术企业认定管理工作网"公告，由认定机构向企业颁发统一印制的"高新技术企业证书"；有异议的，由认定机构进行核实处理。

第十三条　企业获得高新技术企业资格后，应每年5月底前在"高新技术企业认定管理工作网"填报上一年度知识产权、科技人员、研发费用、经营收入等年度发展情况报表。

第十四条　对于涉密企业，按照国家有关保密工作规定，在确保涉密信息安全的前提下，按认定工作程序组织认定。

第四章　监督管理

第十五条　科技部、财政部、税务总局建立随机抽查和重点检查机制，加强对各地高新技术企业认定管理工作的监督检查。对存在问题的认定机构提出整改意见并限期改正，问题严重的给予通报批评，逾期不改的暂停其认定管理工作。

第十六条　对已认定的高新技术企业，有关部门在日常管理过程中发现其不符合认定条件的，应提请认定机构复核。复核后确认不符合认定条件的，由认定机构取消其高新技术企业资格，并通知税务机关追缴其不符合认定条件年度起已享受的税收优惠。

第十七条　高新技术企业发生更名或与认定条件有关的重大变化（如分立、合并、重组以及经营业务发生变化等）应在三个月内向认定机构报告。经认定机构审核符合认定条件的，其高新技术企业资格不变，对于企业更名的，重新核发认定证书，编号与有效期不变；不符合认定条件的，自更名或条件变化年度起取消其高新技术企业资格。

第十八条　跨认定机构管理区域整体迁移的高新技术企业，在其高新技术企业资格有效期内完成迁移的，其资格继续有效；跨认定机构管理区域部分搬迁的，由迁入地认定机构按照本办法重新认定。

第十九条　已认定的高新技术企业有下列行为之一的，由认定机构取消其高新技术企业资格：

（一）在申请认定过程中存在严重弄虚作假行为的；

（二）发生重大安全、重大质量事故或有严重环境违法行为的；

（三）未按期报告与认定条件有关重大变化情况，或累计两年未填报年度发展情况报表的。

对被取消高新技术企业资格的企业，由认定机构通知税务机关按《税收征管法》及有关规定，追缴其自发生上述行为之日所属年度起已享受的高新技术企业税收优惠。

第二十条　参与高新技术企业认定工作的各类机构和人员对所承担的有关工作负有诚信、合规、保密义务。违反高新技术企业认定工作相关要求和纪律的，给予相应处理。

第五章　附　则

第二十一条　科技部、财政部、税务总局根据本办法另行制定《高新技术企业认定管理工作指引》。

第二十二条　本办法由科技部、财政部、税务总局负责解释。

第二十三条　本办法自 2016 年 1 月 1 日起实施。原《高新技术企业认定管理办法》（国科发火[2008]172 号）同时废止。

关于印发《关于深化人才发展体制机制改革 加快推进人才强市战略的意见》的通知

厦委发〔2017〕16号
中共厦门市委 厦门市人民政府

各区委、区政府,各开发区党工委、管委会,市直各部、委、办、局,各人民团体、大专院校、市属各企事业单位:

《关于深化人才发展体制机制改革 加快推进人才强市战略的意见》(以下简称《意见》)已经市委、市政府研究同意,现印发给你们,请结合实际认真贯彻落实。

《意见》着眼于破除束缚人才发展的思想观念和体制机制障碍,从人才管理、引进培养、评价激励、服务保障、组织领导等方面提出改革措施,旨在进一步解放和增强人才活力,形成具有国际竞争力的人才制度优势,吸引集聚大批人才为我市经济社会转型升级贡献力量。各级、各部门要认真学习掌握文件精神,加快推动人才体制机制改革,深入实施人才优先发展和人才强市战略,为全面提升厦门城市国际化水平、建设"五大发展"示范市提供坚实的人才保障。

各责任部门要切实强化改革担当,根据任务分工,抓紧制定实施细则、办事指南,明确各项改革措施的办理程序、受理部门、受理窗口、责任处室、联系人和联系方式,推动各项措施尽快发挥政策效应。要加强政策宣传和舆论引导,调动各方面积极性,形成全社会关心支持人才发展体制机制改革的良好氛围。市委人才工作领导小组办公室要牵头健全工作机制,以项目管理模式推动各项政策实施,加强任务分解、统筹协调,定期督办考核,确保各项改革措施落地见效。

落实《意见》过程中的重要情况和建议,要及时报告市委、市政府。

中共厦门市委
厦门市人民政府
2017年7月10日

关于深化人才发展体制机制改革加快推进人才强市战略的意见

为深入学习贯彻习近平总书记系列重要讲话和中央《关于深化人才发展体制机制改革的意见》精神，全面推进和落实创新、协调、绿色、开放、共享发展理念，构建更加科学高效的人才管理体制，完善与市场经济相适应的人才管理、评价、流动、激励机制，加快推进人才强市战略，进一步解放和增强人才创新创业活力，推动产业转型升级，为全面提升厦门城市国际化水平、建设"五大发展"示范市提供坚实的人才保障，现就深化人才发展体制机制改革、加快推进人才强市战略提出如下意见：

一、建立科学灵活的人才管理体制

1. 转变政府人才管理职能。根据政社分开、政事分开和管办分离要求，强化政府人才宏观管理、政策法规制定、公共服务、监督保障等职能。改革和规范人才行政管理工作，推动人才管理部门进一步简政放权、放管结合、优化服务，编制发布政府人才管理的权力清单和责任清单，简化审批程序和办事流程，清理和规范人才招聘、评价、流动等环节行政事业性收费。在审批审核中，凡是法律法规和政策文件没有规定的材料一律不再要求提供。（责任单位：市委组织部、市人社局、市委编办、市法制局）

2. 创新事业单位编制和岗位管理方式。对高校、科研院所、公立医疗机构和其他符合条件的公益二类事业单位实行编制备案制管理。事业单位引进入选省级以上人才计划的紧缺高层次人才，可由机构编制部门核定机动编制，动态管理，不受所在事业单位岗位总量、岗位等级、结构比例限制。（责任单位：市委编办、市人社局）

3. 落实国有企业用人自主权。建立企业培育和市场化选聘相结合的职业经理人制度，面向海内外公开选聘国企高级管理人才和技术人员，逐步提高市场化选聘岗位的比例和职位层次。建立能体现企业经营者岗位贡献和市场规则的绩效考核评价机制和报酬分配机制，制定国有企业科技成果收益分配具体实施办法，在有条件的市属国有企业中试行股权期权激励和员工持股制度。探索"技术+管理"双通道晋升模式，拓宽国有企业技术人员晋升渠道。（责任单位：市国资委、市委组织部）

4. 培育人才中介服务机构。规范人力资源服务机构行政许可，创新监管体系，提升开放水平。每年安排人力资源服务业发展资金，引进一批国内外知名品牌人力资源服务机构或猎头机构在厦设立合资、独资机构，给予最高300万元自用办公用房补贴。鼓励本市企事业单位采取猎头方式招聘急需紧缺高层次人才，成功引进并经市人才主管部门认定的，给予猎头公司及用人单位猎头费用奖励。（责任单位：市人社局）

二、实施更具竞争力的人才引进培养政策

5. 围绕重大项目、重点产业引才聚才。调整"双百计划"评审导向，加大人才企业落地后跟进扶持

力度，对主营业务收入3000万元以上的"双百计划"领军型创业人才创办企业，按其业务收入的1%给予奖励，奖励金额最高不超过企业当年地方税收留成部分，奖励期限最长3年。根据产业、行业发展需要，修订金融人才、文化人才、旅游人才等"海纳百川"政策子计划，将集成电路、智能制造、轨道交通、融资租赁等新增重点产业、新兴业态人才纳入"海纳百川"政策支持范畴。加大对重点团队支持力度，对诺贝尔奖获得者、"两院"院士、国家最高科学技术奖获得者等顶尖人才或携带具有国际先进水平技术成果产业化项目来厦落户的创业团队，可通过"一事一议"方式报请市委、市政府研究同意，给予1000万元至1亿元项目资助。（责任单位：市委组织部、市经信局、市发改委、各行业主管部门）

6. 推进高层次卫生人才引进培养工程。推广复旦大学中山厦门医院合作建设模式，推进国家健康医疗大数据中心和产业园建设，高位嫁接引进一流医学人才和团队，给予最高100万元安家补贴、最高600万元工作补助。新引进学科带头人推荐的团队骨干成员，经市人才主管部门认定后，可通过简化程序直接考核聘用（最多3名）。实行卫生人才专项培养计划，每年选送一批卫生专业技术人才和管理人才赴国内外知名医疗卫生机构培训进修、参加国际性学术交流。加大我市急需的儿科、产科、精神卫生、急诊急救、传染病防治等实用型紧缺专业人才引进，并提供专项岗位补贴，纳入工资总额管理。（责任单位：市卫计委）

7. 完善教育系统专业人才队伍建设。大力促进教育公平、优质、均衡发展，推动教育发展与地方经济紧密结合，重点引进省级及以上教学名师（含特级教师）、设区市学科带头人（拔尖人才），给予最高100万元安家补贴；对新引进外省籍部属免费优秀应届师范生，给予20万元一次性补助。实施教育人才专项培养计划，每年选送一批名师参加国内外高层次进修培训和学术研讨。（责任单位：市教育局）

8. 加大高技能人才引进培养力度。大力弘扬"工匠精神"，引进培养一批适应发展需要的技术型、创新型、复合型技能人才。对符合市紧缺职业（工种）目录且工作一年的新引进高技能人才，按技师、高级技师给予每人0.5万元、1万元一次性补贴。建设一批技工培养基地、技能大师工作室，经认定后给予最高50万元建设补助，对基地及工作室培养的高技能人才按引进高技能人才标准给予补贴。每年组织1-2批优秀高技能人才到国内外知名企业、知名院校、机构等开展研修培训、技能交流和参加国际竞赛。推动国有企业与职业院校对口专业开展合作，费用可从职工培训教育经费中列支。分别给予新评定的中华技能大奖、全国技术能手每人30万元、10万元奖励。（责任单位：市人社局）

9. 实施社会工作专业人才支持计划。深化全国社区治理和服务创新实验区建设，培育发展社会工作行业组织和服务机构，推进社会工作人才队伍的职业化、专业化。开展优秀社会工作人才培养工程，对入选全国专业社会工作领军人才、厦门市专业社会工作领军人才分别给予10万元、5万元奖励。对民办社会工作服务机构新聘用且就业一年的社会工作者，按助理社会工作师、中级社会工作师、高级社会工作师给予每人0.5万元、1万元、2万元一次性工作补贴。（责任单位：市民政局）

10. 实施青年英才聚集工程。健全适应青年人才成长规律的培养开发机制，加大力度实施青年英才"双百计划"，市财政每年安排专项资金用于引进杰出青年人才和培育青年创新创业人才，对于成绩显著、特别优秀的青年创新创业人才最高可获40万元经费补助和生活津贴。建立青年英才举荐制度，邀请各行业杰出人才和领军企业高管等组建青年人才举荐委员会，符合条件的优秀青年人才可直接认定为我市青年创新创业人才。（责任单位：市委组织部、团市委、市人社局、市经信局）

11. 实施博士后创新人才支持计划。推动博士后科研"两站一基地"（科研流动站、科研工作站、创新实践基地）与企业技术中心等科技创新平台协同发展。对新建省级博士后创新实践基地给予60万元的经费补助。对我市企业、科研生产型事业单位的博士后工作站在站博士后人员给予每年10万元、最长2年的生活补助。鼓励我市企事业单位与厦门大学等省部属高校建立联合培养机制。拓宽国际视野，积极

吸收外籍、台湾优秀青年人才来厦从事博士后研究。（责任单位：市人社局、市科技局）

三、创新更加开放的国际人才集聚机制

12. 建设人才管理改革试验区。充分发挥"多区叠加"政策联动优势，以中国（福建）自由贸易试验区厦门片区和福厦泉国家自主创新示范区厦门片区为改革平台，试点建立与国际规则接轨的人才管理、投资融资、股权激励、成果转化、离岸创新创业等制度，吸引境外专业人士提供专业服务。支持持有外国人永久居留证的外籍高层次人才创办科技型企业，给予中国籍公民同等待遇。支持符合条件的外国留学生在我国高等院校（含港澳地区的高等院校）毕业后直接在我市创新创业。（责任单位：市委组织部、市自贸委、市科技局、市人社局、市公安局、市金融办）

13. 为外籍人才提供居留便利。入选国家"千人计划"、国家高端外专项目计划、中国政府"友谊奖"等外籍高层次人才可申办外国人永久居留身份证。在自贸片区注册企业且连续工作满4年，每年在中国境内实际居住累计不少于6个月的符合条件外籍人才，可申请在华永久居留。（责任单位：市公安局、市人社局、市自贸委）

14. 优化外籍人才出入境机制。积极争取外籍高层次人才及其配偶子女来厦出入境居留便利政策，对经市人才主管部门认定的外籍高层次人才，可申请有效期5年内的外国人来华工作许可和工作类居留许可；未持签证来华的，允许其在厦门口岸签证机关申请R字签证，入境后可按规定办理有效期5年内的工作类居留证件。外籍华人凭探望亲属、洽谈商务、科教文卫交流活动及处理私人事务的相应证明或担保，可申请5年以内多次入出境有效签证；在厦工作、学习、探亲以及从事私人事务需长期居留的，可按规定申请有效期5年以内的居留许可。（责任单位：市公安局、市人社局）

15. 完善国际人才综合配套。建设国际化生活社区，加快外籍人员子女学校和普通高中国际化试点建设。在自贸片区建立外国人证件业务"单一窗口"，整合外国人居留许可、工作许可等业务，提高服务效率，实现"多证合一、一并办结"。持有白鹭英才卡的高层次外籍人才或获得境外永久（长期）居留权人才及在我市已缴交社会保险的台港澳人才可按规定缴存住房公积金，以上人才在厦购买具有产权的自住住房，可自缴存住房公积金当月起申请公积金贷款，持有金鹭英才卡的创新境外人才或台港澳人才，贷款最高额度可放宽至全市最高限额的四倍。（责任单位：市教育局、市卫计委、市自贸委、市人社局、市公安局、市国土房产局）

16. 加强人才和项目国际交流合作。积极运用厦门会晤效应，主动融入国家"一带一路"布局，鼓励企业、高校或科研院所举办高水平国际性的人才交流活动，大力培养和引进一批具有国际视野、通晓国际规则、熟悉"海丝"沿线重点国家政策法规的外向型、复合型人才。（责任单位：市科技局、市商务局、市人社局、市自贸委、市委组织部）

17. 健全海外引才网络体系。依托国家海外工作网络体系、海外人力资源战略伙伴、境内外知名人力资源机构及台湾地区人力资源机构，建设引进高层次人才目标库及留学回国人员意向信息库。围绕全市重点产业和新兴业态，通过举办海外高层次人才创新创业大赛等模式，不断拓宽引才渠道，实现规模化引才。完善海外人才工作站（人才顾问）管理机制、激励机制和经费保障机制，鼓励本市企业和社会团体在境外设人才工作站，开展招才引智工作；吸收在海外有较大影响的各类企业家、知名学者、专业人才担任引才顾问，拓宽"以才引才"渠道。（责任单位：市委组织部、市人社局、市外侨办）

18. 推进高水平国际化科研院所和机构建设。围绕重点产业发展和社会事业需求，引进境内外高水平

大学、科研机构、世界500强企业合作建设高端科研院所、新型产业技术研究院、高水平医疗卫生机构，积极争创国家军民融合创新示范区，实现规模化引进培养高层次人才。对于省部属知名高校、国家级科研院所与地方共建学院，按"一事一议"政策，给予土地、财政、科研经费支持。（责任单位：市科技局、市发改委、市经信局、市财政局、市卫计委、市教育局、市国土房产局）

四、深化两岸人才合作和自贸试验区人才管理改革试验

19. 支持企业自主引进台湾优秀人才。完善台湾特聘专家、专才制度，大力引进集成电路、智能制造、生物科技、文化创意等台湾优势产业高端人才，促进两岸产业融合发展；鼓励我市重点产业、重点项目、重点学科聘用急需紧缺台湾专业人才，年薪达到我市上一年度城镇单位在岗职工平均工资4倍以上的，按用人单位所支付年薪的25%、最高12万元标准给予补助，同一人才补助累计不超过5年。对企业接收取得台湾硕士以上学历及我市认可的高级技师资格的台湾人才就业，并签订3年以上合同的，就业满一年后一次性给予企业每人3万元补助。（责任单位：市人社局、市委台办、各区政府、市自贸委、火炬管委会）

20. 大力建设海峡两岸青年创业基地。建设国家级两岸科技人才合作交流基地，吸引台湾地区科研机构和科研人员在厦创建创新平台，推动台湾先进科技成果在厦落地转化。深化两岸人才和人力资源机构交流对接，积极引进台商独资人才中介机构，给予相应政策支持。鼓励两岸企业和民间资本参与建设两岸青年创业基地，根据引进台湾创业企业和吸引台湾创业就业青年数量，给予基地相应奖励。依托海峡论坛等重要涉台活动，实施台湾"首来族千人计划"，每年邀请1000名从未来过厦门的台湾青年来厦参访、学习、实习、就业。（责任单位：市科技局、市人社局、市委台办、市旅发委、团市委）

21. 吸引台湾学生来厦参加实习见习。鼓励企业提供更多岗位吸引台籍学生实习见习，参照厦门生源毕业生职业见习补贴标准，给予实习见习补贴和每月500元的租房补贴（限1年）。从境外到厦门参加实习见习（1个月以上）的台湾学生，给予一次性交通费补贴2000元。对于推荐台湾学生来厦实习见习的人才服务机构，推荐10人以上、实习见习1个月以上的，按每人500元给予奖励。（责任单位：市人社局、市委台办）

22. 创新自贸试验区人才认定和扶持政策。突破编制、薪酬、年龄等方面限制，探索以市场化方式认定自贸试验区高端紧缺人才，支持自贸试验区试行制定航空维修和互联网经济人才评价认定标准，招聘优秀专业人才担任聘任制公务员和政府雇员。推动商贸服务、文化服务、社会服务等领域对外开放，支持厦门自贸片区企业、园区（基地）与海外企业、研发平台、人力资源服务机构合作设立海外人才离岸孵化基地，吸引离岸金融、信息服务、物流和其他科技服务人才提供专业服务。（责任单位：市自贸委、市委组织部、市人社局）

五、探索以用人单位为主体的市场化人才评价机制

23. 完善高层次人才市场认定机制。制定高层次人才分类目录和认定标准，探索建立"自主评价＋业内评价＋市场评价"的多元评价体系，支持用人单位自行探索评价要素和评价标准，授权行业协会、行业领军企业和新型科研机构自主开展人才评价工作。企业人才突出实绩能力，专业技术人才突出同行认可、推广第三方评价，技能人才突出企业和行业组织自主评价。探索在高层次人才评价中引入人力资

源服务机构、风险投资机构等市场化评价要素，建立市场化评价责任及信誉体系。（责任单位：市委组织部、市人社局、各区政府、市自贸委、火炬管委会、各行业主管部门）

24. 推进水平类职业资格评价市场化、社会化。加强符合我市产业发展需求的相关职业（工种）技能鉴定，推进行业协会（学会）等行业组织承接技术技能人才评价改革试点，选取行业特点明显的职业（工种）交由具备条件的行业组织开展业内技术技能人才评价，对国际通行职业资格，积极向上争取比照认定。（责任单位：市人社局、市经信局）

25. 推动开展职称自主评审。推动高校、科研院所、医疗卫生机构和国有企业自主探索制定适合单位发展需要的职称评价标准，自主开展评审，自主发放证书，并与薪酬挂钩。对业绩突出、成果显著的优秀中青年人才，可打破学历、任职资历要求，申报高一级专业技术职称。在职称申报评审中可将获各级科技进步奖、专利奖、发明专利、技术转让成交情况等体现人才能力、贡献的成果及荣誉代替论文发表作为评审依据。对职称外语和计算机应用能力考试不作统一要求，由主管部门和用人单位根据职业属性、岗位需求自主确定。（责任单位：市人社局、市科技局、市教育局、市国资委）

26. 完善高级职称评审绿色通道。争取高级职称评审权限，对获得国家科学技术二等奖以上（排名前3）、中国发明专利金奖（发明人排名前2）、国家杰出青年科学基金获得者、国家"千人计划"、"万人计划"、国家级"百千万人才工程"等人选，可直接申请确认相应专业最高级别专业技术资格，属事业单位工作人员的，可直接聘任相应专业技术岗位。（责任单位：市人社局、市经信局）

27. 建立与岗位特点相适应的评价机制。建立符合中小学教师、全科医生、一线临床医生等岗位特点的绩效评价办法，建立班主任专项考核和名师工作考核奖励金，对工作出色的班主任、优秀教师在评先、评职、晋级和岗位绩效上予以适当倾斜；对临床一线医生更加注重考核参评对象的临床实践能力和解决本专业复杂疑难技术问题的能力。将非公有制经济组织和社会组织专业技术人员和管理人员纳入全市专业技术资格经常化评审范围，与国有企事业单位同类人员同等对待。（责任单位：市教育局、市卫计委、市人社局）

六、健全合理顺畅的人才流动机制

28. 支持事业单位科研人员离岗创新创业。高校、科研院所等事业单位科研人员经所在单位同意，可离岗创办企业或到企业开展科技成果转化（限三年）。离岗期间其人事关系可保留在原单位，工龄连续计算，离岗创业期间取得的业绩、成果等，可作为其职称评审、岗位竞聘、考核等的重要依据。（责任单位：市委编办、市人社局、市科技局）

29. 鼓励各类人才到事业单位兼职。鼓励市属高校、科研院所、医疗卫生机构以及职业学院、技工院校设立一定比例的流动岗位，吸引有创新实践经验的企业管理人才、科技人才和海外高水平创新人才兼职。（责任单位：市委编办、市人社局、市教育局、市卫计委）

30. 打通机关、企事业单位人才流动渠道。探索非公有制经济组织和社会组织优秀人才以聘任制公务员、挂职等方式进入党政机关、国有企事业单位的办法，研究制定事业单位优秀人才进入党政机关部分急需紧缺专业技术岗位的流动办法，探索建立经费形式不同的事业单位优秀人才流通渠道，促进人才资源合理流动配置。（责任单位：市委组织部、市委编办、市人社局、市国资委）

31. 鼓励科研人员出国（境）开展学术交流与合作。对国有企事业单位科研人员和专业技术人员因公出国（境）开展学术交流与合作实行导向明确的区别管理，根据对外交流合作的实际需要审批其因公出

国（境）的批次数、人数及在外停留时间。（责任单位：市外侨办、市委组织部、市国资委）

七、建立以增强知识价值为导向的人才激励机制

32. 改进科技成果收入分配办法。事业单位科技成果转化所得收益全部留归单位分配，实行统一管理，不再上缴财政，技术开发、技术转让、技术咨询、技术服务收入可参照执行；建立科技成果转移转化收入分配制度，科技成果转化收益或成果作价入股的可按不低于70%的比例用于对完成、转化科技成果作出重要贡献的人员和团队进行奖励。支持担任党政领导职务的科技人员按照规定以及本人在研发活动中所起的作用和实际贡献参与科技成果转化收益分配和奖励。（责任单位：市科技局、市财政局、市地税局）

33. 支持科研人员取得股权激励收入。科技成果完成人和为科技成果转化作出重要贡献人员在取得股份、出资比例时，符合国家有关规定的可暂不缴纳个人所得税，待取得按股份、出资比例分红或转让股权、出资比例所得时再依法缴纳个人所得税。（责任单位：市科技局、市财政局、市地税局）

34. 建立科技研发费用补助制度。支持人才创办科技型企业，按企业上一年度享受研发费用税前加计扣除政策的研发经费数额的10%给予资助，其中高新技术企业、创新型（试点）企业、科技小巨人企业每年每家补助最高250万元，其他企业最高200万元。（责任单位：市科技局）

35. 强化人才知识产权保护。修订高新技术人才引进相关专利奖励政策，推动《厦门经济特区知识产权促进与保护条例》立法进程。建立知识产权产业联盟、行业协会，健全知识产权专家库和新型智库，拓展知识产权快速维权中心行业领域，为科技人才提供专业技术支持和法律服务。创新知识产权金融服务模式，完善知识产权专业服务的财政补贴政策，建立"专利大户"奖励制度。建立知识产权培训基地，共建知识产权学院，推动开设知识产权专业本硕博学位教育。（责任单位：市知识产权局、市法制局）

八、强化人才开发财政金融扶持

36. 加大人才开发投入力度。完善人才发展投入机制，市、区财政加大人才开发投入，设立人才工作专项资金，建立重大建设工程、项目与人才开发培养经费统筹安排制度，强化对"双百计划"、"海纳百川"等重大人才工程的资金保障。建立高层次人才名优产品目录，并优先列入地产工业品推荐目录。（责任单位：市财政局、市经信局、市委组织部、市人社局）

37. 建设多元化科技投融资体系。完善政府、企业、社会多元投入机制，发挥市政府投资基金引导作用，吸引社会资本和社会力量参与，设立人才创新创业基金和小微企业种子天使基金，重点投向众创空间和战略性新兴产业初创期、早中期人才创业企业。积极壮大科技成果转化与产业化基金，争取达到20亿元规模，按市场化运作与政策性扶持相结合的方式运营。创新人才与资本合作模式，鼓励企业运用互联网股权众筹、厦门两岸股权交易中心、新三板等资本市场平台拓展融资渠道。（责任单位：市科技局、市财政局、市金融办）

38. 完善科技型中小企业信贷风险补偿机制。鼓励融资性担保机构开展以信用为主的高端人才创业担保业务，给予高端人才创办的初创期企业单笔最高1500万元贷款担保。对于纳入高端人才创业担保额度范围内的本金损失，财政资金给予适当补偿。（责任单位：市财政局、市金融办、市科技局）

九、营造宜居宜业的人才发展环境

39. 加大人才安居综合保障力度。加大公共租赁住房、保障性商品房的建设供给力度。公共租赁住房面向符合条件的各类引进人才以单位集体申请方式配租，不限收入、不限户籍，并予以租金优惠。保障性商品房可面向符合条件的本市高层次人才单独批次配售，不受入厦户籍年限、单身申请年龄的限制。（责任单位：市人社局、市建设局、市发改委、市规划委、市委组织部、各区政府、火炬管委会）

40. 给予新引进人才生活补贴。对新引进落户的全日制硕士研究生以上学历的人员，以及获得教育部认可的硕士以上学位归国留学人员发放生活补贴，其中，硕士每人3万元（不超过35岁）、博士每人5万元（不超过40岁）。（责任单位：市人社局、市教育局、各区政府、市自贸委、火炬管委会、各相关部门）

41. 构建人才公共服务一体化平台。向高层次人才发放"白鹭英才卡"，人才可凭卡申报办理关系调动、本人及家属落户、配偶安置、子女入学、医疗保健、养老保险、居留和出入境申请等"一揽子"服务。整合相关部门人才服务职能，完善"i人才"公共服务平台建设，创新市区联动、便捷高效、线上线下结合的人才服务模式，进一步拓展完善科技成果网上交易、投融资对接等功能。（责任单位：市委组织部）

42. 完善高层次人才医疗保健待遇。建立健全高层次人才医疗保健制度，开辟高层次人才就医绿色通道，院士专家可享受市一级医疗保健待遇，国家"千人计划"专家可享受市二级医疗保健待遇，省"百人计划"人才、市"双百计划"海外高层次人才及"海纳百川"金鹭英才卡获得者可享受市三级医疗保健待遇。引进人才享受医疗保健所需医疗资金按其经费来源渠道解决。提升医疗保障国际化水平，在三甲医院特需门诊为外籍人才提供预约诊疗和外语服务；推动具备条件的医院、诊疗中心与国内外保险公司合作，加入国际医疗保险直付网络系统。（责任单位：市委组织部、市卫计委、市保健办）

十、完善坚强有力的人才优先发展保障机制

43. 完善党管人才工作格局。完善党委统一领导、组织部门牵头抓总，有关部门各司其职、密切配合，社会力量广泛参与的人才工作新格局。健全市委人才工作领导小组会议制度、重大人才工程推进督办制度、人才政策制定与经济社会发展深度融合制度。进一步理顺党委和政府人才工作职能部门职责，将教育、卫生、产业、科技等行业、领域人才队伍建设列入市委人才工作领导小组相关成员单位"三定"方案。配齐、配强市、区人才工作力量，配备专职工作人员，加强人才工作者培训交流。（责任单位：市委组织部、市委编办、各行业主管部门）

44. 落实人才工作目标责任制。建立各区、市委人才工作领导小组成员单位领导班子和领导干部人才工作目标责任制，完善考核指标体系，加大考核力度，将考核结果作为领导班子评优、干部评价的重要依据。将人才工作列为落实各级领导班子党建工作责任制情况述职的重要内容。（责任单位：市委组织部、各区政府、市委人才工作领导小组各成员单位）

45. 加强对人才的团结教育引导。建立党委、政府领导班子直接联系专家制度，了解掌握专家的思想、工作、学习和生活状况。加强市管各类高层次人才、拔尖人才、高技能人才的教育培训、国情研修，增强认同感和向心力。完善专家决策咨询制度，在制定产业规划、完善民生保障等重大决策中畅通人才建言献策渠道。开展人才需求调研，加强厦门地方人才立法。成立"白鹭英才联谊会"，推动创新创业人

才与创投机构、用人企业进行资智、企智对接。加强优秀人才和工作典型宣传，不断增强"美丽厦门、创业港湾"的品牌知名度和美誉度。（责任单位：市委组织部、市人社局、市发改委、市法制局、市委人才工作领导小组各成员单位、各区政府）

  各相关单位和各区（园区）要根据任务分工，研究制定具体实施细则，明确责任领导和具体责任人。文件中有关扶持奖励标准与其他政策不一致的，按照"就高从优不重复"原则执行。市委人才工作领导小组要加强宏观指导和组织协调，建立协调落实机制、督办机制和成效评估机制，推动各项改革措施尽快落地见效。

关于推进企业上市的意见

厦府〔2016〕362号

各区人民政府，市直各委、办、局，各开发区管委会，市企业上市工作领导小组各成员单位：

为贯彻落实《国务院关于进一步促进资本市场健康发展的若干意见》(国发〔2014〕17号)、《福建省人民政府关于加快推进企业上市的意见》(闽政〔2007〕13号)以及《福建省人民政府办公厅关于进一步做好我省企业上市工作的实施意见》(闽政办〔2010〕21号)等文件精神，积极有效利用资本市场，推动企业改制上市，促进上市公司发展，结合我市实际，制定本意见。

一、明确上市目标

本着"企业自愿、市场主导、政府推动"的原则，按照"储备一批、培育一批、改制一批、辅导一批、申报一批、上市一批"的工作思路，坚持企业改制上市与推动投融资体制改革、实现产业结构优化升级、促进建立现代企业制度相结合，力争到"十三五"期末，全市境内上市公司超过50家，境外上市公司超过30家，新三板挂牌公司超过200家，区域性股权交易市场挂牌公司超过3000家。

二、完善服务机制

（一）成立厦门市企业上市工作领导小组，负责研究制定企业改制上市的规划以及企业改制上市的重大政策措施，协调企业改制上市重大事宜。建立企业上市工作联席会议制度和上市工作目标责任制，把直接融资摆在与招商引资同等重要的位置，本着"一企一议"原则，及时帮助企业解决改制上市工作中的具体问题。领导小组下设办公室（以下简称"上市办"），挂靠市金融办。

（二）市财政每年在年度预算中安排专项资金，落实推进企业上市各项扶持措施。

（三）开辟上市"绿色通道"。各区、各部门要树立主动服务意识，完善规章制度，规范业务流程，公开办事规则，兑现服务承诺，提高工作透明度，为企业改制上市提供高效、通畅、便捷的服务。对企业在改制上市过程中，凡涉及审批事项或者出具相关证明的，有关部门要给予"绿色通道"，上市办要全程跟踪，限时办结。对企业改制上市中遇到的因历史原因造成的产权不清晰、用地手续不全、企业帐物不符、财务报表不实、劳动用工不规范等共性问题，各职能部门要结合实际，积极研究灵活的解决办法，为企业改制上市创造条件。

（四）建立拟上市企业资源库。进入拟上市企业资源库的上市后备企业的条件是：

1. 股份有限公司或有限责任公司，基本符合上市要求；
2. 生产经营和上市募集资金投向符合国家、省市产业政策和环保要求；
3. 盈利能力强、成长性高、发展前景好；
4. 法人治理结构健全、运作较为规范，近三年内无违法违规行为；
5. 有近三年内上市的设想及初步方案。

上市后备企业采取企业申报、部门举荐、上市办审核的办法择优遴选。

（五）大力支持证券中介服务机构来我市开展业务。大力吸引并支持境内外著名证券中介机构来我市设立总部、分支机构，金融类中介机构可按照《厦门市人民政府关于促进金融业加快发展的意见》（厦府〔2015〕27号）有关规定执行；支持境内外证券公司、会计师事务所、律师事务所、资产评估机构积极参与我市企业改制上市。

三、实施政策扶持

（一）鼓励企业通过境内外多渠道上市及再融资

1. 企业经厦门证监局辅导备案，市政府给予上市工作经费一次性30万元补助。企业向中国证监会提出发行上市申请并被正式受理的，市政府给予上市工作经费一次性70万元补助。

2. 对在厦门注册的企业依法在境内外证券市场上市后，按照融资金额（包括首次融资、再融资扣除发行费用后的金额，下同）给予奖励。奖励标准为：融资金额在10亿元（含）人民币以上或等值外币的，一次性奖励150万元；融资金额在5亿元（含）~10亿元人民币或等值外币的，一次性奖励100万元；融资金额在2亿元（含）~5亿元人民币或等值外币的，一次性奖励50万元；融资金额在5000万元（含）~2亿元人民币或等值外币的，一次性奖励25万元。上述企业募集资金的40%（含）以上在本市投资的，再给予同档次同等金额的奖励。

3. 企业以存在控制关系的境外公司实现间接上市的，参照享受已出台的各项扶持企业上市的优惠政策。

4. 企业按规定异地"买壳"或"借壳"上市后，将注册地迁回本市并承诺十年内不迁离的，一次性奖励200万元；其中，主要生产经营地设在厦门并承诺十年内不迁离的，一次性奖励300万元。

（二）鼓励企业到新三板和区域性股权交易市场挂牌融资

1. 非上市股份有限公司依法进入全国中小企业股份转让系统（新三板）基础层挂牌并交易的，一次性奖励30万元；依法进入新三板创新层挂牌并交易的，一次性奖励50万元；基础层的挂牌公司首次调整进入创新层后，一次性奖励20万元。对在新三板挂牌并交易的我市企业按照境内外证券市场上市的注册地在厦门企业融资奖励的同等标准给予奖励。

2. 企业完成股改，并在总部注册于厦门的区域性股权交易市场挂牌并交易的，一次性奖励30万元；完成股改并在厦门以外区域性股权交易市场挂牌并交易的，一次性奖励10万元。

（三）企业在改制上市涉及资产重组过程中，通过合并、分立、出售、置换等方式，将全部或者部分实物资产以及与其相关联的债权、负债和劳动力一并转让给其他单位和个人，对其中涉及的不动产、土地使用权转让行为不征收增值税。

（四）上市后备企业在改制过程中，因盈余公积金、未分配利润转增股本而缴纳的个人所得税，市、区受益的部分由市、区财政部门予以全额扶持。

（五）企业因改制、重组、并购而涉及到土地使用证、房产证、车船使用证、给排水及供电计划指标、资质等级、自有工业产权等过户时，对企业法人代表及实际控制人没有发生变化的，只收取登记费，免收变更、过户交易服务费。对国有企业改制上市在补办土地使用权出让手续中，涉及土地出让金的优惠政策，依照《福建省人民政府办公厅关于进一步规范省属单位土地资产处置的通知》（闽政办〔2007〕91号）执行。

（六）上市后备企业申请上市募集资金投资项目用地，除国家规定的属于公开招标拍卖挂牌用地之外，优先办理报批手续。企业上市募集资金投资项目，凡符合国家和省市产业政策导向的，优先纳入或者上报纳入重点项目盘子。对列入国家或者省市规划、具有稳定收益的重点建设项目，在同等条件下优先选择有投资意向的上市公司作为投资方。

（七）在同等条件下，优先支持上市公司利用上市募集资金参与市政基础设施、社会事业等公共项目建设；优先向国家、省推荐上市公司和上市后备企业申报高新技术企业、技术创新企业资格；优先对上市公司和上市后备企业安排或者向国家、省申报各类科技计划（专项）、国家高技术产业项目配套资金、科技创新与研发资金、创业投资引导基金、中小企业发展专项资金等各类政策性扶持资金。

（八）各级政府性投融资项目建设中需使用的设备、材料等物资在招标采购时，本市上市公司和上市后备企业能够提供的，按照厦门市人民政府办公厅《关于支持地产工业品开拓市场的若干意见》（厦府办〔2009〕103号）精神，同等条件下给予优先采购选用。

（九）鼓励上市公司和上市后备企业投资高新技术项目、重点技术改造项目，按规定享受相关优惠政策。

（十）有明确上市时间表且有合理资金需求的上市后备企业，我市金融机构要优先予以支持；鼓励有条件的上市后备企业通过发行债券、短期融资券和中期票据融资。

（十一）上市公司和上市后备企业引进人才，在户籍迁移、人事关系挂靠、子女就学、住房安置等方面给予优先照顾，具体扶持政策按照我市有关人才政策执行。

（十二）上市后备企业和上市公司中符合条件并能提供相关证明材料的台湾居民，可办理1至5年居留签注；外籍人员及其随行的配偶、父母和未满18周岁的子女，持Z字签证入境并能提交符合规定的相关证明材料的，可办理1至5年居留许可。

四、其他

（一）本意见由市金融办负责解释。各区人民政府、开发区管委会、市有关部门根据本意见，结合本区、本部门实际和各自职能，制定具体工作措施和实施办法，并报市金融办备案。

（二）享受本意见奖励或补贴的企业不履行承诺的义务或者采取弄虚作假等手段骗取优惠政策的，按有关规定收回已享受的奖励或补贴，并在三年内取消申请本意见奖励资格。涉嫌犯罪的，依法追究法律责任。

（三）本意见自文件发布之日起施行，有效期5年。2016年开始辅导备案及上市的企业可适用本办法的相应优惠政策。《厦门市人民政府关于推进企业上市的意见》（厦府〔2013〕28号）同时废止。

厦门市人民政府
2016年11月23日

关于促进民营经济健康发展的若干意见

厦府〔2016〕362号

为深入贯彻落实习近平总书记关于支持民营经济健康发展的系列重要讲话精神,进一步激发民间有效投资活力,充分发挥民营企业在稳定增长、促进创新、增加就业、改善民生等方面的重要作用,结合我市实际,制定如下意见。

一、推动民营企业自主创新

1. 支持民营企业研发首台(套)重大技术装备,对属于国内首台(套)的重大技术装备,按不超过销售额的60%给予补助;对属于省内首台(套)的重大技术装备,按不超过销售额的30%给予补助。单项补助金额最高不超过500万元。(责任部门:市经信局、财政局)

2. 鼓励民营企业建设重点实验室,对上年度营业收入1亿元以上、且重点实验室主任近三年承担省级以上项目的民营企业,其重点实验室可按照《厦门市重点实验室管理办法》(厦科联〔2017〕44号)申请确认市级重点实验室。对经认定的省、市级重点实验室,给予200万元的一次性补助。(责任部门:市科技局、财政局)

3. 支持民营企业兴办新型研发机构,对其自建或参股(现金参股达30%以上)建设市场化运作、企业性质的具有独立法人资格的新型研发机构的,给予一次性100万元开办经费补助;给予研发机构非财政资金购入科研仪器、设备和软件的购置经费50%后补助,5年内补助总额非独立法人的最高可补助2000万元,独立法人的最高可补助3000万元。设立的新型研发机构利用自身科研成果在厦创办或参股达10%以上的企业,经培育孵化成国家高新技术企业的,每孵化一家给予研发机构20万元奖励。(责任部门:市科技局、财政局)

4. 加大民营企业研发投入补助,按照税务机关核定的税前加计扣除的研发费用,基础部分给予10%补助,增量部分给予12%补助。对主营业务收入在20亿元及以上、且年度研发经费投入在5000万元及以上的,补助最高限额为800万元;其他企业最高限额为250万元。(责任部门:市科技局、财政局)

5. 鼓励民营企业发展高新技术,对新认定的国家级高新技术民营企业,予以一次性奖励10万元。(责任部门:市科技局、财政局)

二、扩大民间资本投资

6. 鼓励民间资本参与混合所有制改革，适时公布民间资本可参与混改项目清单，遵循市场化原则，通过上市公司、产权交易机构等平台，以出资入股、受让国有股权、股权投资基金等方式，参与国有企业改制重组。（责任部门：市国资委）

7. 对市属民办本科高校通过教育部本科教学工作合格评估的，给予120万元的一次性奖励；对市属民办高职院校完成福建省教育厅第二轮高等职业院校人才培养工作评估的，给予80万元的一次性奖励；对民办普惠性义务教育学校评估等级达到一级的，按学校规模1200人以上、800-1200人、800人以下，分别给予100万元、90万元、80万元的一次性奖励；对民办普惠性幼儿园且被评为市级示范性幼儿园的，按办园规模12个班、9个班、6个班，分别给予60万元、40万元、20万元的一次性奖励。适当提高民办普惠性义务教育学校的学位补助标准，进一步提升办学条件和办学水平。（责任部门：市教育局、财政局）

8. 鼓励民间资本举办具有国内外领先医疗技术水平的医疗机构。凡获得国家三级甲等和三级乙等的民营医院，分别给予500万元和250万元的一次性补助；对获得国家临床重点专科西医类别、中医类别和临床护理的分别给予500万元、300万元和200万元的一次性补助；首次通过国际JCI认证的，给予500万元的一次性奖励。鼓励民间资本举办二级（含二级）以上综合医院和中医、精神、康复、护理等专科医疗机构。对通过自建、购买等方式取得业务用房的，按提供基本医疗服务的床位，综合医院每张床位10万元、专科医院每张床位5万元的标准，在建成投入使用后给予一次性补助；对通过租赁方式取得业务用房并且租赁期在5年以上的，按上述标准的50%给予补助，由医疗机构于租赁期满一年后提出申请，分5年平均拨付。对二级（含二级）以上综合医院和中医、精神、康复、护理等专科医院向社会提供基本医疗服务（不含特需医疗服务）的，参照公立医院标准，按其出院人次、急诊人次给予运营补助。公立医院补助政策发生变化的，予以同步调整。（责任部门：市卫计委、财政局）

9. 依照规定简化民营医疗机构审批环节，二级及以下医疗机构设置审批与执业登记"两证合一"，卫生行政部门不再核发《设置医疗机构批准书》，仅在执业登记时发放《医疗机构执业许可证》。（责任部门：市卫计委）

10. 鼓励医疗机构委托民间资本举办的独立设置的医学检验实验室、病理诊断中心、医学影像诊断中心、医疗消毒供应中心或者有条件的其他医疗机构提供医学检验、病理诊断、医学影像、医疗消毒供应等服务。（责任部门：市卫计委）

11. 鼓励民营企业以独资、合资、合作、联营等模式投资建设高端养老服务机构，为老年人提供医养结合全方位服务。市财政对每张床位一次性补助2万元开办费、每年补助2400元运营费和150元责任保险费，对其内设医疗机构一次性补助50万元设备购置费。（责任部门：市民政局、财政局）

三、减轻民营企业负担

12. 自2018年1月1日至2020年12月31日，符合条件的小型微利企业，其所得减按50%计入应纳税所得额，并按20%的税率缴纳企业所得税；对2018年1月1日起新开办的上述小型微利企业在此期间其企业所得税地方留成部分"即征即奖"给企业。优惠政策如有新规定从其规定。（责任部门：市税务局、财政局，各区政府、自贸区管委会、火炬管委会）

13. 对民营企业或其个人股东取得的股权转让收益所缴纳的企业所得税或个人所得税额达到我市规定标准的，给予适当奖励。(责任部门：各区政府，市财政局、火炬管委会、自贸区管委会)

四、缓解民营企业融资难

14. 银行业金融机构要完善内部考核体系，提高民营企业授信业务的考核权重；制定和完善民营企业金融服务尽职免责制度，明确免责情形，细化认定标准，规范操作流程，进一步落实不良贷款容忍度管理要求，贷款不良率高于贷款行各项贷款不良率年度目标2个百分点（含）以内的，在无违反法律法规和有关监管规定的前提下，原则上可免于追究信贷人员合规责任。(责任部门：厦门银保监局)

15. 新增应急还贷资金10亿元，扶持我市因临时资金周转困难而难以按时还贷的企业，有效满足企业还贷续贷过程中的资金周转需求。企业可免费使用应急还贷资金，单笔金额最高不超过1亿元。加强我市企业还贷应急资金的使用和管理，支持银行通过提前续贷审批，提高企业转贷效率。(责任部门：市金融办、财政局)

16. 银行业金融机构要建立无本续贷"白名单"制度，提前审查贷款，理顺业务流程，实现还本续贷无缝对接；积极宣传推广无还本续贷产品，明确续贷业务申请条件、办理时效。规范银行业金融机构员工行为管理，杜绝人为拉长融资链条。(责任部门：厦门银保监局)

17. 银行业金融机构对暂时遇到经营困难，但产品有市场、项目有发展前景、技术有市场竞争力的民营企业在银行债委会机制框架内协同行动，落实增贷、稳贷、降息、债务重组等措施，帮助企业渡过难关，不得盲目停贷、压贷、抽贷、断贷。(责任部门：厦门银保监局)

18. 支持民营企业通过资本市场直接融资，对进入厦门证监局辅导备案和证监会正式受理的企业，分别给予30万元和70万元奖励；对上市融资并投资在本市的企业，给予25-300万元奖励；对异地"买壳""借壳"上市并迁回我市的企业，给予200-300万元奖励；对新三板挂牌并交易的企业，给予30-50万元奖励，融资并投资在我市的企业给予25-300万元奖励；对在区域性股权交易市场挂牌并交易的企业，给予10-30万元奖励；对上市后备企业在改制过程中因盈余公积金、未分配利润转增股本而缴纳的个人所得税地方留成部分，给予全额扶持。(责任部门：市金融办、财政局)

19. 纾解民营上市公司股票质押风险，建立政府引导、市场化运作的债权和股权基金，向辖内上市公司或其控股股东提供资金支持。引导金融机构给予上市公司资金融通支持，纾解民营上市公司股票质押风险。(责任部门：市金融办、厦门证监局)

20. 对融资租赁公司购入设备并被我市民营企业租赁使用的，按照租赁合同及发票金额的5‰给予奖励，单一企业单笔业务奖励金额不超过30万元，奖励金额每年不超过300万元。(责任部门：市金融办、财政局)

五、推动民营企业做大做强

21. 继续开展龙头骨干民营企业认定工作，在资源配置、要素保障等方面采取"一企一策""一事一议"的方式给予扶持。(责任部门：市民营办，各区政府，火炬管委会)

22. 积极为我市民营企业兼并、收购、控股外地企业创造条件，为外地民营企业在我市设立区域性总部或研发中心、结算中心、营销中心等职能型总部提供优质服务。(责任部门：市发改委、经信局、财政

23. 对 2018 年 1 月 1 日起新增的规模以上民营工业企业、限额以上民营批发和零售企业，且产值和批发零售业销售额不低于上年度水平的，以企业上年度缴纳的地方级税收收入为基数，增量部分的 50% 奖励给企业扩大再生产，奖励期限 3 年。民营企业税后利润分配给个人的，转为增资或在我市再投资用于扩大再生产的部分，其已缴纳的个人所得税地方留成部分予以全额扶持。（责任部门：各区政府，市财政局、火炬管委会、自贸区管委会）

24. 加大对有市场、有订单的工业和信息化民营企业贷款贴息支持力度，对年主营业务收入达到 4 亿元以上且同比正增长，新增流动资金贷款 3000 万元以上的企业，市财政对其当年度新增的流动资金银行贷款利息给予 30% 补贴，单个企业贴息最高不超过 800 万元。（责任部门：市经信局、财政局）

25. 对规模以上民营工业企业实施技术改造的项目，市财政给予该类项目设备投入金额的 10% 补助，单个项目补助金额最高 1000 万元。各区、管委会可按一定比例予以配套奖励补助。（责任部门：市经信局、财政局，各区政府、自贸区管委会、火炬管委会）

26. 获得省级评比表彰的民营企业或项目，奖金按照等额不重复原则，由市财政根据省级标准发放。（责任部门：各主管部门、市财政局）

六、优化民企发展环境

27. 建立完善市党政领导与民营企业家恳谈会制度和市区两级党政领导与民营企业挂钩联系制度，及时听取民营企业家对我市经济社会发展的意见建议，依法依规帮助协调解决民营企业家合法利益诉求。（责任部门：各区，市直各有关部门，市民营办）

28. 建立完善民营企业诉求受理处置反馈工作机制，按照"谁主管、谁负责""属地管辖、分级负责"和"马上就办、真抓实干"的原则，及时协调解决民营企业发展中存在的困难和问题。（责任部门：市民营办，各区政府、市直各有关部门）

29. 针对我市重点产业集群中产业链薄弱和缺失环节，持续策划适合民营企业参与的招商项目。建立完善面向民营企业的项目信息发布机制，及时收集我市策划、在谈、签约项目信息，定期将项目信息推送给相关民营企业。（责任部门：市发改委、商务局、民营办）

30. 各区、市直各有关部门应根据各自职能制定扶持民营经济发展的具体措施，需制定实施细则的应在本意见出台后 60 日内出台，确保政策措施落实到位。各责任牵头部门每年 1 月底前向市民营经济工作领导小组汇报上一年度的政策落实情况，市委、市政府适时组织督促检查，定期通报贯彻落实情况。（责任单位：市直各有关部门、市民营办，各区、管委会）

本意见自 2018 年 11 月 1 日起实施。

中共厦门市委
厦门市人民政府
2018 年 10 月 31 日

关于印发工业稳增长促转型五条措施的通知

厦府办 (2018) 162 号

各区人民政府,市直各委、办、局,各开发区管委会:

《厦门市工业稳增长促转型五条措施》已经市政府研究同意,现印发给你们,请认真贯彻执行。

厦门市人民政府办公厅
2018 年 8 月 23 日

厦门市工业稳增长促转型五条措施

为推动我市工业经济持续稳定增长,促进工业企业转型升级,特制定工业稳增长促转型五条措施。

一、加大对生产企业研发投入支持力度。对市重点工业企业,根据企业上一年度实际享受研发费用税前加计扣除政策的研发经费数额作为计提依据,按照基础补助和增长补助相结合的方式予以扶持:基础补助按企业上一年度研发经费的 10% 进行补助;增长补助按企业研发投入较再上一年度增加额的 12% 进行补助。对主营业务收入在 20 亿元及以上、且年度研发经费投入在 5000 万元及以上的,补助最高限额为 800 万元,其他企业最高限额为 250 万元。

(实施单位:市科技局;实施期限:2018 年 1 月 1 日至 2019 年 12 月 31 日)

二、加大对生产企业出口信保支持力度。对本市生产企业出口信保费用,市财政按照 60% 比例予以补贴。

(实施单位:市商务局;实施期限:2018 年 1 月 1 日至 2019 年 12 月 31 日)

三、加大企业开拓国内市场展位费支持力度。对参加列入年度计划展会的企业,按展位费 80% 的比例予以补助,其中单个企业单一展会最高补助金额不超过 20 万元,单一展会展位费补助总额不超过 100 万元。

(实施单位:市经信局:实施期展:2018 年 7 月 1 日至 2019 年 12 月 31 日)

四、鼓励企业技术改造。对实施技术改造项目的市重点工业企业,市财政给予该类项目设备投入 10% 补助,单个项目补助金额最高 1000 万元。

（实施单位：市经信局；实施期限：2018年1月1日至2019年12月31日）

五、降低工业企业融资成本。对年主营业务收入达到2亿元以上且同比正增长，新增流动资金贷款1000万元以上的工业企业，对其当年度新增的流动资金银行贷款利息给予30%补贴，单户企业贴息最高不超过800万元。

(实施单位：市经信局；实施期限:2018年1月1日至2019年12月31日)

关于印发推进企业上市意见实施细则的通知

厦金融办〔2017〕100号

各有关单位：

为进一步推动和服务我市企业改制上市，做好扶持奖励申报兑现工作，现将《厦门市金融工作办公室厦门市财政局关于推进企业上市意见的实施细则》印发给你们，请遵照执行。

厦门市金融工作办公室　厦门市财政局
2017年9月11日

关于推进企业上市意见的实施细则

为积极有效利用资本市场，进一步推动我市企业改制上市，促进上市公司发展，根据《厦门市人民政府关于推进企业上市的意见》（厦府〔2016〕362号，以下简称《意见》），制定本实施细则。

第一章　服务机制

第一条　建立协调解决机制

（一）办事程序

1. 市上市后备企业在上市过程中遇到问题，需要市企业上市工作领导小组成员单位协助解决的，可直接联系该单位在市企业上市工作领导小组办公室（以下简称市上市办）的联络员（附件1）。联络员按"首问制"要求，一次性告知本单位的办事程序、申报所需材料及要求，并帮助解决落实。市上市后备企业需区级相关部门解决的问题，可直接联系区政府（管委会）上市办协调解决。

2. 市上市后备企业也可向市上市办提交《厦门市上市后备企业"一企一议"申请表》（附件2），由市上市办负责联系有关单位及时解决。

3. 涉及重大事项市企业上市工作领导小组相关成员单位无法解决或所涉问题跨多个单位的，由该单位向市上市办反映，市上市办提出意见，商相关单位解决或提交市企业上市工作联席会议、市企业上市工作领导小组研究解决。

（二）办理时限：10个工作日。市上市办全程跟踪办理情况，督促相关部门限时办结。

第二条 拟上市企业资源库（以下简称资源库）管理

（一）申请进入资源库

1. 申报对象

符合《意见》规定条件的企业均可申请进入资源库。

2. 申报程序

企业登录厦门市金融工作办公室网站，在"厦门市企业改制上市服务系统"进行网上申报。

（二）认定市上市后备企业资格

1. 程序

被评选为省重点上市后备企业的，自动认定为市上市后备企业。未进入省重点上市后备企业的，由市上市办对资源库中符合条件的企业进行审核认定。

2. 条件

①最近两年连续盈利，且最近一个会计期末营业收入不少于5000万元、净资产不少于1200万元、净利润（净利润以扣除非经常性损益前后孰低计算）不少于500万元。拟在全国中小企业股份转让系统（以下简称新三板）挂牌或境外上市的企业另参照有关市场的挂牌或上市条件；

②有明确的上市工作计划。

3. 申请材料

符合省重点上市后备企业的，按照省主管部门通知要求提交相关材料。由市上市办审核认定的市上市后备企业，应在线提交以下材料扫描件：

①最近两年的审计报告及财务报表（损益表、资产负债表、现金流量表）；

②确定在境内外资本市场上市事项的股东会决议及上市工作计划或与中介机构签订的上市有关服务协议。

4. 办理时限

企业可随时在线提交申请，办理时限为10个工作日。经审核符合条件的，由市上市办核发市上市后备企业相关证明。

第三条 办理有关证明文件

（一）办事程序

市上市后备企业需要市相关部门出具无违法违规行为或无重大违法违规行为证明，可直接向其提出办理申请；如本市或异地相关部门需市上市办出具协调函，市上市办根据市上市后备企业申请，经核实后，向该部门出具协调函。

（二）申请材料

1. 出具无违法违规行为或无重大违法违规行为证明的申请书；

2. 部门要求的其他材料。

（三）办理时限

办理时限为10个工作日。

（四）核查内容

市上市后备企业遵守法律、法规，建立相关制度，执行有关行业标准的情况等。

（五）出具证明形式

1. 市上市后备企业从事生产经营活动，没有行政处罚记录的，可出具无违法违规行为证明；

2.市上市后备企业从事生产经营活动，但曾被处以较轻行政处罚的，可出具无重大违法违规行为证明。较轻行政处罚的标准由各部门根据实际情况酌定。

第二章　扶持政策

第四条　有关事项的界定

（一）《意见》中的政策扶持对象必须为省、市上市后备企业或已在境内外上市、新三板挂牌、区域性股权交易市场挂牌的企业。

（二）《意见》中融资金额的认定以会计年度为期间，即包含一个会计年度内的多次融资。

（三）《意见》中在本市的投资指直接投资，即将货币资金直接投入到本市的投资项目形成实物资产或者购买现有企业的投资，包括：

1.增加在厦注册企业的注册资本金；

2.对厂房、机器、设备、交通运输工具、通讯、土地等各种有形资产的投资；

3.对专利、商标、非专利技术、咨询服务等无形资产的投资；

4.购买或投资本市企业股权。

第五条　申请材料

（一）申请上市工作补助经费

1.进入辅导备案

①《厦门市企业上市扶持资金申请表》（附件3）；

②厦门证监局出具的企业辅导备案证明。

2.发行上市申请经中国证监会正式受理

①《厦门市企业上市扶持资金申请表》（附件3）；

②中国证监会首次公开发行股票行政许可申请受理通知书。

进入辅导备案或发行上市申请经中国证监会正式受理的企业，应在厦门证监局出具企业辅导备案证明或中国证监会出具首次公开发行股票行政许可申请受理通知书之日起六个月内向市上市办提交申请材料，逾期视为自动放弃。

（二）申请奖励资金

1.首次公开发行股票或再融资

①《厦门市企业上市扶持资金申请表》（附件3）；

②境内首次公开发行股票需提供证券交易所出具的股票上市通知书，再融资需提供证监会出具的核准企业公开或非公开发行股票、可转换公司债券的批复；境外上市或再融资需提供由境外证券交易所出具的证明企业已上市或再融资的有关文件，并提供中文翻译件；

③具有证券业务资格的会计师事务所出具的企业募集资金验资报告；募集资金的40%（含）以上在本市投资的，还需提供具有证券业务资格的会计师事务所出具的在本市投资的鉴证报告，以及在本市的募投项目核准备案文件；增加在厦注册企业注册资本金的需提供变更后的工商营业执照；购置资产的需提供购置合同及付款证明材料等。

2.企业以存在控制关系境外公司间接上市

①《厦门市企业上市扶持资金申请表》（附件3）；

②由境外证券交易所出具的能够证明与企业存在控制关系的境外公司已上市的有关文件,并提供中文翻译件;

③包含股权关系证明的招股说明书或律师事务所出具的境外上市公司股权关系的法律意见书;

④具有证券业务资格的会计师事务所出具的企业募集资金验资报告;募集资金的40%(含)以上在本市投资的,还需提供具有证券业务资格的会计师事务所出具的在本市投资的鉴证报告,以及在本市的募投项目核准备案文件;增加在厦注册企业注册资本金的需提供变更后的工商营业执照;购置资产的需提供购置合同及付款证明材料等。

3."买壳"或"借壳"上市

①《厦门市企业上市扶持资金申请表》(附件3);

②上市公司在本市的营业执照;

③上市公司在本市的税务登记证;

④上市公司出具的十年内不迁离厦门的承诺证明;

⑤上市公司主要生产经营地在厦门的,还需提供证明厦门地区销售收入占比最高的相关财务报表。

4. 进入新三板基础层或创新层挂牌并交易以及融资奖励

①《厦门市企业上市扶持资金申请表》(附件3);

②全国中小企业股份转让系统有限责任公司出具的同意企业挂牌函;

③中国证券登记结算有限责任公司出具的企业初始登记股东名册及交易后的股东名册;

④进入创新层的企业,需提供全国中小企业股份转让系统官网登载有该企业的创新层企业名单;

⑤申请融资奖励的新三板企业,还需提供全国中小企业股份转让系统有限责任公司出具的股票发行股份登记函,以及具有证券业务资格的会计师事务所出具的企业募集资金验资报告;募集资金的40%(含)以上在本市投资的,还需提供具有证券业务资格的会计师事务所出具的在本市投资的鉴证报告;增加在厦注册企业注册资本金的需提供变更后的工商营业执照;购置资产的需提供购置合同及付款证明材料等。

企业首次公开发行股票、再融资、以存在控制关系境外公司间接上市或挂牌新三板后融资的,可先按融资金额申请相应档次的奖励。在募集资金到位后的2年内,若其投资在本市的比例达到40%(含)以上,可再申请同档次同等金额的奖励。募集金额特别巨大的可以根据情况向市上市办申请延长1年。

5. 完成股改并在区域性股权交易市场挂牌交易

①《厦门市企业上市扶持资金申请表》(附件3);

②完成股改后在本市注册的营业执照;

③区域性股权交易市场出具的挂牌交易证明材料(挂牌交易确认书);

④律师事务所出具的申请挂牌交易法律意见书;

⑤具有证券业务资格的会计师事务所出具的能真实、准确、完整体现挂牌交易的审计报告;

⑥区域性股权交易市场出具的企业初始登记股东名册及交易后的股东名册;

⑦经区域性股权交易市场盖章确认的企业交易明细;

⑧企业交易的银行流水证明;

⑨企业出具的真实交易承诺书。

(三)申请个人所得税扶持

1.《厦门市企业上市扶持资金申请表》(附件3);

2. 盈余公积金或未分配利润转增股本的股东会决议;

3. 会计师事务所出具的验资报告；

4. 变更后的工商营业执照；

5. 税务部门出具的因盈余公积金或未分配利润转增股本而缴纳的个人所得税完税证明；

6.《厦门市上市后备企业转增股本缴纳个人所得税清单》(附件4)。

以上材料均需提供复印件一式一份（区属企业个人所得税扶持事项需提供一式两份），复印件需加盖申请企业公章，同时申请企业应携带相关材料原件由受理部门审核无误后退回。

第六条　审核拨付

企业上市扶持及奖励资金申请由市上市办统一负责受理、审核、确认、拨付。

（一）办事程序

1. 材料审核

①上市工作补助经费、奖励资金、市属企业个人所得税扶持等事项，企业将申请材料报市上市办审核；

②区属企业个人所得税扶持事项，市上市办提出初审意见后，将相关材料送各区（管委会）财政部门复审，市上市办根据各区（管委会）财政部门复审意见予以确认。

2. 资金拨付

企业上市扶持及奖励资金由市上市办按照预算管理规定向市财政局申报，经审核后纳入市金融办部门预算。市上市办根据审核结果，按照国库集中支付的有关规定办理资金拨付手续，其中区属企业个人所得税扶持涉及区（管委会）财政负担的部分，市上市办按季汇总报送市财政局，由市财政局通过财政体制进行结算。

（二）办理时限

1. 市上市办审核时限为10个工作日；

2. 区（管委会）财政部门审核区属企业个人所得税扶持事项时限为15个工作日。

第三章　附　则

第七条　本实施细则由市金融办、市财政局负责解释。

第八条　本实施细则自发布之日起实施，有效期与厦府〔2016〕362号文件规定一致。

关于印发厦门市先进制造业"十三五"发展规划的通知

厦经信产业〔2016〕397号

各区经(科)信局、火炬管委会经发处,各有关单位:

现将《厦门市先进制造业"十三五"发展规划》印发你们,请认真贯彻执行。

厦门市经济和信息化局
2016年10月17日

厦门市先进制造业"十三五"发展规划

前 言

《厦门市先进制造业"十三五"发展规划》以党的十八大、十八届三中、四中、五中全会精神为指导,根据《厦门市国民经济和社会发展第十三个五年规划纲要》精神,按照我市着力构建"5+3+10"现代产业支撑体系的要求进行编制,主要阐明了"十三五"时期厦门市先进制造业发展的总体要求、重点发展领域、主要行动任务和政策保障等内容,是"十三五"时期厦门市先进制造业发展的指导性纲领,旨在主动对接国家建设制造强国的发展战略、贯彻落实《中国制造2025》、《厦门市<中国制造2025>行动计划》,推动创新驱动、加快制造业转型升级、提质增效,构建未来厦门先进制造业体系。

一、发展环境与形势

(一)"十二五"取得的主要成绩

"十二五"期间,我市抓住国家支持福建进一步加快经济社会发展、自由贸易试验区厦门片区、21世纪海上丝绸之路战略支点城市等重大战略发展机遇,切实加快经济发展和工业产业结构调整。工业经济规模得到持续扩大、产业调整步伐显著加快、支柱产业规模跃上新台阶、优势传统产业改造提升效果明显、战略性新兴产业得到大力发展、生产性服务业发展迅速,建成若干个特色工业园区,产业链和产业集群效果进一步凸显,先进制造业整体规模稳步提升,"十二五"规划确定的总体目标和各项主要任务取得明显成效。

1. 工业经济规模持续扩大

"十二五"期间,工业经济规模稳步扩大,2015年完成规模以上工业总产值5030.81亿元,首次突破五千亿大关,年增长率12.2%;实现工业增加值1254.1亿元,年均增长11.9%,高于全国平均水平;规模以上工业产值超十亿元的企业达到73家。工业对全市GDP的贡献率达48.9%,继续发挥其在国民经济中的主导作用。

2. 产业结构调整步伐加快

"十二五"期间,通过加快产业布局调整步伐,产业结构进一步优化,三次产业结构比例从2010年的1.1:50:48.9调整到2015年的0.7:43.5:55.8。高新技术产业加速发展,2015年规模以上工业高新技术产业实现产值3315.86亿元,占全市规模以上工业总产值的65.9%,增长11.6%,高新技术产业中的规模以上工业企业共有546家。科技创新能力不断提升,全社会科研投入占地区生产总值比重3%左右,位于全国前列。

3. 支柱产业规模跃上新台阶

"十二五"期间,电子信息产业和机械装备两大支柱产业的地位和作用进一步增强。电子信息产业方面,形成以平板显示、计算机与通讯设备、半导体与集成电路等为主导的产业结构。平板显示产业,2015年工业总产值达1153.02亿元,成为我市首条千亿产业链。戴尔、友达光电等龙头企业继续发挥支撑作用,宸鸿科技不断增资扩产,弘信电子、通达科技、紫翔电子等企业快速发展。新引入天马微电子、电气硝子等一批龙头企业,群聚效应凸显。我市已成为国家光电显示产业集群的唯一试点、全球触控屏组件最大的研发和生产基地。计算机与通讯设备产业已形成以计算机、手机、数码相机、数字视听及传感器、定位导航等产品为主导的工业体系,2015年实现工业总产值709.22亿元。半导体与集成电路产业,台湾联华电子、清华紫光等集成电路巨头落户厦门,助力厦门成为国家级集成电路产业基地。机械装备产业,2015年实现规模以上工业产值1406.15亿元,占全市规模以上工业总产值的28%。基本形成以金龙、厦工、ABB、林德叉车及厦船重工等骨干企业为主导,中小企业配套、物流配送为保障的生产组织体系,大中型客车、工程机械、输配电设备、船舶制造产品在国内外市场上占据领先地位。其中厦门ABB高压开关的50万伏产品投放市场后,市场占有率居国内首位。

4. 优势传统特色产业改造提升效果明显

水暖厨卫、农副产品与食品加工、纺织服装、运动器材、冶金等优势传统特色产业改造提升效果明显。水暖厨卫产业,2015年完成工业产值124.04亿元,完成了十二五规划的产值规模达百亿元以上的目标。研发设计能力显著增强,智能制造工作取得新进展,企业积极培育自主品牌,产业链建设正由研发、制造向市场营销、服务、卫厨文化等方向发展。农副产品与食品加工产业,2015年实现总产值339.08亿元,银鹭、惠尔康等农产品加工企业纷纷到其他地区投资办厂。纺织服装产业,大中型企业有22家,以世纪宝姿、欣贺服装为代表的高端品牌时装企业和以安踏、鸿星尔克为代表的运动休闲服装企业,产品附加值高,发展态势良好。运动器材产业,十二五期间,每年保持16.7%左右速度增长,我市已成为中国最大的运动器材制造和出口基地，出口年均增长15%以上。冶金产业，拥有如厦门钨业、厦顺铝箔等规模以上工业企业21家，厦门钨业成为国内最大、最先进的硬质合金产业基地，成为钨、钼系列产品国际主要供应商。

5. 战略性新兴产业得到大力发展

"十二五"期间，我市软件和信息服务业年均复合增幅约为30%，企业实力日趋增强，拥有24家上市软件企业，25家国家认定动漫企业，148家计算机系统集成资质企业。2015年，新一代信息技术产业中的软件和信息技术服务业业务总收入为921.8亿元，比增23.05%，增速高出全国6.5个百分点、全省3个百分点。新材料产业，2015年，全市新材料企业数量已超过200家，其中规模以上企业40家，实现产值314.46亿元。钨材料产业正向高纯钨钼材料、钨钼丝深加工产品、稀土功能材料、超硬材料及高品质刀具等方向发展。LED外延片和芯片产值规模居全国前列，动力电池已实现产业化生产。生物与新医药产业，2015年实现产值94.65亿元，增长11.5%，基因工程药物、诊断试剂和疫苗、化学药物及化学原料、海洋生物等产品得到重点发展。其中海沧生物医药园区已成为"国家火炬计划特色产业基地"，产业载体建设成效显著，并入选国家战略性新兴产业区域集聚发展试点。海洋高新产业，以海洋生物医药、海洋功能保健食品等为代表的海洋生物产业发展迅速，成功获批厦门国家海洋高技术产业基地试点和国家科技兴海产业示范基地。新能源汽车，作为全国首批新能源汽车试点城市，我市顺利完成国家"十城千辆"节能与新能源汽车示范推广应用工程。厦门金龙联合连续获得2012、2013、2014年度影响中国客车业推荐新能源客车称号。

6. 生产性服务业发展迅速

工业设计及研发服务加速发展，建成4个国家级、7个省级及一批市级企业工业设计中心，成立了厦门市工业设计公共服务中心、厦门海峡工业设计促进中心。现代物流及电子商务完成布局，开展"国家电子商务示范城市"和电子商务产业园区建设，厦门嘉晟"全程供应链跨境电子商务服务平台"和象屿"海峡两岸贸易中心电子商务平台"入选为国家电子商务集成创新试点项目。制造业服务化初见成效，柔性制造和定制化生产模式在高端装备制造、新能源汽车、节能环保、水暖厨卫产业上的应用初见成效，如厦门金龙、金牌橱柜等企业已经大量采用信息化定制技术生产。

7. 产业链产业集群成效明显

十二五期间，先进制造业获得快速发展，优势产业链逐渐形成，助推我市构建形成"5+3+10"的现代产业体系。平板显示产业成为国家光电显示产业集群的唯一试点。计算机与通讯设备、机械装备、新材料、生物医药等千亿培育产业链的产业集群效应逐渐凸显；半导体与集成电路、水暖厨卫、航空工业、船舶制造、运动器材、烟草工业等产业集群得到进一步发展和培育。

8. 建成若干个特色突出的产业园区

通过大力推进产业空间布局调整，形成电子信息产业区、机械工业产业区、软件及信息服务产业区、生物医药产业区、航空产业区等若干产业园区，已建成一区多园的火炬高新区、集美机械工业集中区和软件园二期、三期等国家新型工业化产业示范基地，产业集聚效应不断增强。

9. 节能减排和循环经济工作取得新进展

"十二五"期间，我市率先开展固定资产投资项目节能评估与预审查项目，推动清洁生产、节能技术改造、合同能源管理等工作，节能减排和低碳经济发展取得明显成效。2015 年，单位 GDP 能耗指标值为 0.437 吨标准煤 / 万元，同比下降 8.33%；"十二五"期间单位 GDP 能耗降低率为 16.5%，超额完成预期目标的 171.0%；规模以上工业的能源消耗总量为 313.75 万吨标准煤，比上年减少 62.04 万吨标准煤，下降 16.5%。大力推进园区循环化改造，"厦门市集美（杏林）台商投资区"顺利入选 2015 年国家园区循环化改造示范试点园区，三立汽配、绿洲环保等获评全国循环经济试点示范企业。

10. 工业投资规模持续增长

十二五期间，全市工业投资规模由 2010 年的 178.43 亿元，增加到 2015 年的 354.60 亿元，工业投资规模整体接近翻一番，工业投资年增速达到 19.75%，且增速高于 2015 年全国平均水平 7.7%。2015 年完成工业技改投资 251.8 亿元，比 2014 年增长 15%，占工业投资的比重为 71.0%。战略性新兴产业良性发展、投资增长较快，电子行业投资快速增长，高新技术产业投资稳步增长，这对于产业转型升级起到了良好的支撑作用。

11. 产品品牌与质量协同发展

"十二五"期间，全市新增加金牌厨柜、银祥食品等多个福建省名牌产品；推广卓越绩效模式、培育卓越企业为龙头，推广"6σ"、现场星级评价、可靠性工程、精益生产等先进质量管理方法，企业质量管理由追求质量控制有效性上升到追求卓越的经营绩效。

（二）"十三五"时期面临的形势

1. 面临的机遇

制造业作为国民经济的发展基础和重要支柱，是推动工业经济发展的基石。当前，全球制造业正面临影响深远的产业变革，我国制造业迎来转型升级、创新发展的重大机遇。随着国内新型工业化、信息化、城镇化、农业现代化同步推进，超大规模内需潜力不断释放，为制造业发展提供了广阔的空间。随着全面深化改革和进一步扩大开放，将不断激发制造业发展活力和创造力，促进制造业转型升级。尤其是"中国制造 2025"、"互联网 +"等重大举措的推进落实，促进了信息化与工业化的深度融合，先进制造业的发展迎来难得的历史机遇。

随着国家"一带一路"战略的深入实施、两岸关系的和平发展，自贸区厦门片区、海上丝绸之路战略支点城市建设的全面推进，作为经济特区和海西重要中心城市的厦门，与"海丝"沿线国家和地区的经贸联系得到空前强化，互联互通、互利共赢的陆海经济基础大通道正在形成，为我市经济快速发展注入了强大的活力。"厦门市实施《中国制造 2025》行动计划"等制造业领域一系列中长期发展规划的制订与实施，将极大地推动我市产业转型升级和先进制造业的不断发展壮大。

2. 面临的挑战

当前，世界经济处于金融危机后的复苏和变革期，全球经济总体增速放缓。美欧发达国家纷纷实施"再工业化"战略，吸引中高端制造业回流，重塑制造业竞争新优势；而一些发展中国家凭借低成本优势，加速吸引劳动密集型产业，国际分工格局加快调整。此外，国际上科技革命和产业变革步伐加快，新技术、新工艺不断涌现，引发影响深远的产业变革。这一切，为我市促进工业产业转型升级、加大先进制造业发展、培育新的经济增长点创造了有利条件，但也带来新课题、新挑战，需要加快追赶国际先进水平的步伐。

在国内，近年国家经济处于"三期叠加"时期，呈现增速放缓、结构调整加快的趋势，制造业发展面临新的挑战。劳动力、土地、资源等要素供求关系趋紧，拉动经济增长的传统优势正在减弱。投资和出口增速明显放缓，主要依靠资源要素投入、规模扩张的粗放发展模式难以为继。在此国内经济大背景下，我市在做大工业经济总量和加快制造业转型升级的双重任务方面面临着更严峻的外部环境。另外，珠三角、长三角也在不断加快经济转型升级的步伐，而低技术门槛的传统制造业向更具劳动力和资源成本优势的中西部地区转移，我市制造业发展面临着高低两端竞争的巨大压力。

从厦门市来看，我市工业整体上仍处于产业的较低端，发展方式总体上还是粗放型，产业结构层次较低，产品技术含量不高，高附加值产品所占比重不高，产业技术体系尚不完善，这些因素影响到产业的进一步发展和产业附加值的持续提升。龙头企业主要是外资企业，但企业的核心技术主要依赖进口，第二产业内部技术水平还比较低，企业关键核心技术储备不够，创新能力不足，工业产品缺乏核心竞争优势。同时近五年来我市呈现出技改投资占工业投资的比重较大，新增投资规模整体偏小的态势。另外，我市在市场容量、产业配套能力和人才吸引力等方面的优势不明显，以往区位、特区政策等竞争优势可能被进一步削弱。调整制造业结构，促进传统制造业转型升级，大力发展先进制造业刻不容缓。

总之，我市制造业发展的机遇和挑战并存，而未来的五年，是实现转型发展的关键时期。厦门市先进制造业应主动对接国家和福建省制造业发展战略，推动我市先进制造业创新转型、提质增效。

二、总体要求

（一）指导思想

全面贯彻党的十八大、十八届三中、四中、五中全会精神，认真落实习近平总书记的系列重要讲话，深入实施"四个全面"的战略布局，围绕"美丽厦门"战略规划总体要求，通过推动企业自主创新，做优做强一批千亿产业链，优化提升传统特色产业，加快发展战略性新兴产业，培育发展生产性服务业，完善创新平台建设，推进产业融合发展，促进大中小企业协调发展以及优化企业经营环境等工作，努力培育一批具有产业综合竞争力的产业链、产业集群，实现制造业和生产性服务业共同发展。研究出台扶持政策，加强要素保障，确保工业经济平稳增长，努力将厦门建设成为海峡西岸强大的先进制造业基地。

（二）基本原则

坚持创新驱动，激发发展活力。深入实施创新驱动发展战略，加强关键核心技术和共性技术的研发，提高自主创新能力。突出企业的市场主体地位，充分发挥市场在资源配置中的决定性作用，激发企业活力和创造力。

优化产业结构，发展新兴产业。推动重点产业结构持续优化，促进产业向价值链中高端发展。大力发展战略性新兴产业和优势产业，突破重点领域和关键环节，抢占产业发展制高点，带动制造业整体推进。

坚持协调发展，优化空间格局。加强先进制造业与电子信息、新材料、软件信息服务业等产业的融合协调发展。立足现有基础，优化工业布局，完善上下游产业配套，形成富有特色的产业链、产业集群，加快专业化园区载体建设。

坚持质量为先，推进绿色发展。强化企业质量主体责任，加强质量技术攻关、自主品牌培育，走以质取胜的发展道路。

坚持环保优先，大力发展"绿色工业"，推动资源利用向节约集约、绿色低碳、环境友好转变，促进制造业规模、速度和效益的协调发展。

坚持开放发展，提升国际化水平。继续扩大开放，统筹利用国际国内两个市场、两种资源，发挥"自由贸易试验区厦门片区"和"21世纪海上丝绸之路"战略支点城市作用，加强产业全球布局和国际交流合作，形成新的产业优势，构建国际一流的营商环境，提升制造业开放发展水平。

（三）主要目标

经过五年发展，先进制造业创新能力大幅提升，产业结构明显优化，战略性新兴产业快速发展，全面实现制造业绿色发展，工业增加值能耗、物耗和污染物排放达到国际先进水平，助推构建形成"5+3+10"的现代产业体系，将厦门打造成为海峡西岸强大的先进制造业基地和新兴产业典范城市，成为国内制造业转型升级的先行市。

——制造业创新体系进一步完善。到2020年，制造业信息化水平大幅提升，掌握一批重点领域关键核心技术，制造业研发经费占比和每亿元主营业务收入有效发明专利数均超过全国平均水平；高新技术产业产值占全市规模以上工业总产值的比重达到70%以上。

——发展质量效益明显提升。到2020年，规模以上工业增加值率比2015年提高4个百分点；全员劳动生产率达到全省平均水平；"两化融合"发展指数保持全国前列，制造业质量竞争力指数达到90以上；品牌产品占销售产值的比重达到近60%，形成3~4个国际品牌。

——产业结构调整取得明显成效。到2020年，形成以千亿产业链（群）为主导，战略性新兴产业和生产性服务业快速发展的产业格局；年销售额百亿元以上的制造业企业（集团）达到12个，50亿元以上的超25个，优势产业在全球价值链中的地位得到不断提升。

——节能降耗继续保持先进水平。到2020年，规模以上工业增加值单位能耗保持国内领先水平，大型骨干企业主要产品能耗接近国内先进水平。万元工业增加值用水量，工业化学需氧量，以及氨氮、二氧化硫、氮氧化物排放量进一步下降，工业固体废物综合利用率保持在96.5%以上。

三、重点发展领域

（一）做优做强电子／机械优势产业集群

1. 电子信息

电子信息产业包括平板显示、计算机与通讯设备、半导体和集成电路等。到"十三五"末，电子信息产业产值力争突破4500亿元，成为国内重要的电子信息制造生产基地。

（1）平板显示

重点向产业链上下游延伸，发展上游高世代面板、OLED面板、以及彩色滤光片、偏光片等配套材料项目，提升显示模组、背光模组及配套环节技术水平和生产规模。发展下游平板电脑、智能手机等智能显示终端，推进向基于互联网的应用服务延伸。突破面板前段工艺、整机模组一体化设计等关键技术，开发OLED显示、3D显示、柔性显示、量子点显示等新型显示技术。LED领域围绕建设国家半导体照明工程产业化基地，提升国家半导体发光器件（LED）应用产品质量监督检验中心等公共平台服务能力，鼓励企业加强研发能力建设，增强LED外延片和芯片在显示背光、半导体照明领域的竞争优势。推进天马微电子、宸美光电、三安光电、电气硝子项目建设进度，加快推进同安翔安高新技术产业基地建设。平板显示产业基地到"十三五"末力争实现产值2500亿元，位居国家平板显示产业基地前列。

（2）计算机与通讯设备

发展具有自主知识产权、掌握核心技术的计算机产业，重点在发展高性能海量数据存储服务器、高端容错计算机、工业控制计算机、嵌入式计算机等。结合互联网、移动互联网和消费市场发展趋势，大力发展便携式、低功耗笔记本计算机，以及大尺寸、高性能、触摸型一体式平板计算机。发展下一代互联网关键设备，包括高端服务器、低能耗高端路由器，以及支持下一代网络的智能终端芯片等核心器件。开展物联网感知终端设备、穿戴式智能设备、云计算及应用设备研发与制造。推进军民融合，发展卫星导航和通信。培育发展通信控制芯片、智能天线、功能模块及关键元器件，鼓励计算机和通信产品制造企业就地配套发展。争取到"十三五"末实现产值1200亿元，打造成国内计算机与通讯设备行业的重要生产基地。

（3）半导体和集成电路

围绕12英寸晶圆制造，加快拓展上下游产业链，上游着重发展面向移动通信、光通信、电力电子、MEMS、智能控制的IC设计，发展掩模版和晶圆材料等产业关键环节，提升集成电路公共技术服务平台的能力。下游重点发展IC芯片切割、封装、测试及功能模块等，提升系统级封闭（SIP）、芯片级封装（CSP）等集成电路新型封装测试工艺和技术，加快引进一批具有较强带动性的配套项目，延伸做强产业链，打造成国家重点布局的集成电路产业基地。加快推进微电子器件生产能力的建设，抢先布局第三代半导体碳化硅产业链，争取引进其他先进特殊工艺生产线。规划、建设厦门集成电路产业园区，重点推进联芯集成电路12英寸晶圆、清华紫光集成电路产业园、三安集成电路等重大项目。争取到"十三五"末产值突破1000亿元，打造中国集成电路芯片设计中心及交易中心。

2. 机械装备

机械装备产业包括汽车、工程机械、输配电及控制设备、船舶等。到"十三五"末，机械装备产业力争实现产值1400亿元，成为国内重要的机械装备制造生产基地。

（1）汽车

加快推进金龙汽车工程研究院建设，加大基础共性技术、节能汽车技术和新能源汽车关键核心技术的研发力度，实施节能与新能源汽车技术创新工程。发展汽车电子、变速箱等关键零部件，推动捷太格特汽车转向系统等项目，提升整车配套产业水平。提高整车产品可靠性、安全性、舒适性、节能环保性。依托金龙新能源汽车等项目，发展混合动力客车、纯电动客车产品，推广智慧客车等"厦门制造"的智能化产品。

（2）工程机械

支持海翼（厦工）与中航工业推进战略重组，研制高智能化挖掘机、装载机，大力推动智能电传控制系统等工程机械关键零部件。推动内燃平衡重叉车、电动平衡重叉车、仓储叉车产品系列的智能化升级，扩大石油气叉车等新产品规模。重点发展工程机械再制造技术、节能降噪技术、智能化控制技术以及产品信息化技术等。推动工程机械产品从中低端向中高端发展，打造国际化品牌。

（3）输配电及控制设备

发展智能配电设备、智能电表、智能用电管理终端等智能电网用户端专用产品和电力电子器件，研发与推广高效、环保、紧凑型智能开关，研发紧凑型动力机构、环保型新绝缘材料及专用芯片与传感器模块等，推进核电站用断路器、直流开关、预装式变电站等装置的开发，推广电力物联网的应用。推进电力继电器装配自动化改造、智能化断路器、高压开关柜产品等，推动ABB工业中心、许继三期、华电开关二期等项目建设，争取建成国家高压检测中心。

（4）航空工业

以翔安机场建设为契机，扩大飞机维修产业，拓展飞机发动机维修业务，巩固厦门飞机维修与改装业在亚洲的领先地位。发展大型商用飞机维修、系统维修、小型飞机维修、航空集装箱和货板维修；发展通用飞机、无人机、特种飞行器；依托大型商用飞机维修、系统维修所形成的技术能力，发展飞机结构件和零部件加工、航空座椅制造等，争取加入国际飞机零部件供应体系；建成翔安莲河片区航空工业园，吸引不少于10家国际知名航空制造类厂商进驻，培育20-30家航空高科技创新企业与航空现代服务类企业。

（5）船舶

以龙头企业带动产业链发展，推动企业信息化建设，发展汽车滚装船、液化气运输船和游艇等产业；开发海洋探测、资源开发利用、半潜式生产平台等各类舰船设备；实现超大油轮和豪华邮轮的整体造船能力，优化游艇制造业发展环境。提升船用机电设备、船用电气自动化系统的技术水平，支持船舶关键零部件的研发与制造，发展船用机械配套产业，增强港口城市功能。

（6）智能装备与机器人

加快高档数控机床、增材制造等前沿技术和装备的研发，重点突破高端数控机床、机器人、伺服电机等核心智能测控装置及关键基础零部件的开发与产业化应用，形成一批竞争力强的企业群体。加强用户工艺验证能力建设。培育工业机器人产业，吸引跨国集团来厦设厂，推动智能工业机器人在我市重点产业、传统优势产业和劳动密集型产业中的应用。结合物联网、远程医疗诊断等技术，开发家用机器人。重点发展军民两用特种机器人。

（二）优化提升传统特色产业

重点发展水暖厨卫、农副产品与食品加工、纺织服装、运动器材、烟草制造、眼镜等产业，提升企业智能化、自动化制造水平，培育发展自主品牌，拓展国内外市场。

1. 水暖厨卫

鼓励路达、金牌橱柜等龙头企业整合上游原材料环节，支持企业加强自主研发，提高产品的个性化、定制化水平，为客户提供厨卫整体方案服务；大力推广智能卫浴产品，发展"互联网＋智能卫浴"，提升设计和智能化制造水平，研发生产具有环保、抗污、抗菌等特殊功能的新产品和高档水暖洁具产品，促进产业高端发展，提高品牌竞争力，形成规模效益和名牌效应，带动产业链的延伸和聚集；设立智能卫浴体验中心，以提高我市智能卫浴产品的市场普及率；依托同安厨卫生产基地，吸引科勒等国际知名品牌设立区域总部，提升水暖厨卫产业集群发展水平，对接台湾水暖厨卫优势产业，打造海峡两岸水暖厨卫制造示范园区，推动两岸产业深度融合。

2. 农副产品与食品加工

壮大发展龙头企业，重点支持中盛、中禾、银祥以高新技术改造提升食品工业，推动龙头企业增资扩产。加快企业技术改造升级，大力引进先进智能化装备，推动食品产业机械化、自动化、清洁化生产，鼓励发展谷物磨制、水产品加工等具有高附加值的精深加工。支持银鹭、古龙等企业充分发挥其自身技术、市场、资金等优势，重视闽台传统食品的传承和创新，开拓国内外市场，提高自主品牌的知名度和影响力。以同安轻工食品园区为依托，吸引国内外食品企业投资建厂，加快推进安德鲁森、骆驼食品、日清食品等重点项目建设工程实施，促进产业集群发展壮大。

3. 运动器材

加快培育发展一批以钢宇、蒙发利、朗美、群鑫、新凯复材、飞鹏、康乐佳等为代表的，质量管理能力强、产品质量水平高、自主创新能力强的企业，培育运动器材自主品牌，通过并购等方式加快品牌建设。鼓励企业应用新材料、电子技术改造，以"互联网＋运动器材"的发展模式，促进产品向智能化、网络化延伸，提高产品的科技含量及附加值。推动复合材料、电子配套、跨境电商等上下游产业协同发展，完善产业协作配套体系，建设产业公共技术平台、打造国家级"出口健身器材质量安全示范区"，塑造厦门"高品质运动健身器材生产基地"的行业品牌。

4. 纺织服装

提升纺织服装产业的装备技术水平，引导企业改变传统的要素依赖，转为依靠科技、品牌、管理、体制、机制及经营模式的创新，促进企业加强先进设备、技术工艺、新型产品的应用和研发，设立技术研发中心、产品检测中心等实验室。培育发展一批国际知名品牌，鼓励宝姿、欣贺提升高级时装设计水平，推进行业经营业态向服装时尚产业、服装文化产业发展，扶持际诺思纺织扩大高端寝具用品生产规模，支持华懋织造研发应用生态印染等绿色技术。大力发展品牌营销，吸引更多国际国内品牌将其总部迁入厦门，促进产业集聚。提升纺织服装行业信息化水平，推广服装制造信息系统集成，以强大的信息技术为支撑，升级传统服装制造业。

5. 烟草制造

鼓励企业加快生产工艺方法改进，引进先进技术与装备，全面提升企业生产技术水平。建设烟叶仓储设施，推进海沧东孚烟叶仓储项目建设进度，以满足提高卷烟生产能力的要求。培育发展生产卷烟品牌，加大"金桥"、"七匹狼"等品牌产品的研发投入，坚持发展中高端产品。充分利用厦门对台区位优势和外向型经济比较优势，大力推动卷烟出口，逐渐开拓国内外新的市场领域以继续保持百亿产值规模。

6. 眼镜产业

发挥厦门眼镜产业集聚优势，建成以太阳镜为主体，兼有眼镜架、光学镜片、老视镜、生产设备等品类相对齐全的眼镜制造行业，形成了从材料、零件、电镀、成镜、包装到批发零售等完整的产业链。支持企业开展科技创新，通过增加自动生产设备、改进生产线，提高生产效率，降低人工成本，提升产业竞争力。支持来奇偏光等企业研发生产高级偏光膜及偏光镜片产品，参与制定国内眼镜的行业标准，提升产品档次和附加值，打造自主品牌，使厦门成为全球最重要的眼镜生产基地之一。

（三）加快发展战略性新兴产业

1. 新一代信息技术

围绕大数据、云计算、"互联网+"等新兴业态，着力发展软件产品研发、信息技术、电子商务、数字内容、信息安全服务，加快新一代网络等信息基础设施的建设。积极创建国家信息消费、电子商务、下一代互联网、三网融合、服务外包等试点示范城市，培育发展新产业、新业态、新模式，打造新的产业增长点，重点发展行业应用软件、动漫游戏、移动互联网、数字家庭与信息消费、物联网与北斗产业、云计算与大数据等特色产业集群。加快软件园三期的建设，完善配套设施，促进企业入驻和达产，筹备启动软件园四期、海沧南部信息消费与数字产业园区等项目建设，建设中国软件名城。

2. 生物与新医药

以厦门生物医药港为核心，建设一批生物医药公共技术平台，加快建设生物医药创新创业孵化器，加快推进厦门国家战略性新兴产业生物医药领域集聚试点，着力打造有影响的生物医药产业集聚区。发挥产业基础优势，重点发展诊断试剂与疫苗、基因工程药物和海洋生物技术，推动一批重点技术创新，在专利药物和高端医疗装备领域形成一批技术先进、效果显著的"厦门造"重磅产品。生物医药领域，重点提升新型疫苗、基因工程药物、蛋白和多肽类药物、抗体药物、现代中药等研发创新能力，加快开发医药新产品，推进长效干扰素等新药尽快形成医药大品种。生物医疗领域，加强医疗器械的核心技术攻关，重点发展新型诊断检测仪器与试剂、新型生物体外诊断产品、新型生物医疗设备、植介入产品。生物制造领域，利用生物技术改造传统制造业，重点发展功能性食品、化妆品、生物制造装备，加强生物基产品研究。生物农业领域，加强生物新品种和农用生物制品创新，重点发展生物育种和新品种推广、农用生物制品。生物服务领域，推动生物技术与现代服务业融合，促进生物服务在医药制造、生命健康领域的应用，打造高品质的生物服务业。争取到2020年实现产值1200亿元，位居国家第二梯队城市前列。

3. 新材料

优先发展光电信息材料、先进半导体材料、稀土功能材料、高性能膜材料、海洋防护材料以及纤维复合材料等关键战略材料；做大做强特种金属功能材料、光电信息材料（含器件）、先进高分子及合成橡胶等现有产值规模较大的产业，突破关键共性技术，推动制造过程绿色化和智能化以及装备自主化，实现产品升级换代；推进化合物半导体材料、陶瓷基板和粉体、玻璃基板和高性能膜材料的性能提升及产业链向新能源电池延伸；布局并培育先进储能材料、石墨烯、富勒烯、纳米粉末、智能材料等前沿新材料，抢占产业发展先机。支持和推动725所厦门材料研究院、中科院厦门稀土材料研究所、厦门大学等科研单位加强创新和公共服务能力建设，健全适合市场需求的成果转化机制。把握台湾新材料产业转移的良好契机，主动对接福建省、长三角、珠三角基础原材料产业，为厦门新材料产业提供持续发展动力。将厦门建设成为具有较高国际影响力的特色新材料产业基地，形成"以特种金属功能材料、光电信息材料为核心，高性能复合材料、海洋工程材料、前沿新材料为特色"的新材料产业体系，争取到2020年实现产值 1200 亿元，进入国家第一梯队城市行列。

4. 节能环保

突破能源高效与梯级利用、污染物防治与安全处置、资源回收与循环利用等关键核心技术，不断壮大产业规模，提升节能环保产业综合实力。重点推进高效节能产业发展，在新能源装备方面，有序推进核心装置，如大功率变流器件、储能装置、电控系统等产品的风机零部件的研发和市场化。在节能技术装备方面，支持高压变频器、稀土永磁无铁芯电机等用电装置的推广。在节能建材方面，重点发展 LED 节能环保灯具、节能型门窗、铝合金隔热型材和节能型 PVC 塑料门窗型材、轻质复合保温板材等节能材料及其配套产品。在智能电网设备方面，重点发展分布式发电系统和微电网系统。提高水污染、大气污染防治技术，壮大相关设备产业，发展各类环境污染防治专用材料与药剂、可降解塑料制品，通过产学研合作发展膜材料、高性能防渗材料、催化剂材料等。加快发展固废处理处置、生态修复、环境污染监测技术和设备等。

5. 海洋高新

发挥厦门南方海洋研究中心的协同创新作用，围绕打造厦门国家海洋高技术产业基地和厦门国家科技兴海产业示范基地，规划建设厦门海洋高新技术产业园区，大力发展海洋生物制药制品业、海洋高端装备制造、海水综合利用、海洋高技术服务产业。海洋生物制药制品领域，重点发展海洋新医药和海洋保健品的开发、药源生物高值化养殖和活性成分提取、海洋生物材料开发等。海洋高端装备制造领域，重点推进游艇帆船研发、设计、制造、销售、维护保养、修理管理等产业。海水综合利用领域，提升海水淡化设备企业创新能力，推进海水淡化和综合利用，建设海水淡化应急示范项目，推动天津海水淡化研究所南方工程中心落户厦门。海洋高技术服务领域，重点发展海洋监测、勘查服务，发展环境评价、海域使用论证等工程技术咨询服务。

（四）培育发展生产性服务业

1. 工业设计服务

支持企业建立国家级、省级、市级工业设计中心，支持国内外知名工业设计企业来厦落户。促进工业设计成果转化，加强制造企业与优秀工业设计机构的对接，鼓励企业外包设计业务。大力发展工业设计产业集聚区，引导创新创意要素和资源向园区集聚。建设工业设计公共服务、知识产权保护、工业设计成果转化与交易等公共服务平台，实现工业设计相关产业协同发展。大力推进对台港澳、国外设计机构的交流合作，继续推进海峡工业设计大奖赛等赛事活动，争取中国工业设计大奖赛落户厦门，全面提升厦门工业设计影响力。到 2020 年，力争建成 3-5 个具有一定规模、特色突出的专业化工业设计园区，建立 6 个国家级、15 个省级工业设计中心。

2. 信息技术服务业

依托国家统计信息云平台，推进云计算、大数据和物联网在产品研发设计、生产过程控制、经营管理、市场营销、售后服务等关键环节的应用和服务，培育全国性信息服务产业。推动信息服务由单一的集成实施向处于价值链高端的咨询设计、运行维护、数据挖掘分析等服务环节的拓展，提高信息技术服务的支撑水平。推动制造企业与软件信息服务提供商合作，提升企业生产经营管理全过程的数字化水平，打造一批面向制造业的服务平台。推进软件评测中心、中小在线、集成电路设计公共服务平台的建设。

3. 现代物流服务

加快现代物流信息化建设，推进二维码、射频识别、电子数据交换等技术在产品生产、采购、运输、储存、保管、分拨等环节的应用，推进云计算、物联网、北斗导航及地理信息等技术在物流智能化管理方面的应用，实现制造、商贸与物流企业之间信息管理系统的有效协调和无缝对接。发挥厦门自贸区的政策优势，引导物流设施资源集聚集约发展，培育一批具有较强服务能力的生产服务型物流园区和配送中心。发展现代物流服务产业集聚区，加强综合性、专业性物流公共信息平台和货物配载中心建设。打造临港"交易＋物流＋金融＋信息服务"四位一体的国际物流服务体系，发展多式联运，提升两岸航运等物流领域合作，推动物流企业转型升级和产业融合。推进翔安国际机场、前场铁路大型货场、集美物流园等重点项目建设，建成东南国际航运中心、区域性航空枢纽、东南区域物流中心城市。

4. 电子商务服务

推动本地电商龙头企业加快发展，促进网络零售（B2C、C2C）、企业间电子商务（B2B）、在线离线电子商务（O2O）的规模化发展。完善电子商务与制造产业链的协同发展，鼓励平板显示、计算机与通讯设备、工程机械、输配电设备等行业发展电子商务，引导中小微企业依托第三方电子商务服务平台开展业务，积极推动在旅游、医疗、家政服务等垂直细分领域具有先进性、带动性、产业特色突出的电子商务平台发展。利用自贸区政策优势，大力发展跨境电子商务。健全跨境电商公共平台和服务体系，积极推进国家跨境贸易电子商务服务试点，深入推进"国家电子商务示范城市"和电子商务产业园区建设。到2020年，力争完成电子商务与制造产业链整合，中小企业电子商务应用率达95%以上。

5. 服务型制造

推广服务型制造模式。鼓励制造企业使用柔性化制造技术，提高定制化生产能力。开展柔性生产模式示范项目，推动柔性化、智能化制造技术在客车、输配电及控制设备等产业中的应用。支持企业发展"大规模定制"生产模式，实现个性化定制生产与现代化工业大生产协同的战略转变。推动大规模定制技术在客车、纺织服装、水暖卫浴等行业的应用。支持企业发展"网络化制造"生产模式，促进众设、众包设计模式、数字化在线化服务模式、精准供应链模式、网络精准营销等新模式、新技术在生产中的应用。鼓励行业龙头企业建设网络化制造系统，与配套企业之间进行信息系统对接，实现产品设计、制造、销售、采购等各环节基于互联网的企业间的协同。支持制造企业建立产业合作联盟，根据订单快速调用资源，形成平台化协作关系，提升整条制造链的制造能力。

推动制造业服务化。支持装备制造企业发展产品全生命周期运维和在线支持服务，提升产品监控和维护技术水平，延伸产品服务链长度。鼓励有条件的企业从设备提供商向项目设计、实施、管理、运营和维护一体化服务商转变。引导中小企业开展服务业务外包，培育一批集成方案提供商、设备健康管理服务机构，推动建设专业化、社会化的第三方售后服务体系。推动制造企业类金融服务的发展，支持有条件的制造业企业建立财务、租赁等金融机构，推广大型制造设备、生产线等融资租赁服务。鼓励优势制造业企业"裂变"专业优势，通过业务流程再造，面向行业提供社会化、专业化服务。支持有条件的制造企业提供工程信息咨询与整体施工方案设计、设备的翻新与改造、特约服务、个性服务等业务支持

与拓展服务。

四、主要行动任务

（一）大力实施创新驱动，提高制造业创新能力

强化企业创新主体地位。以千亿产业链为重点，完善以企业为主体、市场为导向、产学研用相结合的产业创新体系。引导企业增加研发投入、引进创新人才，鼓励并购重组、开展委托研发和购买知识产权。鼓励企业建立研发机构或与高等学校、科研院所联合建立研发机构，建设一批国家级、省市级企业技术中心、工程技术研究中心和重点实验室。发挥行业骨干企业的主导作用和高等院校、科研机构、行业协会的基础作用，建立一批产业创新联盟，重点发展新型平板显示、集成电路、新一代网络通讯设备、智能车辆与工程机械和北斗应用等一批对产业竞争力整体提升具有全局性影响、带动性强的关键共性技术。提高创新设计能力，培育一批专业化、开放型的工业设计企业。

推动科技体制创新。以提高自主创新能力为核心，以促进科技与经济社会发展紧密结合为重点，大力推进科技体制机制改革，建立健全促进自主创新的动力机制和激励机制。积极支持跨界创新、融合创新，推动技术创新和商业模式创新相结合，推进"互联网＋制造"和"互联网＋服务"跨界发展，强化产业链核心环节，推动产业向前后两端更高附加值环节延伸。完善科技成果转化激励机制，探索促进产学研用互促互动、以市场配置资源为基础与政府宏观调控有机结合、科技成果有效转移转化的新机制、新模式。

健全创新服务体系。大力发展科技服务业，加快出台科技服务业的政策措施，培育和发展各类技术交易机构、第三方检验检测、融资担保机构、知识产权评估机构、科技项目的论证和评估、科技成果咨询和评估机构等科技服务产业。推进科技金融创新，建立适应创新链需求的科技金融服务体系，支持创业投资、债权融资、天使投资等股权投资对科技企业进行投资和增值服务。

（二）加快创新平台建设，大力发展众创空间

发展创新孵化平台。建立差异化的孵化培育体系，实施创业苗圃、孵化器、加速器、科技园区相结合的大孵化器战略，形成全过程、全要素的孵化培育生态链。引导社会资源向孵化载体聚集，创新孵化载体投融资服务模式，探索孵化组织新模式、新机制，完善公共服务体系，提升孵化培育能力。推进翔安创新孵化中心发展，围绕微电子产业建设"众创空间＋育成中心＋加速器＋产业基地"的孵化体系，推进小微企业创业创新基地示范城市建设。

完善公共服务平台。围绕制造业重点发展产业，建设一批共性技术平台和产业化服务平台，构建"研究所＋工程中心＋产业化基地＋产业发展基金"的协同创新系统。加快建设科技创新园、软件产业合作平台、海西（海沧）生物医药港、海西微电子产业园、台湾科技产业园、两岸大学科技园等一批创新载体。鼓励和支持企业技术中心、工程技术中心、工业产品质量控制和技术评价实验室向社会开放，推动科技创新资源共建共享。依托厦门军民融合协同创新研究院、厦门信息产业和信息化研究院，厦门产业技术研究院，加速推进军民两用高端技术研发与科技成果转化。

大力发展众创空间。策划综合性众创空间，开展创新创意与市场需求和社会资本的有效对接、推动

产学研协同创新和科技成果产业化。同时在各产业园区建设专业性众创空间，积极引进、培育连众创客平台、爱特创业加速器、一品威客等国内外知名创客运营机构。支持老工业区旧厂房成片改造发展创新创业集聚区，构建一批低成本、便利化、全要素、开放式的众创空间。

加快建设创新空间体系。积极发展各区产业优势，打造具有厦门特色的创新单元、创新社区、创新城区"三级创新空间体系"。思明区、湖里区借"退二进三"的契机，以软件园二期、龙山文创园等创新创业园区为核心，打造老厦门的创新创意城区；集美区依托文教区、软件园三期等，打造"大学创新教育城区"；海沧区借助生物医药港、军民融合协同创新研究院等优势，打造环马銮湾"未来产业创新社区"；同安区依托同安高新技术产业基地和现代服务业基地，打造"高端制造业和现代服务业创新社区"；翔安区利用翔安高新技术产业基地发展优势，建设"光电产业创新社区"。

（三）推进制造业与信息化深度融合，发展智能制造

大力发展智能制造。对接国家、省市推进智能制造专项工作，把智能制造作为信息化与工业化深度融合的主攻方向，着力开展机械工业、电子信息重点企业的信息化技术改造和升级，不断提高装备的自动化、数字化和智能化水平，将信息技术融入到企业研发、设计、生产、流通、管理的各个环节。支持条件成熟的行业和企业先行启动实施"智能一代"试点，建设集美省级智能制造示范基地，在重点领域试点建设智能工厂/数字化车间，实现"机器联网"、"工厂联网"，集成创新一批人机智能交互、高档数控机床、自动化生产线、增材制造等技术和装备，加快智能控制在装备和生产过程中的推广应用。到2020年，重点领域生产装备数控化率达到70%，形成5家骨干智能装备企业和若干重点工业软件企业，累积实施"机器换工"2000台以上，"两化融合"发展指数保持全国前列。

促进制造业与互联网融合创新。深入开展制造业与互联网融合创新试点行动，推动基于互联网的全流程生产协同和综合集成。通过龙头企业培育、重点项目引入和工业电商转型，引导企业以互联网为媒介，大力发展基于互联网的个性化定制、众包设计、云制造等新型制造模式，推动工业物联网、信息物理融合系统等平台建设。围绕重点产业链和龙头企业，建设一批重点领域制造业工程数据中心，推动企业研发设计、生产制造、检验检测、数据管理、技术标准工程服务的开放共享。到2020年，培育省级以上制造业与互联网融合创新试点企业50家。

（四）全面推行绿色制造，构建绿色制造体系

加快制造业绿色改造升级。加大投资支持力度，打通传统制造业与绿色技术之间的通道，将绿色技术、绿色工艺渗透应用到传统制造业的各个环节。实施绿色制造工程，面向重点领域、重点区域开展清洁生产改造，实施能源清洁高效利用行动计划，强化工业资源综合循环利用，推进产业绿色协同链接，培育再制造产业。推动应用节能环保技术和高效节能产品，鼓励工程机械、汽车、输配电及控制设备等行业开展节能环保改造。大力发展科技含量高、资源消耗低、环境污染少的先进制造业，着力推动制造业从中低端向中高端发展。

推进资源高效循环利用。鼓励企业开发和应用清洁生产先进技术，树立一批绿色发展示范企业。实施循环经济重点工程建设，支持绿洲资源再生利用产业园国家"城市矿产"示范基地建设，打造集美（杏林）台商投资区国家"园区循环化改造"示范试点园区。重点推进产业园区循环化改造，实现园区资源高效、循环利用和"零排放"。大力发展高端再制造、智能再制造、在役再制造产业。发展工程机械、工业车辆、汽车零部件的剩余寿命与性能检测技术、零部件的材料识别与分类、回收与再利用技术。

（五）加强品牌质量建设，推动制造业自主品牌发展

推广先进质量管理技术和方法。鼓励企业进行以产品质量为目标的工艺技术改造、信息化技术改造。推广先进成型和加工方法、在线检测装置、智能化生产和物流系统及检测设备等，提升产品质量和可靠性。开展质量标杆和领先企业示范活动，普及卓越绩效、六西格玛、精益生产、质量诊断、质量持续改进等先进生产管理模式和方法。开展质量管理小组、现场改进等群众性质量管理活动，广泛开展质量教育培训，推动企业树立追求卓越的发展理念、实施以质取胜的经营战略。

加快质量标准体系建设。创新产品质量监督抽查模式，建立区域和行业质量安全预警制度，防范化解产品质量安全风险，促进企业产品质量提升。推行《企业质量信用报告》主动发布和质量"红黑榜"制度，将质量信用信息作为企业诚信评级的重要内容，引导企业加强质量诚信建设。深入推进实施标准化战略，制定实施制造业标准化提升计划，争创国家级技术标准创新基地，建设"台湾标准研究中心"，组建优势产业标准联盟，围绕制造业打造一批"厦门标准"。

推进制造业品牌建设。实施品牌带动战略，完善政府质量奖激励机制，扶持一批品牌培育和运营专业服务机构，推进品牌价值测评，引导工业企业完善品牌管理体系、创新管理模式、增强品牌培育能力。鼓励企业参加全国品牌培育试点、中国工业企业品牌竞争力评价等活动，开展品牌宣传推介。培育优势产业创建"全国知名品牌示范区"，推动平板显示产品、计算机与通信设备、工程机械、大中型客车、输配电设备、汽车滚装船等成为厦门的"名片"，培育厦门大型商用飞机"一站式"维修国际品牌。

（六）深入推进制造业结构调整，打造特色产业园区

支持企业技术改造升级。建立支持企业技术改造的长效机制，强化激励约束机制，完善促进企业技术改造的政策体系。支持关键工艺环节进行技术改造，引导企业吸收高新技术，促进工业化与信息化融合，拓展商业模式创新和加强产业技术综合集成。鼓励首台（套）装备的使用，支持企业淘汰老旧设备，引进和购置先进设备，提升企业技术装备水平。制订优势产业技术改造投资指导目录，引导企业全面实施新一轮技术改造，鼓励企业重点投向用地少，消耗低的优质技改项目，推动传统产业向中高端迈进。

打造特色产业园区。合理确定各园区功能定位和产业布局，引导产业合理有序转移，推进岛外园区产业布局整合，促进岛内外及周边制造业协调发展，促进优势产业集聚发展。按照工业社区和共同缔造理念，加快对现有园区载体的整合提升，完善公共设施和园区配套。发展"基地＋众创"新模式，加快建设同安翔安高新技术产业基地和现代服务业基地，通过对老工业厂房实施改造提升，建设创新创业集聚区。加快推进两岸新兴产业和现代服务业合作示范区、临空经济区等产业园区建设。重点发展国家级光电显示产业基地（火炬翔安、同安）、机械产业园区（集美＋海沧东孚）、以制造为主的生物医药产业园区（海沧）、航空产业园区（岛内东部＋翔安南部）、服务外包产业园区（海沧保税港区）、软件和信息服务产业区（岛内东部软件园二期＋集美软件园三期）、物流与加工集合产业园区（海沧南部＋集美现代物流基地）等特色产业园区，加强政策引领和产业园区公共服务能力建设，引导企业逐步向产业园区集聚。发挥工信部评定的火炬高新区、集美机械工业集中区和软件园二期等国家新型工业化产业示范基地的带动作用，推进园区之间和园区内企业之间对标贯标，促进制造业转型升级。

（七）加快两岸制造业融合，推进国际产业合作

加大两岸制造业融合对接。突出厦门对"两岸三地"的区位优势，瞄准新一轮台湾产业向大陆转移趋势，对接台湾光电信息、生物医药、高端装备等优势产业，加强产业链合作，创新两岸产业合作参与

国际竞争的新模式，推动两岸产业深度融合。依托自贸试验区厦门片区特有的政策区位优势，集聚跨国公司、两岸百大企业、闽商、潮商的区域总部和营运、管理、研发中心。重点发展高端制造领域的配套产业，推动制造业向价值链高端延伸。推进高新技术产业化，打造代表国家水平的战略性新兴产业创新引领区和产业集聚区。

推进制造业对外合作。融入"一带一路"，推动制造业对外合作，发挥厦门作为"一带一路"战略支点城市的作用，利用好"一带一路"和亚投行等国际平台，打造创新、信息、金融、航运等重大要素集聚平台，吸引有资源技术优势的人才和机构来厦设立企业。加快中国－东盟海洋合作基地建设，推动厦门涉海企业走向国际市场。深化与沿线国家和地区在光电信息、高端装备及生物医药等领域的合作，促进重大产业项目对接，积极鼓励龙头企业"走出去"，共建一批国际产业合作园区，更好的利用两种资源、两个市场实现新发展，培育创新型国际化产业集群。

五、政策保障

（一）加强组织领导

建立统筹协调机制，加强组织领导和战略谋划，成立由市领导挂帅的先进制造业发展工作领导小组，负责统筹指导各区、开发区、部门开展工作。由市经信部门做好协调推进工作，建立综合评估制度，定期督促检查。

（二）增加先进制造业投资

建立先进制造业重点企业名录，各级各类财政专项资金要向先进制造业重点企业、重点项目和相关平台倾斜，持续加大支持力度。引导企业和社会资本，加大对技改项目的投资，建立重大技术改造项目库。对市重点工业投资项目实行"绿色通道"，强化要素保障，实施分级管理和动态跟踪。创新产业扶持机制，整合技术、土地、资金、人才等要素资源，为工业投资创造良好环境。建立异地共建工业园区的利益共享和财政保障机制，调动各方支持工业投资的积极性。

（三）营造良好发展环境

创新政府管理模式，加快行政审批制度改革，完善政务服务，提升政府服务产业发展水平。积极构建有利于创新发展的法制环境。加快推进土地管理机制创新，进一步提高土地节约、集约利用水平。大力发展创业投资、股权投资，创新融资方式和金融服务，为战略性新兴产业、成长型高新技术产业等先进制造业提供金融支持。

（四）加大财税金融支持

通过贴息、补助等方式，扶持企业运用高新技术和先进适用技术改造提升传统产业。用好现有进口设备免征关税、生产成套装备减免关税、研发费用加计扣除等税费优惠政策。设立产业引导基金，鼓励更多社会资本投向先进制造业。设立质量服务业引导资金，推进质量服务市场化，支持先进质量管理方法推广、质量风险评估、管理咨询、品牌推广及检验检测等质量公共服务平台建设。各类金融机构要加大对制造业重大项目的信贷支持，有效扩大信贷规模，在贷款利率和贷款期限方面予以倾斜。要运用融资租赁、抵押、入股等资金和信贷手段，助力"厦门制造"走向国内外。

（五）建立产业开放合作机制

依托自贸区的政策和区位优势，积极推进厦台产业合作，加强厦门－台湾科技产业联盟促进中心、闽台（厦门）生物医药合作交流基地建设，充分发挥厦门台商协会和厦门台湾科技企业育成中心等机构在对台招商中的作用，协助两岸企业落实科技共享大平台，提高联合攻关、成果转化及对台新兴科技产业搭桥的效率，加速推动先进制造业在厦投资发展。鼓励行业协会、产业联盟、龙头企业在国（境）外设立招商引资、引智机构，搭建信息互通和招商协调渠道，着实提高招商引资质量。

（六）强化人才保障

加大多层次人才引进力度，深入实施"海纳百川"和"双百计划"等高层次人才引进政策，引进和自主培养相结合，推进企业经营管理、专业技术和高技能人才队伍建设。完善人才培养支撑体系，引导企业与学校对接，共同搭建人才培养的合作平台，建设多层次人才培养基地。强化市场对人才资源的配置作用，建立公正、科学、合理的人才评选机制，建立以政府奖励为导向、社会力量为辅助、用人单位为主体的激励机制，营造开放、合作、包容的用人氛围。

大事记

DA SHI JI

2016 大事记汇总

· 2016 年 1 月 16 日，由市工商联、市中心血站和市无偿献血者协会共同举办的第四届"百商万人献血公益行"活动举行启动仪式，106 人成功献血。

· 2016 年 1 月 16 日，厦门市光彩事业促进会"感恩善心·聚爱善缘"慈善捐赠仪式会举行，将此前举办的慈善拍卖会所募得 1417348 元善款捐赠给受助对象。

· 2016 年 1 月，厦门市政协会议上，市工商联（总商会）关于《清费减负，促企业稳增长》的大会发言获市领导高度重视并作重要批示。

· 2016 年 2 月 16 日，由市工商联组织举行"2016 年市政府主要领导与返乡民营企业家代表座谈会"，市长裴金佳出席会议并发表讲话。

· 2016 年 2 月 23 日，厦门总商会法律维权工作委员会举行第四次全体会议，与会人员围绕着影响和制约工商联民营经济的突出问题等开展交流、讨论。

· 2016 年 3 月 21 日，市清理企业负担工作方案座谈会在厦门总商会举行，与会人员就企业负担等问题提出了意见建议。

· 2016 年 3 月 23 日，湖里区工商联与区人民法院签订诉调对接共建协议。

· 2016 年 3 月 30 日，思明区商会 190 家会员企业荣登 2015 年度纳税特大户和纳税大户名单。

· 2016 年 4 月 6 日 -7 日，全国工商联宣教部部长王尚康率全国工商联调研组莅厦就年轻一代非公经济人士思想状况及教育培养工作开展专题调研活动，并在市工商联召开座谈会。

· 2016 年 4 月 8 日，海沧市工商联和区餐饮文化协会承办海峡两岸保生慈济中医药膳烹饪交流大赛暨闽台美食文化节第二届海沧名小吃认定会。

· 2016 年 4 月 8 日，"民企联村"精准扶贫活动动员会暨精准扶贫签约仪式举行。同安区工商联（商会）14 家副主席企业分别与 5 个经济薄弱村签订了"民企联村"精准扶贫帮扶协议。

· 2016 年 4 月 9 日，市工商联（总商会）举办《营改增之挑战与应对》公益讲座。

· 2016 年 4 月 11-16 日，由厦门总商会和厦门经济管理学院联合主办的以"创新创业与转型发展"为主题的"厦门市非公有制企业第十三期经营管理（总裁）高级研修班"在广州中山大学举办。

· 2016 年 4 月 12 日，厦门总商会参与主办的第五届海西（厦门）国际新能源产业博览会暨高峰论坛开幕。

· 2016 年 4 月 9-15 日，由厦门总商会与厦门市委统战部在井冈山联合举办联厦门市"首期非公年轻一代理想信念教育专题培训班"。

· 2016 年 4 月 19 日，思明、湖里、集美、同安、海沧五个区工商联全部入选福建省 2015 年度"五好"县级工商联考评认定名单。

· 2016 年 4 月 21 日，荷兰驻广州总领事馆商务处长拜访海沧区工商联，并走访考察会员企业英诺

（厦门）进出口贸易有限公司。

· 2016年4月26-28日，由厦门总商会等协办的"投资万里行－走进陕西"活动举行，厦门总商会组织的8家有意向投资陕西的民营企业全程参与考察活动。

· 2016年5月13日，我市思明区、海沧区、集美区、同安区荣登2015年度获得全国"五好"县级工商联名单，获评率居全省前列。

· 2016年5月13-20日，厦门总商会参与主办的"2016年厦门市民企青年骨干港澳培训班"在香港、澳门举办。期间，学员们参加了香港"一带一路"高峰论坛，拜访香港青年联合会主席霍启刚，与之交流企业传承之道。

· 2016年5月17日，中央统战部办公厅调研组莅临市工商联进行座谈，重点调研惠企政策落实和创二代等情况。

· 2016年5月20日，厦门总商会法律顾问团"入会入企"活动在厦门市南安商会举行，集中为市工商联所属20多家商会开展法律政策宣讲培训、咨询等服务。

· 2016年5月25日，国家行政学院副院长杨克勤一行8人莅厦开展"促进民间投资"第三方评估工作，召开座谈会，21家民营企业代表参加座谈，探讨投资发展遇到的主要问题和障碍。

· 2016年6月18日，第五届世界闽商大会厦门分会场座谈会在福州举办，国内闽商代表近80人参加座谈会。

· 2016年6月22日，海沧区商会郑金泉会长、苏仁财副会长荣获"福建省非公有制经济优秀建设者"。

· 2016年6月27日至7月6日，厦门总商会商（协）会专职秘书职业技能提升培训班举办，这是市工商联（总商会）对厦门市经济类商（协）会拓宽服务手段的一个重要举措。

· 2016年7月17日-24日，市工商联（总商会）参与联合举办的第十四期民营企业骨干培训班（港澳）在香港、澳门举办。

· 2016年7月21日，厦门眼科中心举行捐赠仪式，分别向厦门市光彩事业促进会和厦门市红十字会捐赠人民币100万元。

· 2016年7月28日，市纪委、市委统战部、市工商联联合举办了"亲清政商关系大家谈"专题座谈会。

· 2016年8月27日，海沧区商会会长企业海澳集团荣获2016年"中国服务业企业500强"第407名。

· 2016年9月6日，柬埔寨福建总商会邱国兴会长一行莅临厦门总商会参访，与企业家开展座谈交流。

· 2016年9月8日，市工商联（总商会）、市商务局共同举办了厦门市海内外华商及闽商对接会。

· 2016年9月15日-18日，思明区商会组织会员企业积极开展超强台风"莫兰蒂"灾后自救并投入到全市的抢险救灾和重建工作中，为重现美丽厦门贡献力量。

· 2016年9月17-19日，市工商联（总商会）多次组织机关支部党员和全体干部投入"莫兰蒂"台风灾后自救工作，同时积极号召各区工商联、所属商协会和团体会员，组织会员企业积极开展灾后自救和参与所在社区的恢复重建行动。

· 2016年9月22日，市工商联（总商会）召开十二届十二次执委（理事）会议，柯希平主席作了题为《民营企业实践"亲清"政商关系的三个基本维度》的报告。

· 2016年9月23日，由市委统战部与市工商联联合主办的2016年同心文化艺术节暨"和谐之声"—

同心音乐会隆重举行。

·2016年9月25日，由思明区委统战部指导，区工商联（商会）、区财政局、区国税局主办的"蒙发利杯"思明区"营改增"税法知识竞赛举行。

·2016年9月29日，市工商联（总商会）开展"亲清润闽商，促进两健康"系列活动，组织百名企业家参观反腐倡廉教育基地，引导闽商依法治企、守法经营。

·2016年10月9日－15日，由市工商联（总商会）和厦门经济管理学院联合举办的"厦门市非公有制企业第十四期经营管理（总裁）高级研修班"在台湾举办。

·2016年10月21日，市工商联（总商会）邀请市人民检察院侦查监督处副处长颜煜群就企业经营过程中可能涉及的金融犯罪问题开展法律专题讲座。

·2016年10月27日，瑞士驻广州总领馆在厦举办"瑞士—通往欧洲市场的门户"主题商务活动。

·2016年10月30日，"爱在路上——2016中国（厦门）商人节公益长跑"赛启动。

·2016年10月31日，2016中国（厦门）商人节盛大启幕。

·2016年10月31日，由省委统战部和省工商联联合举办的"2016年福建省青年企业家培训班"在清华大学开班，厦门多位青年企业家赴京参加培训。

·2016年11月12日，思明区工商联（商会）召开第七次会员代表大会，向全区民营企业家发出《亲清政商润民企、同心助力兴思明》倡议书，号召大家努力构建"亲"、"清"新型政商关系，促进民营经济健康发展。

·2016年11月18日，厦门总商会和厦门市海外联谊会联合举办厦澳工商界交流座谈会，与莅厦的澳门工商界考察团交流。

·2016年11月24日，市委常委、统战部部长张灿民莅临市工商联调研并座谈，并提出要在构建新型政商关系中做表率、要继续大力推动民营经济发展、要借换届之机进一步加强自身建设三点意见。

·2016年12月5日，马来西亚晋江社团联合会青年团创会会长蔡富发一行莅临厦门总商会，与厦门企业家座谈交流。

·2016年12月5日，全国先进个体工商户表彰大会暨纪念中国个体劳动者协会成立30周年座谈会在北京人民大会堂举行。厦门总商会副会长、厦门建安集团董事长孙吉龙和厦门总商会执委、厦门味友餐饮管理有限公司总经理王瑞祥出席大会，受到国务院总理李克强亲切接见并握手。

·2016年12月6日，市工商联（总商会）特邀市检察院职务犯罪预防处沈培峰副处长到"闽商廉洁文化建设示范点"企业之一美亚柏科信息股份有限公司，就企业关心的职务犯罪风险防范开展讲座。

·2016年12月10日，海沧区工商联（商会）召开第四次会员代表大会，大博医疗科技股份有限公司董事长林志雄当选为第四届工商联主席、商会会长。

·2016年12月11日，同安区工商联（商会）召开第十一次会员代表大会，选举产生第十一届执委（理事）会、监事会，厦门银祥集团有限公司董事长陈福祥连任主席（会长）。

·2016年12月，同安区工商联主席（会长）单位厦门银祥油脂有限公司获得"2015年度中国菜籽油加工10强"荣誉称号。

·2016年12月，海沧区工商联（商会）从结余的会员费当中支出30万元用于开展"精准扶贫慈善捐赠"活动，帮扶本区100户特困户。

·2016年12月28日，市工商联召开民企产权保护座谈会。

·2016年12月29日，市工商联（总商会）召开第十三次会员代表大会，选举产生第十三届执委会、监事会，厦门恒兴集团有限公司董事长柯希平连任主席（会长），厦门海澳集团有限公司董事长郑金泉当选为监事长。会议还发出关于构建"亲"、"清"新型政商关系倡议书，得到企业家一致认可。

·2016年12月，市工商联（总商会）获国家卫生计生委、中国红十字会总会和中央军委后勤保障部卫生局授予的"2014-2015年度无偿献血促进奖"，柯希平主席获"2014-2015年度无偿献血个人特别奖"。

·2016年12月31日，湖里区工商联（商会）党支部正式成立并召开党员大会。

·2016年12月中旬，同安区商会副主席企业厦门大顺集团股份有限公司在北京举办全国中小企业股份转让系统挂牌仪式。

·2016年12月，厦门蒙发利"健康管理按摩椅730"获得2016年中国优秀工业设计奖复评入围资格；"电动跑步机Ezkeep奇步派" 入围得2016年中国优秀工业设计奖终评决赛资格，进入全国前40强，也是全福建省内唯一一件进入全国前40强的作品。该奖项系经中央批准，由工业和信息化部主办的国家级政府奖项，也是我国工业设计领域唯一的"国家奖"。

2017 大事记汇总

· 2017 年 1 月 7 日，由厦门总商会、市中心血站、市无偿献血协会联合主办的第五届"百商万人献血公益行"启动，185 人成功献血 50860ml。

· 2017 年 1 月 17 日，在首届福建闽商发展高峰论坛暨"2016 年度福建民营经济人物"系列公益推选表彰仪式上，同安区商会刘育红获评"2016 年度十大巾帼闽商"荣誉称号。

· 2017 年 1 月，思明区商会会员企业厦门市美亚柏科信息股份有限公司获福建省工商联评为"闽商廉洁文化建设省级示范点"。

· 2017 年 1 月，同安区工商联主席企业厦门银祥集团有限公司再次荣获"农业产业化国家重点龙头企业"称号。

· 2017 年 1 月 19 日，厦门市顺昌商会召开第一次会员大会暨成立庆典。厦门笨汉建筑设施管理有限公司董事长林隆凯当选会长。

· 2017 年 1 月 20 日，市光彩事业促进会捐赠资助的"以爱心挽救'伤心'"公益项目启动。

· 2017 年 1 月 23 日，市民营办召开"44 条"修订征求意见座谈会，30 多家民企及商协会代表参会。

· 2017 年 2 月，海沧区商会荣获市工商联与市卫计委员会联合授予的"百商万人献血公益行"优秀组织奖。

· 2017 年 2 月 21 日，市工商联（总商会）举办第十三届执委、监事会就职典礼，恒兴集团等 14 家爱心企业和个人向厦门市光彩事业促进会捐赠 1472 万。会议还对在"百商万人献血公益行"活动中表现突出的单位和个人进行表彰。

· 2017 年 3 月 3 日，湖里区工商联（商会）成立女企业家委员会。

· 2017 年 3 月，思明、湖里、海沧、集美、同安区工商联被全国工商业联合会评为"全国'五好'县级工商联"。

· 2017 年 3 月 12 日，湖里区工商联（商会）成立维权调解工作委员会。

· 2017 年 3 月中旬，厦门市新三板企业协会召开首届一次会员大会。选举产生了新一届理、监事会，福建求实智能股份有限公司董事长张安东任会长。

· 2017 年 3 月 19 日，同安区商会理事企业厦门音丽士智能科技有限公司参与编写的国内第一本智能家居专业高校教材《智能家居基本原理》精彩亮相。

· 2017 年 3 月 25 日，厦门市贵州商会召开第一次会员暨成立庆典，厦门松兴机器有限公司董事长陈祺当选会长。

· 2017 年 3 月 31 日，湖里区商会又一会员企业转型升级为双创孵化园，青瓦创业基地成为厦门单体最大"双创"基地。

· 2017 年 4 月 8 日，厦门市河北商会召开第三届第一次会员大会。厦门原石企业集团有限公司董事长郭志军当选会长。

·2017年4月，厦门市纺织服装同业商会理事单位厦门东纶股份有限公司旗下研发团队成功开发出具有吸光发热、抗静电等功能的吸光发热功能性纱线、面料。4月10日，中国化纤织造产业发展研讨会授予厦门东纶股份有限公司等十家企业为"2016—2017年度中国化纤面料十大品牌"称号。

·2017年4月23日，北京厦门企业商会举办第一届理监事会就职仪式。

·2017年5月7日，厦门市同安电商物流协会召开成立大会暨第一次会员代表大会。厦门大顺集团股份有限公司董事长柯辉从当选为首届理事会会长。

·2017年4月15日至6月15日，厦门市纺织服装同业商会会员清一家舍举办公益展览。期间，新加坡驻厦门总领事池兆森先生、福建省政协副主席张燮飞先生等多人莅临参观。

·2017年5月21日，厦门市绍兴商会召开第一次会员大会暨成立庆典，厦门宏发电声股份有限公司总裁郭满金当选会长。

·2017年5月21日，厦门市江苏商会召开第一届第一次会员大会。厦门市金远东货运代理有限公司董事长王梁当选会长。

·2017年6月6日，新疆吉木萨尔县人民政府、厦门市纺织服装同业商会、厦门市纺织工程学会联合组织举办专场吉木萨尔县"纺织服装招商座谈会"。

·2017年6月11日，厦门市经济和信息化局公布《关于拟安排厦门市2017年第一批中小企业发展专项资金项目名单的公示》。

·2017年6月15日，海沧区工商联（商会）开展成立区教育基金会捐赠动员会。

·2017年6月14日，厦门公布"2017年厦门市重点工业企业"名单。

·2017年6月，同安区委、区政府发文表彰了同安区2016年在经济建设和财源建设等方面做出突出贡献的企业。

·2017年6月，"厦门市科技小巨人企业"名单公布。

·2017年6月17日，厦门市音视频协会召开第三届第一次会员大会。厦门市华泰视通科技有限公司总经理洪清池当选会长。

·2017年6月17日，厦门市浦城商会召开第三届第一次会员大会。厦门润峰酒店纺织用品有限公司总经理祝海鹰当选会长。

·2017年6月25日，以总商会青委会为依托、厦门市"年轻一代民营企业家理想信念教育培训班"为基础的成长型自组织品牌"朝鹭学堂"正式成立。

·2017年6月28日，厦门市江西商会举行第五届第一次会员大会。

·2017年7月1日，同安区农林局与电商企业厦门鼎农文化科技有限公司（名特优品营销平台）签订战略合作协议书。

·2017年7月3日，同安区商会副监事长企业鹰君健康控股股份有限公司在澳大利亚证券交易所ASX挂牌上市，成功登陆澳大利亚资本市场。

·2017年7月，海沧商会会员企业海澳集团和厦大环境与生态学院近日在学院举行战略合作签约仪式。郑金泉董事长个人捐资1000万元兴建的环境与生态学院科研楼，被正式命名为"金泉楼"。

·2017年7月13日—20日，第1~14批厦门市地产工业品推荐目录共有347家企业的产品通过市经信局复核并面向社会予以公示。

·2017年7月20日，厦门市伞业协会召开第一次会员大会。太阳城（厦门）户外用品科技股份有限公司董事长蔡卓燐当选厦门市伞业协会第一届理事会会长。

- 2017年7月，"2017厦门企业100强"出炉，多家厦门总商会会员企业入选。
- 2017年7月，福建省公布"2017年省科技小巨人领军企业"名单。
- 2017年7月，中国服装协会正式发布"2016年服装行业百强企业"名单。厦门市纺织服装同业商会副会长单位欣贺股份有限公司名列2016年服装行业"产品销售收入"百强企业NO.62、2016年服装行业"利润总额"百强企业NO.32、2016年服装行业"销售利润率"百强企业NO.15。
- 2017年8月，福建省工商业联合会（总商会）召开第十一次代表大会，对全省工商联系统21个先进集体和36位先进工作者进行表彰。其中，湖里区工商联荣获"全省工商联系统先进集体"称号。
- 2017年7月28日，市工商联（总商会）召开第十三届二次执委、理事会。陈永东全票当选为新一届厦门市工商联（厦门总商会）常务副主席（常务副会长）。
- 2017年8月2日，湖里区工商联（商会）举办"喜迎金砖 投资共赢"——投融资工作委员会成立暨投融资论坛。
- 2017年9月，海沧商会会长企业大博医疗科技股份有限公司在深圳证券交易所成功上市。
- 2017年9月11日，2017年中国技能大赛——全国纺织行业"富怡杯"服装制版师职业技能竞赛闭幕，厦门市集美职业技术学校杨超名列第三及"最佳立体造型"单项奖、厦门红韵琳服装制衣有限公司徐琳同志荣获"最佳裁判员奖"、欣贺股份有限公司余永阳荣获"优秀奖"、欣贺股份有限公司丁阳文荣获"优秀教练员"；杨超获得"全国纺织行业技术能手"荣誉称号。
- 2017年9月26日，福建省橱柜业商会升级更名为福建省家居建材商会，召开第六届第一次会员大会，选举厦门金宝莱整体家居有限公司董事长张河鲁为新一届会长。
- 2017年9月27日，厦门银祥优鲜首家生鲜超市隆重开业。
- 2017年10月11日，国之服（厦门）服装设计有限公司荣获第九届"色彩中国"2017年度中国服装色彩应用大奖。
- 2017年11月1日，由厦门总商会和台北市商业总会联合主办的主题为"弘扬企业家精神，争做新时代楷模"的2017中国（厦门）商人节开幕。会议发出《参与甘肃临夏州精准扶贫活动倡议书》，并表彰2016年度纳税额进入前500强的总商会会员企业，公布十佳"四好"商会、"四好"商会和商协会"公益慈善品牌"。
- 2017年11月，"厦门市2017年第一批高新技术企业"名单公布。
- 2017年11月，同安商会4家会员企业被认定为"2017-2019年度同安区级农业产业化龙头企业"。
- 2017年11月8日，"福建省畜禽养殖废弃物资源化利用技术创新联盟"召开成立大会。
- 2017年11月16日，厦门市宁德商会举行"中共厦门市宁德商会支部委员会（兼合式）"成立仪式。
- 2017年11月20日，厦门市南安商会党总支进行商会党总支委领导班子暨下属三个支部委员会换届选举，李泉水任党总支书记。
- 2017年11月24日，厦门市沙县商会支部委员会（兼合式）召开成立暨揭牌仪式。
- 2017年11月24日，在厦门市人社局召开的2017年全市和谐劳动关系创建总结推进会上，全省评出2016年度省级劳动关系和谐单位113家，厦门20家单位入选。
- 2017年11月26日，中国工商业联合会召开第十二次全国代表大会，厦门市工商联主席、厦门恒兴集团有限公司董事长柯希平当选全国工商联第十二届执行委员会常务委员。
- 2017年12月11日，市委、市政府公布厦门市第九批拔尖人才名单。
- 2017年12月7日，厦门市纺织服装同业商会常务副会长单位厦门凤飞服饰设计有限公司申报非遗文化创意产品类"'蕴承'东方图腾真丝服装系列"荣获"2017年度纺织十大创新产品"称号。

·2017年12月12日,"儒商文化研究交流中心"在厦门成立。

·2017年12月18日上午,中国设计业的奥斯卡——第十三届(2017)光华龙腾奖颁奖典礼举行。厦门市纺织服装同业商会设计师分会副会长朱理臻入选光华龙腾奖·中国设计业青年百人榜。

后记

时至今日,《厦门民营经济发展报告》的出版发行已跨越了十年的时间,第一部《厦门民营经济发展报告(2001-2006)》于2007年问世,填补了我市经济领域研究的一项空白;自此《厦门民营经济发展报告》开始编年出版,力求更为适时、集中、深入地推进我市民营经济发展专题研究工作,迄今已是第六部,成为具有工商联特色的课题成果品牌。

本书承续以往优势,继续联合高校专业力量,做好2016-2017年厦门民营经济发展年度主题报告,体例亦在不断完善中。《厦门民营经济发展报告(2016-2017)》在原有的报告体系上,我们得到各区工商联的鼎力支持,组织力量深入调研,增加了厦门六区民营经济发展分报告,在总报告概述厦门民营经济发展全貌的基础上,突出了各区民营经济发展的现状、特点、分析等内容。相较于之前的几期报告来说,本次出版的报告对厦门民营经济的描述更为具体、详尽。此外,报告也汇集加入了这两年专家、部门、机构对民营经济一些热点问题的调查与研究成果,力图让读者更为全面地了解厦门民营经济发展的情况。由于组织能力有限等种种原因,未能收录两年来我市关于民营经济的统计数据,略显不足。

《厦门民营经济发展报告》的出版发行是一项持续的工程,也是一个不断完善的过程,报告的出版发行离不开政府有关部门、科研机构、企业等单位组织的大力支持与帮助,在此一并表示感谢!也衷心希望我们的努力能够为广大读者了解厦门民营经济发展情况提供有益助力,为厦门民营经济更好发展营造良好氛围。

厦门市工商联(总商会)

2018年12月